中國學術思想 研究輯刊

二四編

林 慶 彰 主編

第 7 冊

理學宇宙本體論研究
——以朱熹爲中心的考察

郭 紅 超 著

花木蘭文化出版社

國家圖書館出版品預行編目資料

理學宇宙本體論研究——以朱熹為中心的考察／郭紅超 著 — 初
版 — 新北市：花木蘭文化出版社，2016〔民 105〕
目 2+232 面：19×26 公分
（中國學術思想研究輯刊 二四編：第 7 冊）
ISBN 978-986-404-721-5（精裝）
1.（宋）朱熹 2.學術思想 3.理學
030.8   105013478

ISBN-978-986-404-721-5

中國學術思想研究輯刊
二四編　第七冊　　　　　　　ISBN：978-986-404-721-5

理學宇宙本體論研究
——以朱熹爲中心的考察

作　　　者　郭紅超
主　　　編　林慶彰
總 編 輯　杜潔祥
副總編輯　楊嘉樂
編　　　輯　許郁翎、王筑　美術編輯　陳逸婷
出　　　版　花木蘭文化出版社
社　　　長　高小娟
聯絡地址　235 新北市中和區中安街七二號十三樓
　　　　　　電話：02-2923-1455／傳眞：02-2923-1452
網　　　址　http://www.huamulan.tw 信箱 hml810518@gmail.com
印　　　刷　普羅文化出版廣告事業
封面設計　劉開工作室
初　　　版　2016 年 9 月
全書字數　217489 字
定　　　價　二四編 11 冊（精裝）新台幣 20,000 元　　版權所有·請勿翻印

理學宇宙本體論研究
——以朱熹爲中心的考察

郭紅超 著

作者簡介

郭紅超，男，1970 年 2 月出生，漢族，河南省商丘市人。亳州學院教育系副教授，歷史學博士。主要研究領域爲中國古代政治制度史、宋代思想史。

提　要

　　宋代理學以儒家經學的義理爲根本，在吸取漢代宇宙論和魏晉本體論的基礎上，借鑒佛、道的關懷視域及思維模式，以追求成聖及聖賢境界爲目的，賦予儒學原有概念如太極、道、理、天、性、心等以新的內涵，將宇宙本源及道德本體融彙爲一新的宇宙本體。宇宙本體既可被視爲天道自然之所以生生不息的終極本原，同時也是人類社會道德價值之所以產生的超越源頭。太極、道、理、天、性、心等詞語只是這一宇宙本體的不同稱謂而已，它們分別從不同的角度揭櫫了宇宙本體的特點，宋代理學家們正是通過使用這些詞語來表達他們對宇宙本體的看法、觀點等，這些觀點和看法均可視爲理學的宇宙本體論。

　　北宋五子的宇宙本體論呈現出多姿多彩的特色。周敦頤以太極爲宇宙本體，著《太極圖說》與《通書》以闡明其觀點，被尊爲理學開山。張載、邵雍則分別以太虛、太極（心爲太極）等爲宇宙本體，其宇宙本體論均較周敦頤爲複雜，有進一步探究的必要。二程則繼承周敦頤的思想，但卻獨創「天理」二字作爲其最高的宇宙本體，被尊爲儒學的正宗。

　　朱熹的宇宙本體論以理爲核心。其理既有對周敦頤的太極、張載的太虛、二程的天理說的繼承，也有對邵雍先天易學的吸收。朱熹的理具有普遍性、實有性、客觀性、公共性、內在性、超越性、當然性、必然性等特點，既是外在世界的客觀規律，又是人類社會道德價值的源泉。朱熹的理不僅是存有的，而且是能動的。

目次

緒　論

　　宇宙本體論是指宋明理學在吸取漢代宇宙論和魏晉本體論的基礎上，借鑒佛、道的關懷視域及思維模式，以探討儒家經學的義理為根本，以追求成聖及聖賢境界為目的，賦予儒學原有概念如太極、道、理、天、性、心等以新的內涵，試圖將宇宙本源及道德本體融彙為一體，此一體即是宇宙本體。宇宙本體既可被視為天道自然之所以生生不息的終極原因，同時也是人類社會道德價值之所以產生的終極本源。太極、道、理、天、性、心等詞語只是這一宇宙本體的不同稱謂而已，它們分別從不同的角度揭橥了宇宙本體的特點，宋明理學家們正是通過使用這些詞語來表達他們對宇宙本體的看法、觀點等，這些觀點和看法組成了理學的宇宙本體論。

　　理學在宇宙本體論、心性論、工夫論等方面給中國傳統思想文化留下豐富的內容，其影響直到現代學術思想。在理學的研究中，心性之學似乎受到格外的青睞，被視為理學體系的核心內涵。然而在談到理學的產生時，又認為理學之所以被稱為新儒學，是因為其吸收了佛道的理論，建立起新的宇宙本體論以對抗佛道。北宋五子中，周敦頤（1017～1073）因在《太極圖說》和《通書》中賦予「太極」等概念以新意而被認為是理學的開山，張載（1020～1077）提出了「太和」及「太虛」等概念構造其宇宙本體論學說，邵雍（1011～1077）以「太極」、「心」等為宇宙本體論的核心概念，程顥（1032～1085）、程頤（1033～1107）兄弟則提出了「理」作為宇宙萬有的先驗準則，他們都形成了各自獨特的宇宙本體論理論，也對南宋朱熹及其它理學家的宇宙本體論的建構形成深刻的影響。朱熹（1130～1200）吸取北宋五子的理學觀念，提出了「理」和「氣」作為其宇宙本體論的核心觀念，但與朱熹同時期的陸九淵

（1139～1193）則提出了「心即理」的觀點，提出了心本體論的學說。宋代理學家們的宇宙本體論內容可謂異彩紛呈。

近現代以來，隨著西方哲學的傳入，新的概念和哲學體系不斷加入對理學的詮釋之中。馮友蘭先生在《新理學》一書中，試圖用「理、氣、道體、大全」四個超越的觀念來重新構築理學的哲學體系，但他的「理」仍是和朱熹的「理」一樣，「只存有而不活動」，而「氣」是運動變化的，不動之理怎麼去向氣「傳達」它的指令，馮友蘭只好借助於「最初一動」，但這只能說明馮友蘭是以程朱理學爲主，僅對程朱理學進行哲學的整合，但其對理學（包括心學）內部關於宇宙本體論難以調和的矛盾沒有得到徹底的解決。與馮友蘭不同的是，金岳霖先生在《論道》一書中，不借用西方哲學術語，只用中國哲學原有概念如「太極」、「道」、「能」、「式」等，而賦予這些概念以新的涵義，靠這些概念本身的邏輯推演，建構其理論中的宇宙發生模式。他解決了理「只存有而不活動」的問題，是對中國哲學較言簡意賅而又邏輯周密的概括。

其實，當大家關注於對宋明理學進行所謂的程朱理學、陸王心學及從張載到王夫之的「氣學」的三派之分時，牟宗三先生則把「氣派」銷融於心學（牟宗三先生所認爲的宋明儒學九子中到劉蕺山爲止，並不包括王夫之），從儒學內部解決了形上本體的活動問題。他認爲宋明儒學的大宗從主觀上來說是道德的形上學，其客觀的本體宇宙論的道體本身（心體與性體）即是「即存有即活動」的，屬於縱貫系統，沒有不活動的問題。但他同時認爲，伊川（程頤）朱子系的宇宙本體論及心性學爲橫攝系統，是「只存有不活動」的，不屬孔孟儒學的正宗，是別子爲宗。牟宗三對宋代理學在宇宙本體論的詮釋，雖然解決了馮友蘭沒有解決地問題，但他對朱熹宇宙本體論的定位是否準確，卻是一個值得進一步探討的問題。

天道性命如何貫通一直是儒學關注的重點。牟宗三認爲宋明儒學之將《論》、《孟》、《易傳》、《中庸》匯通爲一，其主要目的還是在豁醒先秦儒家的成德之教，及道德實踐所以可能超越的根據。先秦儒家超越的根據就是性體。其得出的結論或者說著力闡述的是「宇宙秩序即是道德秩序，道德秩序即是宇宙秩序」〔註1〕。直接把聖人之性看作天地之性，聖人之仁視爲天地之仁，爲儒家的性善尋求其形上的根據。從而達到天道性命一以貫之，有如何

〔註1〕牟宗三《心體與性體》上冊，上海：上海古籍出版社，1999年，第32頁。

的天道秩序就有如何的道德秩序，有如何的道德秩序就有如何的宇宙秩序。

　　宋代理學家大多借助《周易》來完成其宇宙本體論的構造。朱熹既爲理學的集大成者，在宇宙本體論方面也有其獨到之處。朱熹和呂祖謙共同編寫了《近思錄》以傳播理學思想。錢穆把《近思錄》比作經。朱熹認爲四子（四書）是六經的階梯，《近思錄》是四子的階梯。《近思錄》共錄北宋四子周濂溪、程明道、程伊川、張橫渠之語 622 條，分 14 卷。其首卷內容爲道體，道體的首條就是周濂溪的《太極圖說》，闡述宇宙生化之理，朱熹爲《太極圖說》注解，藉以發揮其對宇宙本體論的觀點。雖然道體部分有很多關於心性論的條目，但這些條目正是在宇宙本體論的通貫之下，所謂天道性命一以貫之的原則在這裏再次得到體現。今人往往重心性論而忽略對宇宙本體論的探討，故本文擬從以朱熹爲主的理學宇宙本體論進行探討，是爲選題緣由。

　　宋明理學又稱道學、心性之學、性理之學等，其上繼先秦儒學的基本精神，融合佛道的理論成果，形成與以往儒學不同的理論形態，海外研究者又稱爲新儒家之學。宇宙觀是對宇宙的總的看法，是以宇宙論爲基礎的，宇宙論是宇宙觀的具體化。湯用彤認爲漢代哲學爲「宇宙論」形態，而魏晉玄學爲「本體論」形態。錢穆認爲在北宋理學四大家中，二程在宇宙論形上學方面較少探究，而濂溪、橫渠則於此有大貢獻〔註2〕。宇宙論是西方哲學術語，包含宇宙起源、宇宙演化、宇宙結構、宇宙系統等具體內容，實際上是中國古代「自然宇宙論」闡述的內容。宋代學者將宇宙論與本體論合二爲一，集中闡述了宇宙本體論的內涵，所以宇宙本體論這一術語已爲學界廣泛接受，所以本文用宇宙本體論指稱宋儒們所創造的與漢代儒學宇宙論和魏晉玄學本體論所不同的新的宇宙本體論哲學。

　　理學把道、天、天理（理）、太極、太虛等概念賦予以超驗的形上本體，它們既是宇宙生成的終極原因，也是人類道德價值的終極源泉。從本體論的角度看，理學的宇宙觀屬於宇宙本體論。朱熹的宇宙本體論既有宇宙演化論的內容，也有本體論的成分，既有對前人理論成果的繼承，也有對前人理論成果的創新。

　　朱熹不僅是宋代理學的集大成者，更是宋學的集大成者。他的學說就像一條寬闊無垠的大江，波光粼粼，浩浩湯湯；又像一座美輪美奐的寶塔，仰之彌高，瞻之彌前。錢穆認爲前古有孔子，近古有朱熹。在中國歷史上，恐

〔註2〕錢穆《朱子新學案》第 1 冊，北京：九州出版社，2011 年，第 32 頁。

無第三人堪與倫比〔註3〕。何兆武則贊成把朱熹比作中國的湯瑪斯·阿奎那〔註4〕。就朱熹的哲學大廈本身來說，構築其大廈基石的是他的宇宙本體論、心性論及認識論等，而心性論及認識論等均在其宇宙本體論的基礎上得以展開。如果說朱熹的心性論體現的是儒家關於人類社會倫理道德的哲學，那麼如何讓這種人類社會的倫理道德在自然的宇宙秩序中找到合理的位置，則需要向上拔高一層，賦予心性論以宇宙本體論的依據。然而朱熹並未就此爲止，他是爲宇宙本體與心性找到一個共同的形上的依據——先驗的天理——作爲惟一的宇宙法則。

朱熹的宇宙本體論是對從先秦以來至北宋五子的宇宙本體論哲學的繼承和發展。朱伯昆先生認爲在中國哲學史上，關於宇宙是如何形成的理論，有兩個系統較爲完備，一是道家的，即《老子》的「道生一」說；一是《周易》的，即太極生兩儀說〔註5〕。朱伯昆先生的論述指出了中國哲學史上宇宙論的兩個源頭，這種宇宙論同時也具備宇宙本體論的意味。除此之外，其實還有佛學的宇宙本體論及屈原《天問》的宇宙論系統也不容忽視。在理學的宇宙本體論中，佛老的宇宙本體論內容是經常被理學家批判的對象，所以，儒家經典著作的《周易》的宇宙本體論系統則顯得尤其重要，而被朱熹關注的《楚辭集注》中的宇宙本體論系統則含有神話色彩和玄思成分。在宇宙本體論的發展歷史上，這四個系統不是單獨發展，而是滾雪球式交互發展，相互影響。

佛老的宇宙本體論理論爲魏晉玄學所吸收，形成玄學的宇宙本體論理論，其思維形式對宋代理學產生了較大的影響。這一點已爲很多研究者所重視。《周易》系統的「太極」理論，在先秦就吸納了陰陽五行的理論，至《易傳》形成較完備的宇宙本體論；西漢有董仲舒天人感應理論，至孟喜、京房又提出了「卦氣說」。東漢時期又有神秘的《易緯》出現；楊雄則模擬《周易》作《太玄》，創立新的宇宙論模式。周敦頤以「太極」爲核心概念，被視爲理學開山，他的《太極圖說》被朱子和呂祖謙選爲《近思錄》首條，但朱熹又把周敦頤的《太極圖說》加以改造，以符合其理本體論的需要。近代新儒家

〔註3〕《朱子新學案》第1冊，第1～2頁。

〔註4〕何兆武《中西文化交流史論》，北京：中國青年出版社，2001年，第285～286頁。

〔註5〕朱伯昆《易學哲學史》第1卷，北京：崑崙出版社，2005年，第74頁。

從義理上大多上承陸王新學，只承認太極中的道德本體，而對太極生兩儀的說法不感興趣，如牟宗三認為如果太極僅是混然之氣，宇宙就是由氣化演化出來的，這只是宇宙開闢論，不是哲學上的宇宙論。〔註6〕單純的宇宙演化論不具有哲學上的意味，也甚乏學術探討之價值。因此在大陸把宋明理學分成三繫時，牟宗三的「兩型三系說」根本就取消了氣論一派的存在。勞思光則把整個的宋明理學看成一系。牟宗三和勞思光都很輕視宇宙論哲學，認為宇宙論哲學只是哲學的初級階段。如果哲學史上這兩種宇宙論哲學和本體論的劃分成立的話，理學的宇宙本體論則是合二者為一，理學的宇宙本體論應為哲學的宇宙本體論。〔註7〕

　　與其說理學的宇宙本體論是把宇宙論和本體論合二為一，倒不如說這兩種路徑在中國哲學的源頭就沒有分開。先秦典籍及1993年來出土的郭店楚簡《太一生水》中的「神明」概念可以解決這個問題。神明是道或天地生成萬物的重要環節，神明本身具有能動作用，可以妙成萬物。同樣由太極到氣化的過程中，也離不開神明的作用。〔註8〕北宋張載就非常重視「神」，在《正蒙》中專列《神化》一節論述由太虛到氣化過程的神化作用。

　　朱熹用「理」來說明宇宙的本原和宇宙的秩序，他的理（天理）蘊含了邵雍先天、後天理論的精華，充滿了周敦頤無極、太極生化的玄機，囊括了張載太和、太虛氤氳的奧妙，完善了程顥、程頤理一分殊思想而成為其哲學思想的核心，所以朱熹尤其更願承認他的理是理一分殊，是太極。

　　朱熹的宇宙本體論，在理學學術思想中或者朱熹的學術思想中，佔有重要的地位。《近思錄》一書將「道體」置於首卷，呂祖謙在《後序》中解釋說：「《近思錄》既成，或疑首卷陰陽變化性命之說，大抵非始學者之事。祖謙竊嘗與聞次緝之意：後出晚進於義理之本源雖未容驟語，苟茫然不識其梗概，則亦何所底止？列之篇端，特使之知其名義，有所向望而已」〔註9〕。呂祖謙認為之所以把「道體」置於首卷，是因為首卷的陰陽變化性命之說，乃是義

〔註6〕牟宗三《周易哲學演講錄》，上海：華東師範大學出版社，2004年，第126頁。

〔註7〕林樂昌《張載兩層結構的宇宙論哲學探微》，《中國哲學史》，2008年第4期。

〔註8〕郭靜雲《「神明」考》，王中江、李存山主編《中國儒學》第二輯，上海：商務印書館，2009年，第400頁；郭靜雲《先秦易學的「神明」概念與荀子的「神明」觀》，《周易研究》，2008年第4期。

〔註9〕朱熹、呂祖謙編《近思錄》序，朱傑人、嚴佐之、劉永翔主編《朱子全書》，上海：上海古籍出版社，合肥：安徽教育出版社，2002年，第13冊第165頁。

理之本源。不知義理的本源所在，則會迷失為學的方向。陳榮捷認為《近思錄》之所以把《太極圖說》置於卷首，是因為由太極而陰陽、五行以至於萬物化生，及由聖人立人極，乃是朱熹的哲學輪廓的縮影〔註10〕。他還認為二程發展了形上、形下的思想，但並未搞清二者的關係，朱熹為了避開這兩個領域的分裂，才提出了太極的學說。這也是朱熹抬出《太極圖說》，並把它列為道學卷首的原因所在。〔註11〕陳榮捷對朱熹宇宙本體論在理學學術中的地位的把握是比較準確的。理學很重視《周易》，從易學中建立新的宇宙本體論。不但北宋五子有易學論述，朱熹也很重視《周易》，並撰寫了《周易本義》和《易學啟蒙》等著作。理學之所以重視《周易》，用其對抗佛老的理論也是原因之一，如李澤厚認為先秦儒學的《周易》充滿了理性精神，無論是周敦頤、張載、還是二程、朱熹，都是把《周易》作為對抗佛老理論的哲學批判武器。批評佛老的認存在為空泛、否定現實世界、追求寂滅或長生的思想。〔註12〕理學的本體宇宙論成為中國儒學的轉折點，是對以前儒學的重要總結和發展，也是理學之所以成為新儒學的重要原因。

朱熹的理學宇宙本體論和以陸九淵、王陽明為代表的心學宇宙本體論有根本的區別。陸九淵、王陽明的心學宇宙本體論強調心的能動作用，「本心」是最為核心的範疇，所有客體外物的性質和形式均不過是「本心」的某種功能和意義，任何客體外物均不可能游離於本心而獨立存在。另外，本心即具有倫理價值，本心的實質內容即是人們道德行為的價值自覺，宇宙自然的天理通過本心自然流露，本心也是具有倫理性的精神實體，它通過人的知覺作用、道德行為而把主觀精神向外擴充，達於宇宙自然，因而，本心具有了萬物根源和本體的意義。所以有心即理，宇宙便是吾心，吾心便是宇宙的結論。這與朱熹的宇宙本體論有著較大的不同。

朱熹的理學宇宙本體論思想為其後學所繼承，他的弟子黃榦和陳淳是其中的代表。黃榦和陳淳從總體上繼承了其師的宇宙本體論理論，也對其師宇宙本體論理論中的核心觀念如「理」、「氣」、「太極」等以及它們之間的關係作了某些方面的修正。

〔註10〕陳榮捷《朱學論集》，上海：華東師範大學出版社，2007年版，第82頁。
〔註11〕陳榮捷《新儒學論集》，臺北：臺灣中央研究院中國文哲研究所籌備處，1995年，第78頁。
〔註12〕李澤厚《中國思想史論三部曲》，天津：天津社會科學出版社2007年，第89頁。

有關宋明理學及朱子的相關研究成果，可謂蔚爲壯觀。例如，吳展良《朱子研究書目新編（1900～2002）》〔註 13〕搜尋有關朱子的研究 6100 條，較林慶彰《朱子學研究書目（1900～1991）》多出 3570 餘條，主要是 1992～2002 年新出的研究。也有人據相關統計說，自 20 世紀以來，僅關於朱熹的研究著述（包括論文和著作），就不下五萬多種，內容涵蓋朱子所涉足的諸多領域。僅從書目來看，朱熹研究中有關本體宇宙論思想也受到研究者們格外的青睞，即使是考察其生平的著作，甚至一些考察其文學、教育思想的研究也無不和其宇宙本體論相聯繫。當然，本文不可能都作學術回顧，下面僅從一些有代表性的著作中，擇取對本文研究有關者略陳其梗概併兼涉個人的學術評判。

湯用彤《魏晉玄學論稿（增訂版）》〔註 14〕是有關玄學研究的代表性著作，其中的一篇《魏晉玄學流別略論》則用「宇宙論」指稱兩漢哲學，用「本體論」指稱魏晉玄學。這是較早採用西方哲學術語宇宙論及本體論研究中國哲學的著作。

錢穆《朱子新學案》是朱子學研究的巨著，書中論太極、論陰陽、論理氣等章節是朱子宇宙本體論研究的重要參考。除此之外，錢先生還指出：「在北宋四大家中，二程於宇宙論形上學方面較少探究。濂溪、橫渠則於此有大貢獻」。也對理學宇宙本體論的研究富有啓示。

周桂鈿《中國傳統哲學》〔註 15〕第四章專列《宇宙論》一章，下分四節，其第一節是《宇宙本原論（天地起源說）》，包括創世說、道生說及氣化說三部分；第二節是《宇宙系統論（天人合一說）》，包括《管子》宇宙系統論雛形、《呂氏春秋》以四季爲框架的宇宙系統論、《黃帝內經》以五行爲框架的宇宙系統論及《淮南子‧天文訓》以方位爲框架的宇宙論系統四部分；第三節是《宇宙本體論》，認爲中國古代本體論主要有魏晉玄學以無爲宇宙本體的理論和北宋張載以氣爲宇宙本體的理論；第四節是《宇宙本因論》，認爲宇宙本因論約有天命論、道本因論、氣本因論及自然論四類。周桂鈿對宇宙論分本原、本體、本因等幾個方面來講的做法，也可以自成體系。他的另外一本

〔註 13〕 吳展良《朱子研究書目新編（1900～2002）》，臺北：臺灣大學出版中心，2005 年。

〔註 14〕 湯用彤《魏晉玄學論稿》（增訂版），北京：三聯書店，2009 年。

〔註 15〕 周桂鈿《中國傳統哲學》，北京：北京師範大學出版社，1990 年。

專著《董學探微》〔註 16〕第二章也是專列《宇宙論》一節從宇宙本原、宇宙模式、宇宙系統及天人感應等幾方面研究董仲舒宇宙論哲學的特點。在以上四類本因論外，周桂鈿另外指出佛教法相宗的阿賴耶識緣起論，即阿賴耶識本因論（唯識論）也是宇宙本因論的一類。周桂鈿還很重視自然宇宙論的探討，給我們提供了處理自然宇宙論和哲學宇宙論兩者關係的一種模式，但周桂鈿在理學本體論方面的論述顯然有欠完備的地方，如他僅指出了張載的氣本體論具有本體論的性質。

張岱年《中國哲學大綱》〔註 17〕第一部分首列宇宙論，並把宇宙論分爲兩部分：一，本根論或道體論，即關於宇宙之最究竟者的理論；二，大化流行論，即關於宇宙歷程之主要內容之探究。與朱伯昆先生的看法不同，張岱年先生認爲老子是中國宇宙論之創始者，老子以前是先宇宙論時期。張岱年先生的另一部著作《中國古典哲學範疇要論》〔註 18〕關於宇宙論各範疇的論述也值得參考。

向世陵、馮禹《儒家的天論》〔註 19〕一書從「天」是什麼，「天」在宇宙發生或宇宙結構中的位置，「天」與「人」的關係等作爲考察的內容，探討歷代儒家對這些問題的回答後，認爲兩漢時期是儒家天論的第一個高潮，宋明時期是第二個高潮。儒家天論雖不能完全代表中國古代哲學中天論的主要內容，但此書所展開的具體考察，對於天論與宇宙本體論關係的考察不無幫助。

近幾十年來，簡帛文獻的出土彌補了傳統文獻缺失的遺憾，也促進了先秦宇宙論的研究，這方面比較代表性的著作有李小光《中國先秦之信仰與宇宙論——以〈太一生水〉爲中心的考察》〔註 20〕，論述了先秦道家的宇宙論形態。邢文編譯《郭店老子與太一生水》〔註 21〕，彙聚了有關對太一生水的解釋及與宇宙論方面的關係。其它此方面的論文也值得關注，如：蔡運章、戴霖《論楚簡〈太一生水〉的宇宙生成模式》〔註 22〕，葛兆光《眾妙之門—

〔註 16〕周桂鈿《董學探微》，北京：北京師範大學出版社，1989 年。
〔註 17〕張岱年《中國哲學大綱》，南京：江蘇教育出版社，2005 年。
〔註 18〕張岱年《中國古典哲學範疇要論》，北京：中國社會科學出版社，1989 年。
〔註 19〕向世陵、馮禹《儒家的天論》，濟南：齊魯書社，1991 年。
〔註 20〕李小光《中國先秦之信仰與宇宙論——以〈太一生水〉爲中心的考察》，成都：巴蜀書社，2009 年。
〔註 21〕邢文編譯《郭店老子與太一生水》，北京：學苑出版社，2005 年。
〔註 22〕蔡運章、戴霖《論楚簡〈太一生水〉的宇宙生成模式》，《四川文物》，2004 年第 2 期。

—北極與太一、道、太極》〔註23〕，郭靜雲《「神明」考》及《先秦易學的「神明」概念與荀子的「神明」觀》等，這些研究無疑豐富了對先秦道家宇宙觀的認識。

　　以上敘述雖然能讓我們明白有關宇宙論研究的概念、定義等，但這仍然沒有進入理學宇宙本體論或者朱子宇宙本體論的內部，因為對宋明理學的研究，特別是理學宇宙本體論的研究，瞭解各種有關宋明理學的分系說，無疑是一條捷徑。宋明理學的分系說相當於佛學的判教，能幫助理解宋代理學各家宇宙本體論的類型。一般熟知的分系說有：

　　《宋元學案》及《明儒學案》以傳承關係為標準，則主多派說；

　　以人、地為主要標準的分濂學、洛學、關學及閩學的四派說；

　　陳來《宋明理學》〔註24〕一書中主四派說，分理學（以程頤、朱子為代表）、心學（以陸九淵、王陽明為代表）、氣學（以張載為代表）及數學（以邵雍為代表）；

　　侯外廬、邱漢生、張豈之主編《宋明理學史》〔註25〕、張立文《宋明理學研究》〔註26〕及《朱子思想研究》〔註27〕、蒙培元《理學的演變》〔註28〕、李澤厚《中國古代思想史論》〔註29〕等，以唯物、唯心為標準，分氣本論（即唯物論，以張載、王夫之為代表）、理本論（即客觀唯心論，以程頤、朱子為代表）、心本論（即主觀唯心論，以陸九淵、王陽明為代表）的三派說；

　　以核心觀念「理」和「心」為標準，分理學和心學二派說；二派說還有以工夫進路為標準的「道問學」與「尊德性」說。

　　綜合的分法有勞思光的「一系三型說」、牟宗三先生的「兩型三系說」及陳立驤先生的「兩型四系說」。勞思光先生《新編中國哲學史》（第三冊上）〔註30〕一書闡述的一系說，又稱為「一系三型說」或「一系三期說」。首先，

〔註23〕葛兆光《眾妙之門——北極與太一、道、太極》，《中國文化》，1990 年第 3 期。

〔註24〕陳來《宋明理學》，上海：華東師範大學出版社，2004 年。

〔註25〕侯外廬 、邱漢生、張豈之主編《宋明理學史》，北京：人民出版社，1984 年。

〔註26〕張立文《宋明理學研究》，北京：人民出版社，2002 年。

〔註27〕張立文《朱熹思想研究》，北京：中國社會科學出版社，1994 年。

〔註28〕蒙培元《理學的演變》，北京：方志出版社，2007 年。

〔註29〕李澤厚《中國古代思想史論》，北京：人民出版社，1985 年。

〔註30〕勞思光《新編中國哲學史》第 3 卷上冊，桂林：廣西師範大學出版社，2005 年。

他將宋明理學視為「一回歸先秦孔孟之學的整體哲學運動」，這就是一系，然後此一系下分成周、張的「宇宙中心」、二程朱子的「形上學」與陸王的「心性論中心」三階段，這就是「三期」。而且，每一階段各代表一種哲學形態，它們分別是「天道觀」、「本性觀」及「心性論」，這就是「三型」。

影響最大的當係牟宗三的「兩型三系說」。研究宋明理學，牟宗三無論如何也是一個繞不過去的重鎮。牟宗三花八年時間寫出《心體與性體》一書三巨冊（包含《從陸象山到劉蕺山》則為四巨冊），在綜論部分提出宋明理學的兩型三系說，即（一）五峰、蕺山系，（二）象山、陽明系，（三）伊川、朱子系。並認為（一）、（二）兩系以《論》、《孟》、《易》、《庸》為標準，實為一大系，是宋、明儒之大宗，可稱為縱貫系統；伊川、朱子為一系，卻是旁枝，可稱為橫攝系統〔註 31〕。牟宗三之所以對其所認為的宋明理學諸大家進行如此分系，究其原因是他認為，宋明理學諸大家對宇宙本體的體認各不相同。而牟宗三心目中的宇宙本體，就是他對宋明理學諸大家進行分系的依據。牟宗三認為縱貫系統將宇宙本體體會成是「即存有即活動」的本體宇宙論式的道德創生實體，它既可稱為「理」，也可稱為「心」和「神」，靜態的為本體論的實有，動態的為宇宙論的生化之理，也是能引發道德創造的創造實體；橫攝系統將本體體會為「只存有而不活動」的靜態之理，此本體不是心，也不是神，它「只是理」，既不能引發宇宙之生化，也不能引發道德之創造；朱熹的宇宙本體論為橫攝系統。這種看法當然也有商榷的餘地。

陳立驤《宋明儒學新論》〔註 32〕一書在承認牟宗三本體宇宙論說的基礎上，對牟宗三先生的學說進行了修正。他把宋明儒對宇宙本體的體認分為「兩型」，即「分解的思路」與「辯證的思路」兩種思考方式。除陳立驤外，發展牟宗三本體宇宙論學說的，還有蔡仁厚《宋明儒學：北宋篇——心體與性體義旨述引》〔註 33〕、《宋明儒學：南宋篇——心體與性體義旨述引》〔註 34〕及劉述先《朱子哲學思想的發展與完成》〔註 35〕也值得注意。孫振青《宋明道

〔註 31〕 《心體與性體》上冊，第 42～43 頁。
〔註 32〕 陳立驤《宋明儒學新論》，高雄：高雄覆文圖書出版社，2005 年。
〔註 33〕 蔡仁厚《宋明儒學：北宋篇——心體與性體義旨述引》，臺北：學生書局，1989 年。
〔註 34〕 蔡仁厚《宋明儒學：南宋篇——心體與性體義旨述引》，長春：吉林出版集團有限責任公司，2009 年。
〔註 35〕 劉述先《朱子哲學思想的發展與完成》，臺北：學生書局，1982 年。

學》〔註36〕一書專列邵康節（雍）一章，而這恰是牟、陳等二先生學說中所不具備的，因為牟、陳二先生等均把邵雍的學說視為不具有宋明儒學的代表性。邵雍的學說既是辯證的，也是分解的。其太極理論是「辯證的思路」，同時也是「分解的思路」，所以邵雍的宇宙本體論呈現一種多元的色彩。這些還都有待新的詮釋。

　　金春峰先生《朱熹哲學思想》〔註37〕一書花費十多年之心血，一反其師馮友蘭先生在《中國哲學史》〔註38〕、《中國哲學史新編》〔註39〕、《新理學》〔註40〕等書中用新實在論的觀點解讀朱子的學說，也不贊成陳來在《朱子哲學研究》〔註41〕一書中把朱熹哲學分為理氣論、心性論、格物致知論三部分及關於理氣論部分的理氣先後的討論，也反對牟宗三把伊川（程頤）、朱熹的學說視為橫攝系統的做法，而強調錢穆先生所講的「朱子之學，徹頭徹尾乃是一項圓密宏大之心學」的觀點，視朱熹哲學為心學，而不是傳統上所謂的理學，其與陸象山之別僅是像禪宗的北派神秀與南派慧能的漸悟與頓悟之別而已，本質上沒有多大的區別。就具體的宇宙本體論哲學範疇如「太極」、「理氣關係」等均提出了自己與別人不同的見解。日本學者山井湧《朱子哲學中的「太極」》〔註42〕則認為「太極」、「天」等概念僅在朱熹的注釋有關易學的著作中才經常出現，在其理學概念中則不經常出現或不出現，其實已經溢出理學概念的範圍。這無疑是對金春峰先生的回應。而史少博《朱子易學和理學關係探賾》〔註43〕一書認為朱熹的理學中的「太極」概念是和易學中的「太極」概念是緊密聯繫在一起的，從而提出「太極，理也」的觀點。

　　金春峰的論文如《中國哲學之與「兩個世界」》〔註44〕，則指出孔子論天、老子論道及宋明理學中論太極等均存在「兩個世界」的思想，這種思想與西

〔註36〕孫振青《宋明道學》，臺北：千華圖書出版事業有限公司，1986年。

〔註37〕金春峰《朱熹哲學思想》，臺北：東大圖書股份有限公司，1998年。

〔註38〕馮友蘭《中國哲學史》，上海：華東師範大學出版社，2000年。

〔註39〕馮友蘭《中國哲學史新編》，北京：人民出版社，1999年。

〔註40〕馮友蘭《新理學》，收入《貞元六書》上海：華東師範大學出版社，1996年。

〔註41〕陳來《朱熹哲學研究》，上海：華東師範大學出版社，2000年。

〔註42〕【日】山井湧《朱子哲學中的「太極」》，見吳震、吾妻重二主編《思想與文獻──日本學者宋明儒學研究》，上海：華東師範大學出版社，2010年，第66頁。

〔註43〕史少博《朱熹易學和理學關係探賾》，哈爾濱：黑龍江人民出版社，2006年。

〔註44〕金春峰《中國哲學之與「兩個世界」》，《湖南大學學報》（社會科學版），2006年第3期。

方的神與人的兩個世界有本質的不同。該文是將中國哲學與西方哲學對比後，對中國哲學思想特點的整體把握。

郭振香《不息之本體：儒家哲學的形上之思》〔註45〕，指出儘管儒家對本體的名稱說法不同，如道、理、天、心、創造實體等，但他們對本體內涵的揭示卻是相似的，如「生生不息」、「於穆不已」等，這些概念本身都體現著對儒家的宇宙本體論存在著獨特的形上之思。

張美宏的博士學位論文《生生之道與聖人氣象：北宋五子萬物一體論研究》〔註46〕，認爲北宋五子所謂的「萬物一體」的天道觀，建立於他們對天地萬物生生不已現象的體認。該文以北宋五子爲對象考察了他們的萬物一體論。

李禹階《周敦頤〈太極圖・易說〉的理學本體論意義》〔註47〕，認爲周敦頤的《太極圖・易說》在理學本體論建構上具有重要的理論價值。論述周敦頤宇宙本體論的論文還有周群林的《「天人合一」本體論的開創者——論周敦頤的「無極而太極」》〔註48〕，對本文的寫作也頗有啓發意義。

宋錫同、胡東東《「推天道以明人事」：邵雍先天易學旨趣》〔註49〕，認爲邵雍先天象數學只是其表達學術旨趣的工具而已。胡京國《淺論邵雍宇宙論系統的哲學意義》〔註50〕，認爲《皇極經世書》描述了宇宙體系和北宋以前3000多年的歷史演變過程，其「元會世運」、「日月星辰」及「水火土木」等概念都是對邵雍天宇宙本體論的闡述。趙中國《邵雍先天學的兩個層面：象數學與本體論——兼論朱熹對邵雍先天學的誤讀》〔註51〕，認爲邵雍的先天學可分爲先天象數學和先天本體論兩個層面，而朱熹對邵雍先天學的解讀，卻只集中在先天象數學層面，而忽略了其先天本體論。

〔註45〕郭振香《不息之本體：儒家哲學的形上之思》，《哲學研究》，2010年第5期。

〔註46〕張美宏《生生之道與聖人氣象：北宋五子萬物一體論研究》，華東師範大學博士學位論文，2011年。

〔註47〕李禹階《周敦頤〈太極圖・易說〉的理學本體論意義》，《重慶師院學報》（哲學社會科學版），2002年第4期。

〔註48〕周群林《「天人合一」本體論的開創者——論周敦頤的「無極而太極」》，《隴東學院學報》，2010年第3期。

〔註49〕宋錫同、胡東東《「推天道以明人事」：邵雍先天易學旨趣》，《周易研究》，2011年第2期。

〔註50〕胡京國《淺論邵雍宇宙論系統的哲學意義》，《深圳大學學報》（人文社會科學版），1996年第4期。

〔註51〕趙中國《邵雍先天學的兩個層面：象數學與本體論——兼論朱熹對邵雍先天學的誤讀》，《易學研究》2009年第1期。

　　林樂昌《張載兩層結構的宇宙論哲學探微》〔註52〕，對宇宙本體論一詞進行了界定，指出了宇宙本體論爲宇宙萬物和道德價值的「發源立本」，是探究其宇宙終極本原和道德價值超越源頭的理論構建。丁爲祥《「理先氣後」與「虛氣相即」——朱熹理氣觀的詮釋與比較》〔註53〕，認爲朱熹關於「理氣關係」的論述主要來源於張載的「虛氣相即」。

　　屠承先《論程顥的本體工夫思想》〔註54〕，認爲程顥的宇宙本體論是「理與心一」。付長珍《試論程顥境界進路中的直覺性特徵》〔註55〕，認爲程顥以「仁者渾然與物同體」作爲其境界追求的最高境。盛應文《試論程顥的「天理」》〔註56〕，則討論了程顥思想中宇宙本體論的最高概念「天理」的相關理論。

　　丁爲祥、寧新昌《朱子本體意識的形成及其特徵》〔註57〕，認爲朱子本體意識形成有兩個關節點，一是吸收了小程對「道與陰陽」的關係的論述；一是改鑄了周敦頤「無極而太極」的宇宙演化圖式；而張載宇宙本體意識，對朱熹宇宙本體意識的形成起著關鍵的作用，但這種說法似乎忽略了邵雍的影響。

　　張克賓《論朱熹易哲學中的「生生」與「仁」》〔註58〕及胡賢鑫《人性論與宇宙本體論的合一——程朱人學理論的重要特點》〔註59〕，對朱熹宇宙本體論的論述，也值得參考。余敦康《朱熹〈周易本義〉卷首九圖與〈易學啓蒙〉解讀》〔註60〕，指出朱熹關於《易》四種象數的論述，《易》學的四種象

〔註52〕林樂昌《張載兩層結構的宇宙論哲學探微》，《中國哲學史》，2008 年第 4 期。

〔註53〕丁爲祥《「理先氣後」與「虛氣相即」——朱子理氣觀的詮釋與比較》，武夷山朱熹研究中心編《朱子學與 21 世紀國際學術研討會論文集》，西安：三秦出版社，2000 年，第 76～90 頁。

〔註54〕屠承先《論程顥的本體工夫思想》，《孝感學院學報》（哲學社會科學版），2001年第 1 期。

〔註55〕付長珍《試論程顥境界進路中的直覺性特徵》，《上海大學學報》（社會科學版），2008 年第 4 期。

〔註56〕盛應文《試論程顥的「天理」》，華中科技大學碩士學位論文，2006 年。

〔註57〕丁爲祥、寧新昌《朱子本體意識的形成及其特徵》，《陝西師範大學學報》（哲學社會科學版），2004 年第 4 期。

〔註58〕張克賓《論朱熹易哲學中的「生生」與「仁」》，《中州學刊》，2012 年第 1 期。

〔註59〕胡賢鑫《人性論與宇宙本體論的合一——程朱人學理論的重要特點》，《中州學刊》，2003 年第 5 期。

〔註60〕余敦康《朱熹〈周易本義〉卷首九圖與〈易學啓蒙〉解讀》，《中國哲學史》，2001 年第 4 期。

數其實都離不開太極，而太極陰陽之妙是這四種不同象數的共同本質。太極是理，陰陽是氣，這篇論文將朱熹的易學與理學的宇宙本體融彙爲一。向世陵《論朱熹的「心之本體」與未發已發說》〔註61〕及金春峰《對朱熹哲學思想的重新認識──兼評馮友蘭、牟宗三解釋模式之扭曲》〔註62〕，則啓示我們，對朱熹的宇宙本體論還有再進行闡述的必要。

其它論文如鍾小石、饒國賓《論陸九淵哲學的本體論思想》〔註63〕，陳清春《從道德本體到存在本體──王陽明晚年本體論思想研究》〔註64〕，韓振江《試論王陽明「萬物一體」觀中的心物關係──從存在本體論出發》〔註65〕，譚柏華《黃榦思想研究》〔註66〕，張加才《北溪理學本體論思想探微》〔註67〕等論文則分別探討了陸九淵、王陽明、黃榦、陳淳等人的宇宙本體論思想，對本文的寫作啓發很大。

理學的宇宙本體論把本體體會成是「即存有即活動」的本體宇宙論式的道德創生實體，它既可稱爲「理」，也可稱爲「心」和「神」，靜態的爲本體論的實有，動態的爲宇宙論的生化之理，也是能引發道德創造的創造實體。這其實還是傳統儒學關注現實社會人生，把宇宙本體體會爲「實體」的結果。但把朱熹的宇宙本體體會爲「只存有而不活動」的靜態之理，這似乎又陷入了割裂本體、懸置本體與僵化本體的歧途。所以，本文論證朱熹的宇宙本體論也是即存有即活動的。

本文試圖宇宙本體論研究作爲平臺，並以之爲視角，對理學及理學以前的宇宙本體論作一梳理，力求有所突破，並對宇宙本體論範疇如太極、理、天、道、性、心等概念進行考察，同時，挖掘宋明理學家這些概念的闡釋及其之所以如此闡釋背後所依據的思想理論形態。

〔註61〕向世陵《論朱熹的「心之本體」與未發已發說》，《湖南大學學報》（社會科學版），2012 年第 1 期。

〔註62〕金春峰《對朱熹哲學思想的重新認識──兼評馮友蘭、牟宗三解釋模式之扭曲》，《學術月刊》，2011 年第 6 期。

〔註63〕鍾小石、饒國賓《論陸九淵哲學的本體論思想》，《江西社會科學》，2005 年第 12 期。

〔註64〕陳清春《從道德本體到存在本體──王陽明晚年本體論思想研究》，《哲學堂》，2005 年第 2 輯。

〔註65〕韓振江《試論王陽明「萬物一體」觀中的心物關係──從存在本體論出發》，《大連理工大學學報》（社會科學版），2011 年第 1 期。

〔註66〕譚柏華《黃榦思想研究》，湘潭大學碩士學位論文，2003 年。

〔註67〕張加才《北溪理學本體論思想探微》，《北方工業大學學報》，2001 年第 2 期。

　　宇宙本體論與宇宙生成論、宇宙系統論及宇宙循環論等的關係如何，也是本文的創新點，宇宙本體論、宇宙系統循環論等更爲理學家特別是朱熹所重視。

第一章 北宋以前及北宋的宇宙本體論

　　宇宙論和本體論都是從西方傳入的概念，二者有一定的區別。如湯用彤在《魏晉玄學論稿》一書中則用「宇宙論」指稱兩漢哲學，用「本體論」指稱魏晉玄學〔註1〕。漢學的宇宙論分體用爲二截，而玄學的本體論則主體用一如。二者區別明顯。馮友蘭雖然也認爲宇宙論與本體論有別，但他卻把宇宙論與本體論都歸在宇宙論下，如他認爲哲學包含宇宙論、人生論、知識論三大部，若此三大部再分，「則宇宙論可有兩部：一、研究『存在』之本體及『眞實』之要素者，此是所謂『本體論』（Ontology）；一、研究世界之發生及其歷史，其歸宿者，此是所謂『宇宙論』（Cosmology）」〔註2〕。如此，馮友蘭則把本體論置於宇宙論的籠罩之下，其所謂的「本體論」則可稱爲「宇宙本體論」，雖然他並沒有使用這一名詞。牟宗三在《心體與性體》一書中則徑直使用「本體宇宙論」一詞，丁爲祥、高瓊的論文《牟宗三「本體—宇宙論」解讀》〔註3〕，對牟宗三使用「本體宇宙論」一詞的思路進行了探討，並認爲該詞的基本內涵是以道德理想統攝自然秩序，以德性潤澤生命，而德性優先。一般情況下，宇宙論傾向於探究宇宙的終極本源及宇宙結構等。本體論又稱存有論，是研究存有的先於經驗的純粹原理，傾向於從邏輯的角度探討存有

〔註1〕 湯用彤《魏晉玄學論稿》（增訂版），第66～67頁。
〔註2〕 馮友蘭《中國哲學史》，第21頁。
〔註3〕 丁爲祥、高瓊《牟宗三「本體—宇宙論」解讀——儒家視域中自然與道德關係的再檢討》，《陝西師範大學學報》（哲學社會科學版），2009年第3期。

的邏輯規定性〔註4〕。那麼，宇宙本體論是指探究宇宙終極本源和道德價值超越源頭的理論性構建。

中國思想的宇宙本體論思維，雖然與價值命題與修養理論難以分開，但儒釋道三家的宇宙本體論在各自的理論系統中卻起著決定性的作用。因此儒釋道三家都建立了豐富的宇宙本體論體系，特別是在北宋以前，就宇宙本體論而言，佛道兩家有超越儒家之處。北宋五子在吸收佛道思想的基礎上，對宇宙本體論思想有所發明與創造，形成了與原始儒學不同的新儒學。下面就北宋以前三家的宇宙本體論體系及北宋五子的宇宙本體論思想分別予以敘述。是爲朱熹宇宙本體論創發的思想背景。

第一節　北宋以前的宇宙本體論

一、北宋以前的儒學宇宙本體論

先秦至五代的儒學宇宙本體論總的來說有兩條線索，一是孔孟雖然分別提出了「仁」和「本心」說，但其外在（超越）的依據仍然是天；二是《易傳》的「太極」系統。但此兩條線索也並非各自孤立，而是時有交叉的發展。從以下對孔子、孟子、荀子、董仲舒、楊雄等的討論中可略窺一斑。

（一）孔子

孔子（前551～前479）是儒學的創建者，他奠定了儒者「內聖外王」的基本追求和最高理想。孔子雖然推出「仁」與「禮」，但「仁」與「禮」的超越的依據是從西周以來代替商代的「帝」而出現的「天」〔註5〕（不同於易學

〔註4〕俞宣孟指出：「所謂本體論就是運用以『是』爲核心的範疇、邏輯地構造出來的哲學原理系統。本體論有三個基本特徵，從實質上講，它與經驗世界相分離或優先於經驗而獨立存在的原理系統，應歸入客觀唯心主義之列；從方法論上講，它採用主要是形式邏輯的方法，到黑格爾發展爲辯證邏輯的方法；從形式上講，它是關於『是』的哲學，『是』是經過思想家改造以後而成爲的一個具有最普遍、最高的邏輯規定性的概念。它包涵其餘種種作爲『所是』的邏輯規定性。Ontology 因之而得以命名，即本體論是一門關於『是』的學問，其較適當的譯名應是『是論』」。參見氏著《本體論研究》，上海：上海人民出版社，2005年，第27頁。但值得注意的是中國哲學的本體論多傾向於從體用關係的角度闡釋本體。

〔註5〕楊慶中《周人何以稱至上神爲天》認爲：天是周人對至上神的稱謂。天與帝既相通又有差別。周人以天代替殷人之帝基於兩個傳統，一是重視以星占數

太極的天）。孔子的天論內容就是對西周天論思想的繼承和發展，具有強烈的宇宙本體論訴求。如「天何言哉？四時行焉，百物生焉，天何言哉？」〔註6〕天雖然什麼也沒有說，然而一年四季卻正常更替，世間萬物自然榮枯，這其實是上帝的意志，天的命令，人看的多了，誤把它當作了自然的規律。《論語》中又有：「子在川上曰：逝者如斯夫，不捨晝夜」〔註7〕。如果沒有對天命的體悟，何以有如此符合天道的斷語。所以孔子的天更多的含有主宰之天的意味。故而對天要敬畏：

> 獲罪於天，無所禱也〔註8〕。

> 子畏於匡，曰：「文王既沒，文不在茲乎？天之將喪斯文也，後死者不得與於斯文也。天之未喪斯文也，匡人其如予何？」〔註9〕

孔子還認為唯天為大，聖人要效法天則。「子曰：大哉堯之為君也！巍巍乎！唯天為大，唯堯則之，蕩蕩乎！民無能名焉。巍巍乎其有功也！煥乎其有文章！」〔註10〕在孔子看來，堯之所以偉大，就在於能效法天則，才取得治理天下的成功。可見「天「是孔子思想中最高的宇宙本體，是最終極、最絕對的存在。人世間的萬物都是天之所命，天命之謂性，天命之道為天道。既然天是孔子哲學的最高本體，那麼，天就先驗的存在，是不可認知的，不屬於經驗層面的東西。所以，孔子很少言及天道與性。所謂「子貢曰：夫子之文章可得而聞也，夫子之言性與天道，不可得而聞也」〔註11〕，正說明了這一情況。

　　孔子思想既以天為其最高宇宙本體，其天命、天道（道）都是由天派生而來的和經驗層面（人生層面）相聯繫的概念，天命是強調世間萬物有一共同的本源，萬物各自不同，各有其性，乃天所命。天命向萬物所命的過程自有其道，是謂天道。而人是萬物中最重要的，能對天道進行體認，按照天道

學為基礎的筮占的傳統；一是重視農業生產的傳統。周人之天與殷人之帝的最大區別乃在於：天具有道德屬性，而帝沒有。論述了由「帝」向「天」轉變的原因，其說頗是。該文刊於《中南民族學院學報》（哲學社會科學版），1997 年第 1 期，第 53～55 頁。
〔註 6〕 《論語·陽貨》，《十三經注疏》本，北京：中華書局，1979 年。
〔註 7〕 《論語·子罕》。
〔註 8〕 《論語·八佾》。
〔註 9〕 《論語·子罕》。
〔註 10〕 《論語·泰伯》。
〔註 11〕 《論語·公冶長》。

行事，從而形成人道（人德）。天道是人道的依據，伊川說：「聖人本天，釋氏本心」〔註12〕。人道只能根據天道的顯示體認天道，而天道不可能完全顯示，從這個意義上說，人道只能部分的體認天道。孔子從天道向人道的下貫中體認到得是「仁」，孔子說「志於道，據於德，依於仁，游於藝」〔註13〕。就是要知道行道，天道只可認知，而不可把握，如「道之將行也與，命也；道之將廢也與，命也」〔註14〕。而「天下有道則見，無道則隱」〔註15〕、「仁者安仁」〔註16〕等，則突出了人道的主體性，仁也成爲孔子人道的重要內容。人道是天道的一部分，人道可以發揮天道中仁的部分，以利於人類。既然人道由天道而來，也可以說人道（仁）也是宇宙本體，仁也成爲後世程朱理學念茲在茲的先驗道德本體。這樣孔子就繼承了西周以來的天論思想，同時也賦予仁（人道）以先驗的道德本體。

（二）孟子

孟子（約前 372～前 289）是子思門人的弟子，成書於孟子之前的《大學》與《中庸》正是子思一派的著作〔註17〕。如果說孔子是仁本體論的創建者，那麼孟子則是仁本體論的完成者。孟子把仁根植於人的「本心」。「心」不僅是認知器官，所謂「心之官則思，思則得之，不思則不得也」〔註18〕，而且

〔註12〕 程顥、程頤《河南程氏遺書》卷 21 下，《二程集》，王孝魚點校，北京：中華書局，2004 年，上冊第 274 頁。
〔註13〕 《論語・述而》。
〔註14〕 《論語・憲問》。
〔註15〕 《論語・泰伯》。
〔註16〕 《論語・里仁》。
〔註17〕 《大學》是《禮記》中的一篇，相傳爲曾子（前 505 年～前 435 年）所作，「三綱八目」爲全篇核心。其中三綱八目提供了一條內聖外王的「修齊治平」之道，其格物致知也是一條認識論的路向。《中庸》也是《禮記》中的一篇，相傳爲孔子之孫孔伋（即子思，前 483～前 402）所作，其「天命之謂性，率性之謂道，修道之謂教」一句，與《郭店楚簡校讀記》（李零《郭店楚簡校讀記》（增訂本），中國人民大學出版社，2007 年，第 136 頁）所收《性命出》中「性自命出，命自天降」的提法極爲相似。「能盡其性，則能盡人之性；能盡人之性，則能盡物之性；能盡物之性，則可以贊天地之化育；可以贊天地之化育，則可以與天地參矣」，這是《中庸》在闡明人可以貫通天道與性命，達到與天地參的境界。有學者認爲「自誠明，謂之性；自明誠，謂之教。誠則明矣，明則誠矣」中的「自誠明」是先驗主義路向；「自明誠」是與《大學》「格物致知」相同，爲經驗主義路向。
〔註18〕 《孟子・告子上》，《十三經注疏》本，北京：中華書局，1979 年。

更重要的是，「心」是道德本體。孟子也承認天命和天道都是外在的客觀世界，正像《詩》、《書》中所說的「天生蒸民，有物有則。民之秉彝，好是懿德」。萬民之「則」來自天生。如「萬章曰：堯以天下與舜，有諸？孟子曰：否。天子不能以天下與人。然則舜有天下也，孰與之？曰天與之。天與之者，諄諄然命之乎？曰否。天不言，以行與事示之而已矣」〔註 19〕。天子之立乃天之所命。然而天命與天道只有顯示出來，人才能認識到，人所認識到的只能是現象世界，而不能認識到天的世界。既然人有人心，能進行思維；天也應該有天心，也能進行思維。如「夫天未欲平治天下也，如欲平治天下，當今之世，舍我其誰也？」〔註 20〕天儼然是一位會思考的人格神。天心既不能看到，只能從人本心中去體會，人本心定然與天心相通並相同，聖人之心也與天心相通並相同，南宋的陸九淵（1139～1193）說「宇宙便是吾心，吾心便是宇宙」，「東海有聖人出焉，此心同也。此理同也，至西海、南海、北海、有聖人出，亦莫不然；千百世之上有聖人出焉，此心同也，此理同也；至於千百世之下有聖人出，此心此理亦無不同也」〔註 21〕。從而使「本心」也就得了宇宙本體的地位。

　　孟子是如何闡述其「本心」的呢？孟子說：「是故誠者，天之道也；思誠者，人之道也」〔註 22〕。天之誠，即是「天生蒸民，有物有則」之誠。人能夠體認天之誠，即是體認天之心，人之心即與天之心合一。從而達到天道與人道的相貫通。孟子說：「惻隱之心，人皆有之；羞惡之心，人皆有之；恭敬之心，人皆有之；是非之心，人皆有之。惻隱之心，仁也；羞惡之心，義也；恭敬之心，禮也；是非之心，智也。仁義禮智，非由外鑠我也，我固有之也。」〔註 23〕「人皆有所不忍，達之於其所忍，仁也；人皆有所不為，達之於其所為，義也」〔註 24〕。孟子從惻隱之心、羞惡之心、恭敬之心、是非之心為仁義禮智四端及不忍人之心說人的本心。人的本心為人性所發，人心所發為善，人性也就是善的。仁義禮智是善的，是人之本心所固有，所以人心是善的。現實中之所以有不善的情況，只是人沒能思考本心固有的善性讓它發揮出來

〔註 19〕　《孟子・萬章》。
〔註 20〕　《孟子・公孫丑》。
〔註 21〕　陸九淵著《陸九淵集》，鍾哲點校，北京：中華書局，1980 年，第 273 頁。
〔註 22〕　《孟子・離婁上》。
〔註 23〕　《孟子・告子上》。
〔註 24〕　《孟子・盡心下》。

罷了。

人道的善雖出自「本心」，然本心爲善卻爲天所限定。孟子是瞭解天的，他認爲「盡其心者知其性也」，人要通過盡心而知性，「知其性者知天矣」〔註25〕，人要通過「知性」而「知天」，達到與天地參的境界。然並不能因爲瞭解了天的限制，就消極對待，而應該採取積極地措施，使人生在有限的生命進程內趨於完美。雖然成功與失敗都是由天所決定的，但是人也要努力。如他說：「若夫成功則天也。君如彼何哉？強爲善而已矣」〔註26〕。可見，孟子是很重視天道對人本心的先驗限定的。

（三）荀子

荀子（約前325～前238）雖然堅持天人合一，但卻提出了「天人有分，制天命而用之」的觀點。他認爲天行有常，不因爲堯才存在，不因爲桀而消亡。聖人應之以治則吉，昏君應之以亂則凶。他說：「故明於天人之分，則可謂至人矣……大天而思之，孰與物畜而制之！從天而頌之，孰與制天命而用之」〔註27〕。這就是荀子著名的天人相分、制天命而用之的觀點。荀子天人相分的觀點指出了天的客觀性，但天的客觀規律（天道）是能爲人所認識的，所以才能制天命而用之。但荀子對儒家的天命並沒有徹底的否定，他認爲萬物的生養及成功的背後均是由神和天支配的。荀子認爲人可以通過專心一致，長時間的思索熟察，則能通於神明，參於天地的造化了。

荀子在承認天命的方面和孟子並無本質的區別，只不過看問題的角度不同而已。荀子由天命論看到了人之性惡。如荀子說：「凡性者天之就也，不可學，不可事；禮義者，聖人之所生也，人之所學而能，所事而成者也。不可學、不可事而在人者謂之性，可學而能、可事而成之在人者謂之僞。是性、僞之分也」〔註28〕。「生之所以然者謂之性。性之和所生，精合感應，不事而自然謂之性。性之好、惡、喜、怒、哀、樂謂之情。情然而心爲之擇謂之慮。心慮而能爲之動謂之僞」〔註29〕。這是性之所以爲僞之說。荀子還直指性爲惡，他認爲人之性本來就惡，其所以爲善，其實是僞。他認爲今人之性，生

〔註25〕 《孟子·盡心》。
〔註26〕 《孟子·梁惠王》。
〔註27〕 （清）王先謙《荀子集解》卷11《天論》，北京：中華書局，1981年，下冊，第306頁。
〔註28〕 《荀子集解》卷17《性惡》，下冊，第435頁。
〔註29〕 《荀子集解》卷16《正名》，下冊，第412頁。

而好利，生而疾惡，生而好聲色。如果順著人性發展，則爭奪生而辭讓亡，殘賊生而忠信亡，淫亂生而禮義文理亡。所以聖人就要努力改變這種情況，故有師法之化，讓其合於禮義之道，行為合於文理，懂得辭讓，而後天下歸於治。這樣看來，荀子說：「然則人之性惡明矣，其善者偽也」〔註30〕。這種天命之性情是惡的，如果聖人不對之加以教化，順此惡性發展則會引起社會的混亂。

荀子開闢了思維的兩條路向，一為天人相分，一為性惡。如上所述，天人相分併不是對天命論的否定，而是在天人相合的思路下對天道及人道各自規律的認識。由此，荀子的思維向認識論前進了一大步，也揭櫫了孔、孟儒學內部的緊張，但這種理性的發展並不能為儒學廣泛接受，也帶來了新的張力，直至董仲舒才將儒學的天命論推向巔峰。

（四）董仲舒

董仲舒（約前179～前104）的天論即是對孔、孟、荀至上神之天、自然之天理論的吸收，又有對易學陰陽、《洪範》五行〔註31〕思想的吸收，並有自己獨特的創造。其最高的宇宙本體並不是易學的太極，而仍為孔、孟、荀的天，易學的陰陽及《洪範》五行則是其思想系統的子概念，這些都體現出董仲舒天學的特色。

具體來說，董仲舒從以下幾個方面豐富了孔、孟、荀的天命論體系。首先，董仲舒的思想仍以「天」為其最高本體，他的天命論的方式可以從兩個方向上進行考察。董仲舒繼承的孔、孟、荀的天命論是從空間方位自上而下的貫注方式，是一種縱向的天命論，這是其一。如董仲舒說：「天地者，萬物之本，先

〔註30〕《荀子集解》卷17《性惡》，下冊，第434頁。
〔註31〕《尚書·洪範》曰：「五行。一曰水，二曰火，三曰木，四曰金，五曰土。水曰潤下，火曰炎上，木曰曲直，金曰從革，土爰稼穡。潤下作鹹，炎上作苦，曲直作酸，從革作辛，稼穡作甘」。戰國後期陰陽家鄒衍（約前305～前240）創「五德終始」循環論，其原著已佚，大意與《呂氏春秋·有始覽·應同》相近：「凡帝王者之將興也，天必先見祥乎下民。黃帝之時，天先見大螾大螻，黃帝曰：『土氣勝』，土氣勝，故其色尚黃，其事則土。及禹之時，天先見草木秋冬不殺，禹曰：『木氣勝』，木氣勝，故其色尚青，其事則木。及湯之時，天先見金刃生於水，湯曰：『金氣勝』，金氣勝，故其色尚白，其事則金。及文王之時，天先見火，赤烏銜丹書集於周社，文王曰：『火氣勝』，火氣勝，故其色尚赤，其事則火。代火者必將水，天且先見水氣勝，水氣勝，故其色尚黑，其事則水」。呂不韋撰、陳奇猷校釋《呂氏春秋校釋》，上海：上海古籍出版社，2002年，上冊，第682頁。

祖之所出也。廣大無極，其德昭明，歷年眾多，永永無疆。天出至明，眾知類也，其伏無不炤也；地出至晦，星日爲明不敢暗，君臣、父子、夫婦之道取之此」〔註32〕。「無天而生，未之有也。天者，萬物之祖，萬物非天不生」〔註33〕。「天者，百神之大君也。事天不備，雖百神猶無益也」〔註34〕。這都是把天看作至上神之天，是有意志有人格的，與孔、孟、荀的天命論是一脈相承的。另一種天論思想則是董仲舒吸取了《易傳·繫辭》「易有太極，是生兩儀，兩儀生四象，四象生八卦」及《老子》「道生一，一生二，二生三，三生萬物」的思想，如他說：「天地之氣，合而爲一，分爲陰陽，判爲四時，列爲五行。行者行也，其行不同，故謂之五行。五行者，五官也，比相生而間相勝也」〔註35〕。創造了「天〔註36〕（天地之氣）──陰陽──四時──五行──萬物」的按照時間的生成序列。

其次，董仲舒的天有十端之天與一端之天的區別。董仲舒說：「天有十端，十端而止已。天爲一端，地爲一端，陰爲一端，陽爲一端，火爲一端，金爲一端，木爲一端，水爲一端，土爲一端，人爲一端，幾十端而畢，天之數也」〔註37〕。又說：「天地陰陽木火土金水九，與人而十者，天之數畢也……畢之外謂之物，物者投所貴之端，而不在其中。以此見人之超然萬物之上，而最爲天下貴也」〔註38〕。正像孟子的心有四端一樣，董仲舒把天地陰陽木火土金水及人作爲十端納入所謂天有十端和「天之數」的「天」中。十端之天與一端之天不同，董仲舒沒有明確說明。顯然，十端之天是指至上神之天，是

〔註32〕 董仲舒撰、鍾兆鵬主編《春秋繁露校釋》卷 9《觀德》，石家莊：河北人民出版社，2005 年，下冊，第 606 頁。

〔註33〕 《春秋繁露校釋》卷 15《順命》，下冊，第 940 頁。

〔註34〕 《春秋繁露校釋》卷 14《郊語》，下冊，第 911 頁。

〔註35〕 《春秋繁露校釋》卷 13《五行相生》，下冊，第 833 頁。

〔註36〕 關於董仲舒「元」和「天」之爭，可參考劉國民《董仲舒的經學詮釋與天的哲學》第四章《董仲舒的天的哲學》，北京：中國社會科學出版社，2007 年，第 260～272 頁。另外，馮達文《中國哲學的本體論》認爲宇宙論可以稱爲本源論，與本體論可以合稱爲本源──本體論，儒學確認本源化生萬物的過程爲成長的過程，其解釋路向又可析爲董仲舒的「元氣──陰陽──四時──五行──萬物」與《易傳》的「易有太極，是生兩儀，兩儀生四象，四象生八卦」兩途對本文很有啓發。參見氏著《中國哲學的本源──本體論》，廣州：廣東人民出版社，2001 年，第 17～63 頁。

〔註37〕 《春秋繁露校釋》卷 7《官制象天》，上冊，第 489 頁。

〔註38〕 《春秋繁露校釋》卷 17《天地陰陽》，下冊，第 1085 頁。

無所不包的宇宙全體。而一端之天是與地、陰、陽、木、火、土、金、水、及人並列的天，為自然之天。董仲舒這裏沒有選用其它的概念如「太極」、「道」等取代「天」（非與地相對待的天），自有其深刻的哲學思考。

另外，既然一端之天是與地、陰、陽、木、火、土、金、水及人等相對待的概念，都是總體天的一端顯露而已，那麼一端之天自然就與其它的「人」等概念是同類的，從而樹立了天人同類的思想。董仲舒明確指出：「以類合之，天人一也」〔註 39〕。這是直接指明天人同類。正像天有陰陽一樣，人也有陰陽。如果天地的陰氣起，那麼人之陰氣也會應之而起；同理，如果人的陰氣起，那麼天地的陰氣也應該應之而起。這是天人相同處之一。其次是天人相副，董仲舒認為天地的符號，陰陽的副本，常常在人的身體上體現出來。人身體上的一些數與天地的數相同，所以人的命運與天地緊密相連。如天有三百六十六日，人有三百六十六小節；天有十二月，人有十二大節；天有五行，人有五藏；天有四時，人有四肢；天有晝夜，人有視瞑；天有冬夏，人有乍柔；天有陰陽，人有哀樂等等〔註 40〕。天人同類的意義在於結合當時的同類相應的思想而建立天人同類相感應的思想。〔註 41〕這種同類相感應的思想與國家的政治、社會的人事密切相關。董仲舒是《春秋》學的大家，他在《天人三策》中明確指出：「臣謹案《春秋》之中，視前世已行之事，以觀天人相與之際，甚可畏也。國家將有失道之敗，而天乃先出災害以譴告之；不知自省，又出怪異以警懼之；尚不知變，而傷敗乃至」〔註 42〕。由此，董仲舒也回到了「為人者天」的路徑上了。董仲舒就是這樣詮釋了天人的一致性。儒家的天命論至此也走向了巔峰。後世儒者在論及天命思想時，大抵沒有越出董仲舒的思想格局。如東漢的王充、唐代的柳宗元及劉禹錫等關於「天」的思想都是在董仲舒的框架內展開。

〔註 39〕 《春秋繁露校釋》卷 12《陰陽義》，下冊，第 767 頁。

〔註 40〕 《春秋繁露校釋》卷 13《人副天數》，下冊，第 805 頁。

〔註 41〕 周桂鈿在《中國傳統哲學》（北京：北京師範大學出版社，1990 年，第 8 頁。）一書中指出《周易·乾卦·文言》「同聲相應，同氣相求，水流濕，火就燥……各從其類也」；《呂氏春秋·應同》「類故相召，氣同則合，聲比則應，鼓宮而宮動，鼓角而角動」（《呂氏春秋校釋》，上冊，第 683 頁）；《呂氏春秋·精通》：「月也者，群陰之本也。月望則蚌蛤實，群陰盈；月晦則蚌蛤虛，群陰虧。夫月形乎天，而群陰化乎淵」（《呂氏春秋校釋》，上冊，第 513 頁）均有同類相應的思想。

〔註 42〕 董仲舒《董子文集》，北京：中華書局，1985 年，第 3 頁。

（五）太極

儒家的另一條重要的宇宙本體論系統是太極。太極的來源及別稱很多〔註43〕，是和天不同形態的宇宙本體論概念。天是超驗世界的至上神和經驗世界的蒼蒼者的結合，是伏而可思、仰而可視的（特別是人們在經驗世界中直接感受到的）。太極不僅要回答經驗世界的本質及決定者，還要追問經驗世界的最初來源（如果和北極及太一是同一概念的話，太極的產生則更傾向於是人們幽靜時的玄思。）但從太極最終也走向至上神的路向來看，太極和天其實並沒有本質的區別。但太極除了具有天的宗教信仰的特點外，多了一些理性思辨的知識論色彩，從而更具說服力、神秘感。

一般認爲太極來自《易傳》。《易傳》的提法是「易有太極，是生兩儀，兩儀生四象，四象生八卦，八卦定吉凶，吉凶生大業」〔註44〕。而對太極的解釋一般有三種說法。一是太極爲畫卦揲蓍的過程的核心，其天地之數五十之「一」不用即爲太極。「大衍之數五十，其用四十有九，分而爲二以象兩，掛一以象三，揲之以四以象四時，歸奇於扐以象閏，五歲再閏，故再扐而後掛。乾之策二百一十有六，坤之策百四十有四，凡三百有六十，當期之日，二篇之策萬有一千五百二十，當萬物之數也」〔註45〕。畫卦揲蓍的過程即是在太極統攝下的宇宙化生過程。朱子認對《易傳》這段話的解釋是「太極、兩儀、四象、八卦者，伏羲畫卦之法也」〔註46〕，是「一每生二，自然之理也。易者，陰陽之變，太極者，其理也。兩儀者，始爲一畫者。實聖人作《易》自然之次第，有不假絲毫智力而成者，畫卦揲蓍，其序自然」〔註47〕。聖人畫卦揲蓍，不待智力，本然「天」成，其序自然。

二是與天命論或神學目的論合，稱太極爲北辰、北極、中宮大帝、元氣

〔註43〕 葛兆光認爲北極、與太一、道、太極在語義上的互通，其實來源於感覺上的相似性。因爲這四概念有一個共同的淵源，即來自古人對天象的觀察、猜想、體驗，甚至模擬。參見《眾妙之門──北極與太一、道、太極》，《中國文化》，1990 年第 2 期，第 46～65 頁。其論北極、太一、道與太極四概念在中國古代人心目中語義互通至爲確當。

〔註44〕 朱熹《周易本義・周易係詞上傳第五》，《朱子全書》，第 1 冊，第 133～134頁。

〔註45〕 《周易本義・周易係詞上傳第五》，《朱子全書》，第 1 冊，第 130～131 頁。

〔註46〕 朱熹《晦庵先生朱文公文集》卷 54《答王伯禮》，《朱子全書》，第 23 冊，第2570 頁。

〔註47〕 朱熹《周易本義・周易係詞上傳第五》，《朱子全書》，第 1 冊，第 133～134頁。

之泉等，這些概念神學及神秘色彩濃厚。孔穎達（574～648）的《周易正義》疏「大衍之數五十，其用四十有九」引馬融（79～166）說：「易有太極，謂北辰也」〔註48〕。漢代的緯書就有這方面的傾向。如《春秋緯・文耀鈎》載：「中宮大帝，其尊北極星，含元出氣，流精生一」及「中宮大帝，其北極下一明者，爲太一之先，含元氣以斗布常」〔註49〕。再如《易緯・乾鑿度》指出：「昔者聖人因陰陽，定消息，立乾坤，以統天地也。夫有形生於無形，乾坤安從生？故曰有太易、有太初、有泰始、有太素也。太易者，未見氣也；太初者，氣之始也；泰始者，形之始也；太素者，質之始也。氣形質具而未離故曰混淪。混淪者，言萬物相混成而未相離。」由太易而太初、而泰始、而太素是「太易始著太極成。太極成，乾坤行」〔註50〕。《孝經・鈎命訣》與此說相同：「天地未分之前，有太易。元氣始萌，謂之太初。氣形之端，謂之泰始。形變有質，謂之太素。質形已具，謂之太極」〔註51〕。緯書的神學目的論較董仲舒關於類及數的理論更加細緻周密，從而使得漢唐的象數易學得到進一步的發展。《易傳・繫辭上》已有天數與地數的闡述：「天一、地二、天三、地四、天五、地六、天七、地八、天九、地十」；董仲舒有「人副天數」之說。至孟喜，尤其是京房（前77～前37）則提出「天地之數分於人事，吉凶之兆定於陰陽」〔註52〕。而以卦氣說爲主。《易緯・乾鑿度》又提出了九宮說：「易一陰一陽，合而爲十五之謂道。陽變七之九，陰變八之六，亦合於十五，則象變之數若一也。陽動而進，變七之九，象其氣之息也，陰動而退，變八之六，象其氣之消也。故太一取其數以行九宮，四正四維皆合於十五。五音六律七宿，由此作焉」〔註53〕。九宮說對後來的河圖、洛書學有很大的影響。

〔註48〕孔穎達疏《周易正義》卷7《係詞上》，北京：九州出版社，2004年，下冊，第627頁。

〔註49〕朱均注《春秋緯・文耀鈎》，收入馬國翰《玉函山房輯佚書》，揚州：廣陵書社，2004年，第3冊，第2132頁。

〔註50〕鄭玄注《乾坤鑿度》卷上，收入林忠軍著《易緯導讀》，濟南，齊魯書社，2002年，第113頁。

〔註51〕朱均注《孝經・鈎命訣》，收入馬國翰《玉函山房輯佚書》，揚州：廣陵書社，2004年，第3冊，第2132頁。

〔註52〕京房《京氏易傳》，收入盧央著《京氏易傳解讀》，北京：九州出版社，2004年，下冊，第458頁。

〔註53〕鄭康成注《乾鑿度》卷下，收入林忠軍著《易緯導讀》，濟南，齊魯書社，2002年，第94頁。

　　三是太極與老子的「道」，更為接近，都是指向宇宙本源。孔穎達認為：「《易》有太極，是生兩儀者，太極謂天地未分之前，元氣混而為一，即是太初、太一也。故《老子》云：『道生一』。即此太極是也。又謂混元即分，即有天地，故曰『太極生兩儀』，即《老子》云『一生二』也」〔註54〕。孔穎達直認太極來自老子的道。如果僅從太極與道都指向宇宙本源的角度看，太極與老子的道，可能是對同一事物的不同稱謂。但從儒道兩家都把宇宙本體置於宇宙化生過程的終端來看，二者顯然殊途，旨趣不類。

　　儒家將德性學說掛搭在太極上，較天命論更具思辨性。《易傳》重視道德的起源，「一陰一陽之謂道。繼之者善也。成之者性也」〔註55〕。這種「繼善成性」，也可追到聖人作易的目的，「昔者聖人作《易》也，將以順性命之理。是以立天之道曰陰曰陽，立地之道曰柔曰剛，立人之道曰仁與義，兼三才而兩之，故《易》六畫而成卦。分陰分陽，迭用柔剛，故《易》六位而成章」〔註56〕。這一陰一陽的道，既是萬物生成的天道，也是德性開啓的源泉。〔註57〕《周易·乾卦·象》稱：「大哉乾元！萬物資始，乃統天。雲行雨施，品物流形。大明始終，六位時成，時乘六龍以御天。乾道變化，各正性命，保合太和，乃利貞。首出庶物，萬國咸寧」〔註58〕。《周易·繫辭下》說：「古者庖犧氏之王天下也，仰則觀象於天，俯則觀法於地。觀鳥獸之文，與地之宜。近取諸身，遠取諸物。於是始作八卦，以通神明之德，以類萬物之情。」〔註59〕在這裏，乾陽以生為德，萬物借陽氣的流行化育得以成形成性成善，生即體現為仁。儒家之仁與《易傳》的氣化流行之易緊密聯繫起來，仁的價值觀獲得了宇宙化生論的有力支撐。只不過不同的人對「仁者見之謂之仁，知者見之謂之知，百姓日用而不知，故君子之道鮮矣」的體認不同而已。

〔註54〕 孔穎達疏《周易正義》卷7《繫辭上》，下冊，第647～648頁。
〔註55〕 《周易本義·周易係詞上傳第五》，《朱子全書》，第1冊，第133～134頁。
〔註56〕 《周易本義·周易文言傳第七》，《朱子全書》，第1冊，第153頁。
〔註57〕 牟宗三認為：「依儒家的立場來講，儒家有中庸、易傳，它可以向存在那個地方伸展。它雖然向存在方面伸展，它是道德的形上學（moral metaphysics）。他這個形上學還是基於道德。儒家並不是 metaphysical ethics，像董仲舒那一類的就是 metaphysical ethics。董仲舒是宇宙論中心，就是把道德基於宇宙論，要先建立宇宙論然後才能講道德，這是不行的，這在儒家是不贊成的，中庸、易傳都不是這條路」（《中國哲學十九講》，臺北：學生書局，1989年，第76頁）。指出了儒家在宇宙論上兩條不同的路向。
〔註58〕 《周易本義·周易象上傳第一》，《朱子全書》，第1冊，第90頁。
〔註59〕 《周易本義·周易係詞下傳第六》，《朱子全書》，第1冊，第138頁。

（六）太玄

《易傳》所講的宇宙本體論可稱爲易本體論或太極本體論。西漢楊雄（前53～18）準《易》而作《太玄》，以「玄」爲最高本體，﹝註60﹞作爲宇宙的本源和萬物的根本，強調了宇宙本體的神秘莫測，幽深難知。和《易》二分法不同的是，《太玄》用三分法的方式，以一玄統三方，以紀天、地、人之道，以三方、九州、二十七家、八十一首、二百四十三表、七百二十九贊爲框架，建構了一個理論嚴密、思想深邃的學術體系。楊雄說：「玄有二道，一以起三，一以三生。以三起者，方、州、部、家也。以三生者，參分陽氣，以爲三重，極爲九營，是爲同本離末，天地之經也」﹝註61﹞。「三極」與「三才」概念在《周易》中已經提到，楊雄認爲「三」才是最基本的世界圖式，所以說：「夫玄也者，天道也，地道也，人道也，兼三道而天名之」﹝註62﹞。玄也是陰陽之上的神秘力量：「玄者，神之魁也。天以不見爲玄」﹝註63﹞。「玄者，幽攡萬類而不見形者也，資陶虛無而生乎規，關神明而定摹，通同古今以開類，攡措陰陽而發氣。一判一合，天地備矣。天日回行，剛柔接矣。還復其所，終始定矣。一生一死，性命瑩矣」﹝註64﹞。此段話即具有宇宙生成論及本體論的意義。同樣，楊雄也把儒家的德性學說掛搭在「玄」上。當然，「玄」同太極一樣是陰陽之後的神。楊雄的《太玄》同《易傳》一樣，是對《周易》比較重要的解釋系統，北宋的司馬光（1119～1086）仿《周易》和《太玄》作《潛虛》，從而形成一個易、玄、虛爲一體的宇宙本體論理論系統。

二、北宋以前的道家宇宙本體論

北宋以前的道家宇宙本體論系統錯綜複雜，較儒學更爲神秘及充滿思辨性，因此也更爲引人注目。以下對老子、莊子、王弼、郭象等道家宇宙本體

﹝註60﹞ 桓譚（前23～50）闡釋「玄」的概念說「雄之作《玄書》，以爲玄者，天也，道也，言聖賢製法作事，皆引天道以爲本統，而因附續萬類、王政、人事、法度。故伏羲氏謂之《易》，老子謂之道，孔子謂之元，而揚雄謂之玄」，見朱謙之校輯《新輯本桓譚新論》，新編諸子集成續編本，北京：中華書局，2009年，第40頁。

﹝註61﹞ 楊雄撰、司馬光集注《太玄集注》卷10《玄圖》，劉韶軍點校，北京：中華書局，1998年，第212頁。

﹝註62﹞ 《太玄集注》卷10《玄圖》，第212頁。

﹝註63﹞ 《太玄集注》卷10《玄告》，第215頁。

﹝註64﹞ 《太玄集注》卷7《玄攡》，第184頁。

論進行討論，限於筆者學力，暫不討論道教部分。王弼（226～249）在《周易注》中對「大哉乾元，萬物資始，乃統天」〔註 65〕的注釋是「天也者，形之名也；健也者，用形者也。夫形業者，物之累也。有天之形，而能永保無虧，爲物之首，統之者豈非至健哉」〔註 66〕，其中的「永保無虧」四字可作爲道家思考宇宙本體論問題的出發點。

（一）老子

老子（約前 571～前 471）在道家無疑具有重要的地位，他的哲學體系中用「道」作爲宇宙本體論的核心範疇。道是一種眞實的存在，老子說：

> 孔德之容，惟道是從。道之爲物，惟恍惟惚。惚兮恍兮，其中有象；恍兮惚兮，其中有物。窈兮冥兮，其中有精；其精甚眞，其中有信。自今及古，其名不去，以閱眾甫。吾何以知眾甫之狀哉？以此。〔註 67〕

但道卻惟恍惟惚，無形無相，難以把握。這體現了「道」神秘性，老子說：

> 視而不見，名曰微；聽之不聞，名曰希；搏之不得，名曰夷。此三者不可致詰，故混而爲一。其上不皦，其下不昧，繩繩兮不可名，復歸於無物。是謂無狀之狀，無物之象，是謂惚恍。迎之不見其首，隨之不見其後。〔註 68〕

這微妙莫測的道卻是自古就有的天道自然規律，只有掌握它，才能駕御世界萬物。不僅如此，老子的道突破了當時天道觀中天地爲最高範疇的限制，道在天地之前，象帝之先。老子說：

> 有物混成，先天地而生。寂兮寥兮，獨立而不改，周行而不殆，可以爲天下母。吾不知其名，字之曰道，吾強爲之名曰大。大曰逝，逝曰遠，遠曰反。〔註 69〕

> 道沖而用之或不盈，淵兮似萬物之宗，湛兮似或存，吾不知誰之子，象帝之先。〔註 70〕

〔註 65〕《周易本義・周易彖上傳第一》，《朱子全書》，第 1 冊，第 90 頁。
〔註 66〕王弼《王弼集校釋》，樓宇烈校釋，北京：中華書局，1980 年，上冊，第 213 頁。
〔註 67〕《老子》第二十一章，《諸子集成》本，北京：中華書局，2006 年。
〔註 68〕《老子》第十四章。
〔註 69〕《老子》第二十五章。
〔註 70〕《老子》第四章。

老子認爲，「道」向現實世界生化萬物有一個自然的過程，但這個過程卻是不可言說的，老子說：

　　　道生一，一生二，二生三，三生萬物，萬物負陰而抱陽，沖氣以爲和〔註71〕。

　　　大道泛兮，其可左右。萬物恃之而生而不辭，功成不名有，衣養萬物而不爲主。常無欲，可名於小。萬物歸焉而不爲主，可名於大。〔註72〕

老子的道又可稱爲「一」、「太一」，具有神秘色彩，不可言說；是萬物生化的本源，具有宇宙生化論的意義；〔註73〕道先天地生，即在萬物未產生之前就已存在，萬物消逝之後依然存在，是世界存在與變化的終極依據，具有宇宙本體論的意義。而有宇宙本體論意義的道是絕對的永保無虧者，這一點，似不容討論。

　　在老子看來，只有這個無狀之狀、無物之象、惟恍惟惚、有物混成、先天地而生的不可言說的道，才是宇宙最美妙的狀態，是可永保無虧者。但老子無始無終的道要向現實世界伸展（生化），而爲具體有形的物象，具體有形的物象被賦予一定的德，卻是有始有終的，老子說：「飄風不終朝，驟雨不終日。孰爲此者？天地。天地尚不能久，而況於人乎？」〔註74〕天地尚不能長久，更不用說飄風驟雨般的現象世界，現象世界沒有什麼能夠永保無虧。

　　老子的「道」是先驗的，不屬於經驗世界。老子也把道稱作無，說：「天下萬物生於有，有生於無」〔註75〕。如果「道」僅保持混沌及無的狀態，則這個世界永遠都是不可道的、不可名的世界。道既要向現實世界伸展，就必

〔註71〕 《老子》第四十二章。
〔註72〕 《老子》第三十四章。
〔註73〕 馮達文先生用「本源論」指稱宇宙論，「因爲宇宙論常以宇宙的最初的來源爲起點」，見《中國哲學的本源論》，載《中國哲學的本源——本體論》，廣州：廣東人民出版社，2001年，第22頁。
〔註74〕 《老子》第二十三章。
〔註75〕 馮達文先生認爲：「我們無疑可以看到老子哲學已具足形式化意義。因爲，無論是他關於宇宙世界無限性的確認，或是作爲宇宙本根的『道』必須是無形質、不處於矛盾對待中、不可指稱的論說，都是邏輯推演出來的。顯然，這個被認作『無』（無形質、無矛盾、無名）的『道』並不具實存的意義，而純屬一邏輯的設定。見《老子的哲學思想》，載《中國哲學的本源——本體論》，第139頁。

然不再是無矛盾的混沌狀態，就會伸展向有矛盾存在的有限、有形、有名的現實世界，而有限、有形、有名的現實世界不可能秉承道的全體，只能秉承道之「偏」。所以老子說：

> 失道而后德，失德而後仁，失仁而後義，失義而後禮。夫禮者，忠信之薄而亂之首。〔註 76〕

> 大道廢，有仁義；智慧出，有大僞；六親不和，有孝慈；國家昏亂，有忠臣。〔註 77〕

在老子看來社會越向前發展，離道越遠。這也與道在化生萬物時並沒有意志性和目的性有關，所以老子又說：「天地不仁，以萬物爲芻狗；聖人不仁，以百姓爲芻狗」〔註 78〕。所以，儒家的「仁」思想正好與「道」背向而馳。在老子看來，他心中的理想社會是：

> 小國寡民，使有什伯之器而不用，使民重死而不遠徙。雖有舟輿，無所乘之；雖有甲兵，無所陳之。使民復結繩而用之。甘其食，美其服，安其居，樂其俗。鄰國相望，雞犬之聲相聞，民至老死不相往來。〔註 79〕

只有向道靠近，才能符合理想。從這一角度說，老子關於「小國寡民」的社會理想也是道的內在要求。進而我們也可以理解：「絕聖棄智，民利百倍。絕仁棄義，民復孝慈。絕巧棄利，盜賊無有。此三者以爲文不足，故令有所屬」〔註 80〕的意義了。實際上，這種向道的回歸，老子也有具體的說法：「反者道之動」〔註 81〕，「反」即是返復，回歸的意思。老子又說：「夫物芸芸，各復歸其根。歸根曰靜，是謂覆命。覆命曰常」〔註 82〕。萬物向道回歸是常。由道伸展（生化）而來的萬物只有向道回歸才能永保無虧。故老子說：

> 天得一以清，地得一以寧，神得一以靈，谷得一以盈，萬物得一以生，侯王得一以爲天下貞。〔註 83〕

〔註 76〕《老子》第三十八章。
〔註 77〕《老子》第十八章。
〔註 78〕《老子》第五章。
〔註 79〕《老子》第八十章。
〔註 80〕《老子》第十九章。
〔註 81〕《老子》第四十章。
〔註 82〕《老子》第十六章。
〔註 83〕《老子》第三十九章。

這也是「人法地，地法天，天法道，道法自然」〔註84〕的意義所在（如果老子的「道生一，一生二，二生三，三生萬物」是一個生化的過程，而一指道，二指天地，三指萬物，與「人法地，地法天，天法道，道法自然」正好形成一個可以往復的循環）。老子的道爲一，二即陰陽二氣，道依託於陰陽而化生萬物。〔註85〕此路向對秦漢的氣化宇宙論及道教均有深刻的影響。老子的

〔註84〕 《老子》第二十五章。
〔註85〕 如《呂氏春秋·大樂》中有一段借追溯音樂的來源而論述宇宙的生成：「音樂之所由來者遠矣，生於度量，本於太一。太一出兩儀，兩儀出陰陽。陰陽變化，一上一下，合而成章。渾渾沌沌，離則復合，合則復離，是謂天常。天地車輪，終則復始，極則復反，莫不當成。日月星辰，或疾或徐，日月不同，以盡其行。四時代興，或暑或寒，或短或長，或柔或剛。萬物所出，造於太一，化於陰陽」（《呂氏春秋校釋》，上冊第 258 頁），其中「太一出兩儀，兩儀出陰陽」和《易傳》的說法有相同之處。《淮南子·原道訓》説：「夫道者，覆天載地，廓四方，柝八極，高不可際，深不可測，包裹天地，稟授無形。源流泉浡，沖而徐盈，混混汩汩，濁而徐清。故植之而塞於天地，橫之而彌於四海，施之無窮而無所朝夕。舒之幎於六合，卷之不盈於一握。約而能張，幽而能明，弱而能強，柔而能剛。橫四維而含陰陽，紘宇宙而章三光。甚淖而㴞，甚纖而微。山以之高，淵以之深，獸以之走，鳥以之飛，日月以之明，星曆以之行，麟以之遊，鳳以之翔……鬼出電入，龍興鸞集，鈞旋轂轉，周而復匝……其德憂天地而和陰陽，節四時而調五行，呴諭覆育，萬物群生」（張雙棣《淮南子校釋》卷 1《原道訓》，北京：北京大學出版社，1997 年，上冊第 1～2 頁）。《淮南子·天文訓》説：「天墜未形，馮馮翼翼，洞洞灟灟，故曰太昭。道始於虛霩，虛霩生宇宙，宇宙生氣。氣有涯垠，清陽者薄靡而爲天，重濁者凝滯而爲地」（《淮南子校釋》卷 3《天文訓》，上冊第 245 頁）。《列子·天瑞》説：「有太易，有太初，有泰始，有太素。太易者，未見氣也。太初者，氣之始也。泰始者，形之始也。太素者，質之始也。氣形質具而未相離，故曰渾淪。渾淪者，言萬物相渾淪而未相離也。視之不見，聽之不聞，循之不得，故曰易也。易無形埒，易變而爲一，一變而爲七，七變而爲九。九變者，究也。乃復變而爲一。一者，形變之始也。清輕者上爲天，濁重者下爲地，沖和氣者爲人。故天地含精，萬物化生」（列禦寇著、張湛注《列子》卷 1《天瑞》，北京：文學古籍刊行社出版，1956 年，第 3～4 頁）。其它如《白虎通·天地》説：「萬物懷任交易，變化始起。先有太初，然後有泰始，形兆既成，名曰太素。混沌相連，視之不見，聽之不聞，然後剖判。清濁既分，精耀出布，庶物施生，精者爲三光，號者爲五行。五行生情性，情性生汁中，汁中生神明，神明生道德，道德生文章」（班固《白虎通》卷 4《天地》，北京：中華書局，1985 年，第 234 頁）。張衡《靈憲》説：「太素之前，幽清玄靜，寂寞冥默，不可爲象。厥中惟虛，厥外惟無。如是者永久焉，斯謂溟涬，蓋乃道之根也。道根既建，自無生有。太素始萌，萌而未兆，並氣同色，渾沌不分。故道志之言云：『有物渾成，先天地生』。其氣體固未可得而形，其遲速固未可得而紀也。如是者又永久焉，斯謂龐鴻，蓋乃道之乾也。道乾既育，

宇宙本體論有著豐富的內容。後世道家學者沿著老子開闢的道路多有闡發。
〔註 86〕

（二）莊子

莊子（約前 369～前 286）是老子後又一位重要的道家學者，他繼承了老子道的思想，並有所發展。他對「宇」、「宙」二字有明確的界定，莊子說：

> 出無本，入無竅。有實而無乎處，有長而無乎本剽。有所出而無本者有實，有所入而無竅者有長。有實而無乎處，有長而無乎本剽。有實而無乎處者，宇也；有長而無本剽者，宙也。有乎生，有

有物成體。於是元氣剖判，剛柔始分，清濁異位。天成於外，地定於內」（范曄《後漢書·天文志》上注引張衡《靈憲》，北京：中華書局，1982 年，第11 冊第 3215 頁）。《潛夫論·本訓》說：「上古之世，太素之時，元氣窈冥，未有形兆。萬精合併，混而爲一，莫制莫御，若斯久之。翻然自化，清濁分別，變成陰陽，陰陽有體，實生兩儀。天地壹鬱，萬物化淳，和氣生人，以統理之」（王符《潛夫論》卷 8《本訓》，汪繼培箋，上海：上海古籍出版社，1978 年，第 430～431 頁）。以上說法都明顯受到老莊氣化論的影響。這裏還要提及的是 1993 年湖北郭店楚墓出土的竹書《太一生水》記載了早期道家以「水」爲本源的另一種宇宙生成論：「太一生水，水反輔太一，是以成天。天反輔太一，是以成地。天【地復相輔】也，是以成神明。神明復相輔也，是以成陰陽。陰陽復相輔也，是以成四時。四時復【相】輔也，是以成寒熱。寒熱復相輔也，是以成濕燥。濕燥復相輔也，成歲而止。故歲者，濕燥之所生也。濕燥者，寒熱之所生也。寒熱者，【四時之所生也】。四時者，陰陽之所生也。陰陽者，神明之所生也。神明者，天地之所生也。天地者，太一之所生也。是故太一藏於水，行於時，周而或【始，以己爲】萬物母。一缺一盈，以紀【己】爲萬物經。此天之所不能殺，地之所不能釐，陰陽之所不能成」（李零《郭店楚簡校讀記》，第 41～42 頁）。在《管子》一書《水地》篇中也有對水爲萬物之本原的較爲詳細的敘述：「水者何也？萬物之本原也，諸生之宗室也，美惡不肖愚俊之所產也。何以知其然也？夫齊之水道，燥而復故，其民貪粗而好勇；楚之水，淖弱而清，故其民輕果而賊；越之水，濁重而洎，故其民愚疾而垢；秦之水，泔冣而稽，淤滯而雜，故其民貪戾罔而好事；齊晉之水，枯旱而運，淤滯而雜，故其民諂諛葆詐，巧佞而好利；燕之水，萃下而弱，沉滯而雜，故其民愚戇而好貞，輕疾而易死；宋之水，輕勁而清，故其民間易而好正；是以聖人之化世也，其解在水。故水一則人心正，水清則民心易。一則欲不污，民心易則行無邪。是以聖人之治於世也，不人告也，不户說也，其樞在水」。《水地》篇以水作爲宇宙的本源。但《水地》篇的水，有點接近《尚書·洪範》篇中的「五行」。太一生水不僅是一宇宙生化的過程，而且也強調各環節的「反輔」、「相輔」，但這種思想在歷史上卻被湮沒無聞，應該是比較遺憾的事情。

〔註 86〕《莊子·天地》。

乎死，有乎出，有乎入，入出而無見其形，是謂天門。天門者，無
有也。萬物出乎無有。有不能以有爲有，必出乎無有；而無有一無
有，聖人藏乎是。〔註87〕

莊子在借空間實際存在卻無定處可求，時間不斷延長卻無始無終的特點來說
明道的無處不在。莊子也認爲道是客觀實存的，他說：

夫道，有情有信，無爲無形；可傳而不可受，可得而不可見；
自本自根，未有天地，自古以固存；神鬼神帝，生天生地；在太極
之先而不爲高，在六極之下而不爲深，先天地生而不爲久，長於上
古而不爲老。〔註88〕

在這裏，「有情有信」說明道是實而不妄的；「自本自根」說明道不是派生的；
「生天生地」說明道是天地萬物的起源。這裏揭示的是：第一，是道德絕對
性。道是無須任何條件而獨存的絕對實體。第二，是道德實恒性。有形的物
是暫時的、相對的，無形的道則是無始無終而永恒存在的。第三，是道的超
越性。道超越現實，無法感知，一般的感性或理性都不足以把握道，只有特
殊的方法即直覺才能體認道之存在。第四，是道的普遍性，道無所不在，既
超越於現實，又普遍存在。第五，是道的無差別性，道是抽象的觀念，沒有
內在的差別，沒有任何規定性。第六，是道的無目的性。道對天地萬物的主
宰是自然的，無目的性的。

　　莊子的道，也同樣不能被經驗世界所把握。這裏應注意的是莊子提到了
「太極」的概念，雖然不能明確這就是易學的太極概念，但在莊子這裏，陰
陽、太虛等概念確實較多提及。實際上，莊子對老子的道有兩條解釋的路向，
一是沿老子的道化生萬物的過程，一是沿著老子「道即無」的思路進行的。
莊子既對生成萬物的本源進行否定，同時也對現實世界進行否定。

　　莊子對生成萬物的本源進行了否定，認爲生成萬物的本源是無。莊子說：
「泰初有無，無有無名。一之所起，有一而未形」〔註89〕。泰初即是太一，
和道是一個概念，泰初有無，如果按老子的說法應是泰初有道。這種否定實
際是由莊子對不可聞見的本源的邏輯推論的質疑而產生的，莊子說：

有始也者，有未始有始也者，有未始有夫未始有始也者；有有

〔註87〕《莊子·桑庚楚》，《諸子集成》本，北京：中華書局，2006年。
〔註88〕《莊子·大宗師》
〔註89〕《莊子·天地》。

也者，有無也者，有未始有無也者，有未始有夫未始有無也者。俄
而有無矣，而未知有無之果孰有孰無也。今我則已有謂矣，而未知
吾所謂之其果有謂乎，其果無謂乎？〔註90〕

莊子認爲無法推論到天地萬物的本源，有是一種有，無雖然無有，但能認識
到無，其實也是一種有，那到底是有還是無呢？就看怎樣去稱謂他了。可以
稱爲有，也可以稱爲無，最好是不去稱謂他，因爲在泰初的狀態中，是沒有
這種探討的。其實這是一種對本源的質疑與否定。

　　所以最好的狀態是「天地與我並生，而萬物與我爲一」〔註91〕，這就轉
入了莊子對現實世界的認定。天地是我，我是天地，「凡物無成與毀，復通爲
一」〔註92〕，從而達到道通爲一的境界。莊子對這種道通爲一的狀態是十分
肯定、欣賞、如癡如醉的。只有在道通爲一的狀態下才能永保無虧，一旦離
開道通爲一的狀態，則大爲不妙了，因爲所以莊子說：「既已爲一矣，且得有
言乎？既已謂之一矣，且得無言乎？一與言爲二，二與一爲三。自此以往，
巧歷不能得，而況其凡乎？故自無適有以至於三，而況自有適有乎！無適焉，
因是已。」〔註93〕萬物一旦向現實世界伸展（生化），則不免要經歷由一到二
到三的過程，雖然「自此以往，巧歷不能得」，現實世界的萬物琳琅滿目，無
法用具體數字進行計算，但「物無非彼，物無非是。自彼則不見，自知則知
之。故曰：彼出於是，是亦因彼。彼是方生之說也。雖然，方生方死，方死
方生；方可方不可，方不可方可；因是因非，因非因是。是以聖人不由，而
照之於天，亦因是也。是亦彼也，彼亦是也。彼亦一是非，此亦一是非。果
且有彼是乎哉？果且無彼是乎哉？彼是莫得其偶，謂之道樞。」〔註94〕這種
無分彼此，泯同是非，泯同生死的看法已經超出了相對主義的單純論辯，而
只能把這種東西看作無。〔註95〕這種無簡直把有意識（知性、理性）的人壓

〔註90〕《莊子・齊物論》。
〔註91〕《莊子・齊物論》。
〔註92〕《莊子・齊物論》。
〔註93〕《莊子・齊物論》。
〔註94〕《莊子・齊物論》。
〔註95〕馮友蘭說：「從邏輯上說，一個名的外延愈大，它的內涵就愈小。在理論上說，
　　　　『有』這個名的外延最大，可以說是『至大無外』，它的內函就愈小，少至等
　　　　於零，既然它的內函等於零，它的外延也等於零，這也就是無，老子和玄學
　　　　貴無派把『道』相當於『無』，所以強調『道』是『無名』。……這些都是從
　　　　邏輯和本體論方面講的。如果從宇宙發生論方面講，那就是《老子》所說的

得喘不過起來，但如一旦領悟則似有醍醐灌頂之妙。既然萬物無分彼此、是非、生死，則萬物具有無的特性，這也可推出莊子的齊物論思想，所以他認為就像人居居住在房屋裏，泥鰍生活在泥水裏，猿猴攀援在樹木上，天下沒有標準的居室；就像人食芻豢、麋鹿食草、蝍蛆食蛇、貓頭鷹食鼠一樣，天下沒有統一的正味。〔註 96〕然而，當明白了人不知猴子、猴子不知泥鰍、泥鰍不知麋鹿、麋鹿不知蝍蛆，蝍蛆不知貓頭鷹時，也就明白了各類事物的意識（知性、理性）都是局限在本類之內，這也就是萬物的局限性和有限性。莊子意識到有限性的現實存在和無限性的混沌狀態的矛盾才是最大的矛盾所在。只有混沌狀態，當然可以永保無虧，但卻談不上向現實世界的伸展（生化），一旦向現實世界伸展，也就不再是混沌狀態，人類就會產生意識（知性與理性），而這種意識卻不能一直如混沌一樣永保無虧，會迅速走向死亡。而可憐的人類還在短短的有限生命之內產生了束縛人性的社會與文化，這豈不和混沌（道）相離太遠。莊子用了一個形象化的比喻說：「南海之帝為儵，北海之帝為忽，中央之帝為渾沌。儵與忽時相與遇於渾沌之地。渾沌待之甚善。儵與忽謀報渾沌之德，曰：『人皆有七竅以視聽食息，此獨無有，嘗試鑿之』。日鑿一竅，七日而渾沌死」〔註 97〕。當我們去選擇處於混沌狀態還是處於有竅的狀態（能視聽食息）時，我們豈不陷入了莫衷一是的兩難抉擇嗎？

　　莊子也承認由道向現實的伸展（生化）也是一種道的狀態。人要避免陷入兩難抉擇的尷尬最好保持「一」的狀態。「一」就是「天地與我並生，萬物與我為一」的現實世界的本來狀態。在這種「一」的狀態下，莊周可以為蝴蝶，蝴蝶可以為莊周。莊子說：「昔者莊周夢為蝴蝶，栩栩然蝴蝶也，自喻適志，不知周也。俄然覺，則蘧蘧然周也。不知周之夢為蝴蝶與？蝴蝶之夢為周與？周與蝴蝶則必有分矣，此之謂物化。」〔註 98〕前面的「昔者莊周夢為蝴蝶，栩栩然蝴蝶也，自喻適志，不知周也」一句話是莊子所謂的「一」的狀態，「俄然覺，則蘧蘧然周也」則是「二」的狀態，「不知周之夢為蝴蝶與？蝴蝶之夢為周與？周與蝴蝶則必有分矣，此之謂物化」則是「三「的狀態。

　　　『天下萬物生於有，有生於無』，照這個講法，那就不能說有、無是『異名同謂』了。本體論是對於事物作邏輯的分析，它不講發生的問題」。參見《中國哲學史新編》，北京：人民出版社，1999 年，中冊，第 403 頁。
〔註96〕　《莊子·齊物論》。
〔註97〕　《莊子·應帝王》。
〔註98〕　《莊子·齊物論》。

顯然，「一」的狀態則是一種怡然自適的狀態。凡是破壞這種狀態的則爲莊子所鄙棄。莊子又借漢陰丈人的一則故事表達了對社會與文化的否定，〔註 99〕其實，任何的「機心」都是對「一」的狀態的破壞，因而都是應該唾棄的。

（三）王弼

王弼（226～249）是魏晉玄學的開創者，借解讀《老子》把老子哲學的宇宙本源論轉化爲宇宙本體論。王弼雖然是借解讀《老子》、《周易》等建立自己的哲學體系，但他的哲學也有自己獨特的地方。他沿著兩條路向建立自己的哲學，一是認爲老子的道是無，無是本是體，有是末是用（這與莊子對宇宙本源的否定是不同的）；二是實（道、樸、自然）與名（萬有、器、官長、名教）之間的矛盾，只有用無來揭示（這與莊子的齊物我的矛盾是有區別的）。

王弼曾用一句話概括《老子》一書的主旨，他說：

> 《老子》之書，其幾乎可一言而蔽之。噫！崇本息末而已矣。
> 觀其所由，尋其所歸，言不遠宗，事不失主。文雖五千，貫之者一；
> 義雖廣瞻，眾則同類。解其一言而蔽之，則無幽而不識。〔註 100〕

王弼所謂老子的本即是「道」、「宗」、「主」，末即是「有」、「言」、「事」。王弼認爲「無」是萬物之本。王弼在注老子「天下萬物生於有，有生於無」句時稱：「天下之物，皆以有爲生。有之所始，以無爲本。將欲全有，必反於無也」〔註 101〕。無和有不是生成的關係，無是有賴以成其爲有之本，無具有「本」的意義。王弼注《老子·三十八章》說：「用夫無名，故名以篤焉；用夫無形，故形以成焉。守母以存其子，崇本以舉其末，則形名俱有而邪不生，大美配天而華不作。故母不可遠，本不可失。仁義，母之所生，非可以爲母。形器，匠之所成，非可以爲匠也。捨其母而用其子，棄其本而適其末，名則有所分，形則有所止。雖極其大，必有不周；雖盛其美，必有患憂。功在爲之，豈足處也？」「有」以「無」爲本，就像「形器」憑藉「工匠」才能成爲「形器」一樣，「工匠」爲「形器」之本。這是王弼哲學被認爲是本體論哲學的重要原因。

然而，王弼更重視把老子生成意義上的道轉化爲「無」。他說：「夫物之所以生，功之所以成，必生乎無形，由乎無名。無形無名者，萬物之宗也。

〔註 99〕 《莊子·天地》。
〔註 100〕 《王弼集校釋》，上冊，第 198 頁。
〔註 101〕 《王弼集校釋》，上冊，第 110 頁。

不溫不涼，不宮不商。聽之不可得而聞，視之不可得而彰，體之不可得而知，味之不可得而嘗。故其為物也則混成，為象也則無形，為音也則希聲，為味也則無呈。故能為品物之宗主，苞通天地，靡使不經也」〔註102〕。再如王弼注《老子》第一章「故常無，欲以觀其妙」時說：「妙者，微之極也。萬物始於微而後成，始於無而後生。故常無欲空虛，可以觀其始物之妙」〔註103〕。萬物「始於無而後生」，就是萬物從「無」開始生出。王弼的「無」也有生成義。

王弼認為道為「一」為「真」，道在伸展（生長）出萬物後，萬物則不可能再得道之真，如王弼在注《老子‧二十八章》「樸散則為器，聖人用之則為官長」一句時說：「樸，真也。真散則百行出，殊類生，若器也。聖人因其分散，故為之立官長。以善為師，不善為資，移風易俗，復使歸於一也」〔註104〕。「真」散為百行，為殊類，百行、殊類自無「真」的的意義。而其中的「官長」是近於「真」者，只有立官長，才能使「復使歸於一也」。

王弼其實更注意到，在「樸散」後，名（萬有、器、官長、名教）不能揭示實（道、樸、自然）之「真」，如王弼說：「名必有所分，稱必有所由。有分則有不兼，有由則有不盡；不兼則大殊其真，不盡則不可以名，此可演而明也」〔註105〕。還說「名號生乎形狀，稱謂出乎涉求。名號不虛生，稱謂不虛出。故名號則大失其旨，稱謂則未盡其極」〔註106〕。「名」、「稱」不能揭示事物（道）之「實」（真），「名號則大失其旨，稱謂則未盡其極」。名不能揭旨有一種無奈。

既然名不能揭旨，王弼的「得意而忘象」、「得象而忘言」自是其題中應有之意。王弼說：

　　夫象者，出意者也。言者，明象者也。盡意莫若象，盡象莫若言。……然則忘象者乃得意者也，忘言者乃得象者也。得意在忘象，得象在忘言。故立象以盡意，而象可忘也。〔註107〕

在《周易》中，「意」指卦意，「象」指卦象，「言」指卦爻辭。而王弼進一步

〔註102〕《王弼集校釋》，上冊，第 95 頁。
〔註103〕《王弼集校釋》，上冊，第 1 頁。
〔註104〕《王弼集校釋》，上冊，第 75 頁。
〔註105〕《王弼集校釋》，上冊，第 196 頁。
〔註106〕《王弼集校釋》，上冊，第 198 頁。
〔註107〕《王弼集校釋》，下冊，第 609 頁。

認爲「意」是超越的內在本意（道、樸）、「象」是經驗層面的「器」，「言」是對「器」主觀認定的「名」。「名」既不能解釋「器」之「意」，更不能完全表達「意」，所以得意而忘象，得象而忘言是自然而然的事情。

（四）郭象

郭象（約 252～312）是另一位玄學大家。和王弼的「貴無」不同，郭象的思想充滿矛盾，他認爲「無」和「有」都不能作爲萬物的本源或世界的本體。〔註 108〕

郭象說：「無既無矣，則不能造有；有之未生，又不能爲生，然則生生者誰哉？塊然而自生耳」〔註 109〕。郭象不僅否定「無」，同時也否定「有」爲萬物生化的本源或本體，那麼，萬物生化的本源或本體僅僅只能是自生罷了。顯然，郭象是從經驗層面判定「無」即是空無所有，所以不能生出「有」來，「有」即爲有，更不會生出有。然而，郭象既然否定「無」和「有」爲萬物的本源或本體，卻又創造出一個「玄冥之境」作爲萬物生化的本源及世界的本體。郭象解釋說：「玄冥者，所以名無而非無也」，〔註 110〕玄冥可以叫做無，但又不是無。眞是玄之又玄。玄冥是神器獨化之地：「至仁極乎無親，孝慈終于謙忘，禮樂復乎已能，忠信發乎天光。用其光則其樸自成。是以神器獨化於玄冥之境而源流深長也」〔註 111〕。這是指出玄冥之境是神器獨化的地方。玄冥之境不僅僅是郭象追求的一種人生境界而已，這個概念本身也體現出郭象獨化論的矛盾之處，一方面，郭象的獨化論認爲萬物以自身爲本體，塊然，掘然，自然而化；另一方面，郭象的獨化論又有一個至上的獨化之境——玄冥之境。〔註 112〕

〔註 108〕西晉初期的裴頠（267～300）撰《崇有論》，主「崇有」。裴頠認爲，「有」的存在，不依賴於任何本源或本體，是自生的，但萬有又需相資相須才能存在。這樣，現實世界的萬有互相聯結與統一起來才能構成宇宙的本體，所謂「夫總混群本，宗極之道也」（房玄齡等撰《晉書》卷35《裴頠傳》，北京：中華書局 1974 年，第 1044 頁）。裴頠的崇有論注重現實政治（名教），實爲現實政治的確當性提供了本體論的依據。參見王曉毅《西晉貴無思想考辨》，《中國哲學史》2006 年第 2 期。

〔註 109〕莊周著、郭象注《莊子》卷 1《齊物論》，上海：上海古籍出版社，1989 年，第 10 頁。

〔註 110〕莊周撰、郭象注《莊子》卷 3《大宗師》，第 41 頁。

〔註 111〕莊周撰、郭象注《莊子》序，第 1 頁。

〔註 112〕康中乾《郭象「獨化」範疇釋義》，《中國哲學》，2007 年第 11 期，第 37～43 頁。

以自身爲本體，塊然，掘然，自然而化，萬物均是無待的，自足的。郭象借形與影、影與罔兩的關係闡述這一點，他說：

世或謂罔兩待景、景待形、形待造物者。請問，夫造物者有耶？無耶？無也，則胡能造物哉？有也，則不足以物衆形。故明衆形之自物，而後始可與言造物耳。是以涉有物之域，雖復罔兩，未有不獨化於玄冥者也……今罔兩之因景，猶云俱生而非待也，則萬物雖聚而共成乎天，而皆歷然莫不獨見矣。故罔兩非景之所制，景非形之所使，形非無之所化也〔註113〕。

強調物各自生的獨化論，卻也有獨化之玄冥之境，如上面的例子中就有：「是以涉有物之域，雖復罔兩，未有不獨化於玄冥者也」。獨化實際上是生成層面的獨化，獨化落在了生成層面，獨化不是最高本體。玄冥才是最初本源和最高本體。這就是郭象的獨化與玄冥之間的矛盾，如果從獨化的角度看，物各自生，物各自化，不存在玄冥之境；如果從玄冥的境界看，不存在獨化，玄冥才是萬物最初本源和最高本體。玄冥與獨化僅僅是從不同的經驗角度看待問題得出的不同結論罷了。

既然有玄冥之境，萬物就有了「性」、「自性」、「性分」。如郭象說：「言性各有分，故知者守知以待終，而愚者抱愚以至死，豈有能中易其性者也」〔註114〕。「知者守知以待終」是智者盡智者之性；「愚者抱愚以至死」是愚者盡愚者之性。按照性分的觀點，從智者和愚者的角度看，智者和愚者並無差別。所以郭象說：「夫小大雖殊，而放於自得之場，則物任其性，事稱其能，各當其分，逍遙一也」。又說：「苟足於其性，則雖大鵬無以自貴於小鳥，小鳥無羨於天地，而榮願有餘矣。故小大雖殊，逍遙一也」〔註115〕。小大並無差別。所以郭象的「性分」具有自足性。然而郭象的性分又具有互濟性，如：「天下莫不相與爲彼我，而彼我皆欲自爲，斯東西之相反也。然彼我相與爲唇齒；唇齒者，未嘗相爲而唇亡則齒寒。故彼之自爲，濟我之功弘矣。斯相反而不可相無者也」〔註116〕。然自足性與互濟性是一對矛盾，既然自足，何須相濟？爲何這些像「東與西」一樣相反的萬物又不可相無呢？這就是互濟性。然而，郭象的互濟性是

〔註113〕莊周撰、郭象注《莊子》卷1《齊物論》，第19頁。
〔註114〕莊周撰、郭象注《莊子》卷1《齊物論》，第11頁。
〔註115〕莊周撰、郭象注《莊子》卷1《逍遙遊》，第3頁。
〔註116〕莊周撰、郭象注《莊子》卷6《秋水》，第88頁。

不對等的互濟性，是由各自的「性分」出發，盡自己的性分，就可以對他物產生「無爲」的濟。由性分的不同，也就決定了名分的不同，而性分出於自然，從這一角度來看，說郭象論證了名教出於自然，應是題中應有之意。實際上，莊子已經有齊物之論，名教爲何與自然有異呢？這種不異，郭象經過抽象與邏輯的推演又後稱爲理或天理，如上面兩例就分別提到了這兩個詞。

三、北宋以前的佛教宇宙本體論

（一）空宗般若學

　　一般認爲，佛教於兩漢之際傳入中國，最先對中國有影響的主要是大乘佛教的空宗般若學。早期空宗般若學有「六家七宗」之說，〔註117〕以「性空幻（假）有」爲宗旨，但因受玄學的影響，有把「空」解爲「無」的弊病，如本無宗〔註118〕、心無宗〔註119〕、即色宗〔註120〕等均不同程度的受到僧肇（384～414）的批判。僧肇在《不眞空論》中認爲「有」、「無」均不是萬物的本體，世間萬物是因緣和合而成的，是沒有獨立自性的，是空的。一方面，萬物因其無自性而不是眞有；一方面，萬物因其假「象」而確實存在，也不是眞無。僧肇說：「夫有若眞有，有自常有，豈待緣而後有哉？譬彼眞無，無自常無，豈待緣而後無也？若有不能自有，待緣而後有者，故知有非眞有。有非眞有，雖有不可謂之有矣。不無者，夫無則湛然不動，可謂之無。萬物若無，則不應起，起則非無，以明緣起故不無也」〔註121〕。有和無都是不眞，

〔註117〕湯用彤先生認爲「六家七宗」按內在理路又可分爲三派：「第一爲二本無，釋本體之空無。第二爲即色、識含、幻化以至緣會四者，悉主色無，而以支道林爲最有名。第三爲支愍度，則立心無」。見氏著《漢魏兩晉南北朝佛教史》，北京：北京大學出版社，1997年，第192～193頁。

〔註118〕本無宗又可分爲竺法琛（285～374）爲代表的本無異宗，和道安（312～385）爲代表的本無宗，本無宗對空義解釋的核心是萬物「本無」。

〔註119〕心無宗以支愍度爲代表。支愍度把「空」釋爲：「心無者，無心於萬物，萬物未嘗無。此釋意云：『經中言空者，欲令心體虛妄不執，故言無耳。不空外物，即萬物之境不空』。就是說，「空」只是主觀上做到「心體虛妄（空心）」，不起「執心」，但又不空萬物，萬物仍爲有，不是無。石峻等編《中國佛教思想資料選編》第一卷，北京：中華書局，1981年，第77頁。

〔註120〕即色宗以支道林（約 314～366）爲代表。支道林認爲：「夫色之性也，不自有色。色不自色，雖色而空，故曰色即爲空，色復異空」。石峻等編《中國佛教思想資料選編》第一卷，北京：中華書局，1981年，第64頁。

〔註121〕僧肇《不眞空論》，收入張春波校釋《肇論校釋》，北京：中華書局，2010年，第54頁。

有和無所構成的空也就不眞了，不眞故空，不眞則空。這種用中道觀空的方法就是緣起性空。只有用緣起性空的中道觀才能很好的把握龍樹（約 150～250）所說的：「眾因緣生法，我說即是空，亦爲是假名，亦是中道義」及「不生亦不滅，不常亦不斷，不一亦不異，不來亦不去」〔註122〕的八不緣起的實質。僧肇對空的解釋既有對玄學的反動，也是對佛學內部的批判總結。他得出了「色即是空，空即是色」的結論。僧肇被鳩摩羅什（344～413）贊爲「解空第一人」。

（二）《大般涅槃經》

般若學後，《涅槃經》〔註123〕的翻譯對中國佛學產生了重大的影響。與般若空宗不同的是，《涅槃經》講佛性義。與僧肇一起列爲鳩摩羅什高徒的竺道生（335 或 372～434）就提出了與僧肇不同的觀點，竺道生承認涅槃實存，還提出了「一闡提人皆能成佛」〔註124〕及「頓悟成佛」的說法。「一闡提人皆能成佛」即眾生皆具佛性。「頓悟成佛」即主張頓悟，不強調漸修。竺道生的「一闡提人皆得成佛」因一闡提人也具佛性及頓悟成佛說開啓了中國佛教的心性論。

如果說般若空宗是以「空」爲本體的話，《大般涅槃經》等則以「心性」（有）爲本體。

（三）《大乘起信論》

南朝梁時，眞諦（499～569）所譯《大乘起信論》無疑在佛教史上是一件大事〔註125〕。《大乘起信論》從「一心開二門」來闡述「眞如法性」的宇宙本體論。所謂「一心開二門」是說：「顯示正義者，依一心法，有兩種門。云何爲二？一者心眞如門，二者心生滅門。是二種門，皆各總攝一切法。此意云何？以是二門不相離故」〔註126〕。所謂「一心」是指眾生人人所具有的心

〔註122〕鳩摩羅什譯《中論》，中華大藏經（漢文部分），北京：中華書局，1995 年，第 28 冊，第 835 頁。。

〔註123〕《涅槃經》前分最初由法顯（334～420）等譯爲《大般泥洹經》六卷。421 年，北涼曇無讖（385～433）全譯，爲四十卷。

〔註124〕《泥洹經》說：「一切眾生皆有佛性在於身中」（卷四），即眾生都能成佛，唯有「一闡提人」例外，不能成佛。竺道生認爲一闡提人也是眾生，所以說：「一闡提人皆得成佛」。

〔註125〕眞諦譯《大乘起信論》序言，高振農校釋，北京：中華書局，1992 年，第 1 頁。

〔註126〕《大乘起信論》，第 16 頁。

體，「二門」即此一心體所包含的「眞如門」和「生滅門」。所謂「眞如門」
是指「心性不生不沒。一切諸法唯依妄念而有差別。若離心念，則無一切境
界之相」。即一切諸法平等如一，無有差別，是「一法界大總相法門體」，具
有本體的性質。所謂「生滅門」是指「依如來藏固有生滅心，所謂不生不滅
與生滅和合，非一非異，名爲阿黎耶識」。即與眞如門相反，因無明薰習而產
生種種妄念以致不能認識諸法的實質，諸法千差萬別。此二門卻包含於一心
之中，此心既有佛性，是成佛的內在依據，也是無明薰習之所，有種種現象
世界。此心涵攝眞如與生滅二門，此二門不一不異、是一體兩面、一體二義。
二門可以相互通入，即可「流轉」與「還滅」。從眞如（法性）的角度看，此
二門本性無二；從現象（生滅）的角度看，即本性無二的本體可以變現出千
差萬別的世界，這種本體與現象的不二觀，正是《大乘起信論》的圓融不二
觀。《大乘起信論》對天台宗的中道觀、華嚴宗的理事無礙法界、特別是禪宗
的頓悟等都產生了重要的影響。

（四）天台宗

天台宗由智顗（538～598）所創，智顗又號智者大師、天台大師等。天
台宗尊龍樹爲初祖，歷慧文（生卒年不詳）、慧思（515～577）、智顗、灌頂
（561～632）、智威（？～680）及湛然（711～782）爲六祖，以《妙法蓮華經》
（簡稱《法華經》）爲本宗的主要經典，所以又稱法華宗。天台宗既不承認宇
宙世界的實有，而主「一切法是心」，「一念三千」，心爲性體、理體，「性（心）
具淨染」，「性（心）具善惡」之說〔註127〕。「性具善惡」是天台宗較爲重要和
獨特的理論，智顗《觀音玄義》中說：

> 問：「闡提不斷性善，還能令修善起；佛不斷性惡，還能令修惡
> 起耶？」答：「闡提既不達性善，以不達故，還爲善所染，修善得起，
> 廣治諸惡。佛雖不斷性惡，而能達於惡。以達惡故，於惡自在，故
> 不爲惡所染。修惡不得起故，佛永無復惡。以自在故，廣用諸惡法
> 門化度眾生，終日用之，終日不染，不染故不起」〔註128〕。

闡提雖常爲惡所染，但卻不斷善性而能離惡修善成佛；佛雖不斷性惡，然能

〔註127〕方光華認爲天台宗的本體論爲「性具本體論」。參見《中國古代本體思想史
稿》，北京：社會科學文獻出版社，2005年，第198頁。
〔註128〕智顗《觀音玄義》卷上，中華大藏經（漢文部分），北京：中華書局，1995
年，第96冊，第575頁。

通達於性惡而不爲惡所染，且能「廣用諸惡法門化度眾生」。

　　天台宗強調「十界互具」和「一念三千」。「十界」即佛、菩薩、緣覺、聲聞、天、阿修羅、人、畜生、餓鬼、地獄等十個世界（法界）。此十法界用天台宗圓融三諦即即空即假即中的本性來看，並無分別，每一法界與另外九界都是互通的，十法界各各互具，而成「百界」。每一法界都由五陰世間、眾生世間、國土世間構成，如此就有三百種世間。每一世間又具十種如是〔註 129〕，如此則有三千如是了。這樣就由「十界互具」而達每起一念皆具三千如是（一念三千）的不可思議的境界。一念即具三千如是，一法界即具十法界，一諦即具二諦。三諦與十法界、三千如是都是平等的相即互溶關係。「圓融三諦」的不可思議境界爲眾生一念本具，此眾生本具之念（實相）雖千差萬別，但都顯示了法性眞如的本相。

　　天台宗認爲，一切現象世界都具有迷悟二法，善惡二性。要破除迷性、惡性而顯悟性、善性，要依「三止三觀」而成三智三德。

　　止觀是佛教修行的兩大支柱。天台宗更重止觀法門，其三止是體眞止、方便隨緣止和息二邊分別止。三止分別安住於「圓融三諦」中的「眞諦」、「俗諦」和「中道第一義諦」。三觀指「二諦觀」、「平等觀」和「中道第一義觀」。其二諦觀空生死，平等觀空涅槃，中道第一義觀則是：「雙遮二邊，是名二空觀，爲方便道，得會中道」〔註 130〕。修行者以三止發三觀，但在運用三止三觀方式上，「圓頓止觀」爲上根人所設，「圓」是止觀所對境（法界實相）的圓融無別，「頓」是止觀所顯相不歷漸次而齊發三止三觀。因此，「圓頓止觀」可對任一法而起：「若一法一切法，即是因緣所生法，是爲假名假觀也；若一切法即一法，我說即是空，空觀也；若非一非一切者，即是中道觀。一空一切空，無假、中二不空，總空觀也；一切一切假，無空、中而不假，總假觀也；一中一切中，無空、假而不中，總中觀也」〔註 131〕。從任一法入手即從任一念心入手，從任一念心入，觀即空即假即中的不可思議境界即可圓斷三惑（見思惑、塵沙惑、無明惑）而成三智（一切智、道種智、一切種智）。由即空即假即中而知即一切智即道種智即一切種智，此一智即三智，三智即一

〔註 129〕天台宗的「十如是」即如是相、性、體、力、作、因、緣、果、報、本末究
　　　　竟等。鳩摩羅什譯、宣化上人講述《妙法蓮華經淺釋》卷 1《方便品》，臺北：
　　　　法界佛教總會中文出版部，2008 年，第 3 冊，第 23 頁。

〔註 130〕智顗《摩訶止觀》卷 5，臺南：祥光彩色製版社，1988 年，第 193 頁。

〔註 131〕《摩訶止觀》卷 5，第 412～413 頁。

智，爲一心三智。修行者圓證三智則圓顯三德而成佛〔註132〕。

（五）唯識宗

唯識宗由玄奘（約600～664）與窺基（632～682）確立。唯識宗因重法相分析，所以又叫法相宗。因其經論重《解密深經》與《瑜伽師地論》，故又稱瑜伽宗。唯識宗認爲現象的本質就是眞如，但卻不直接論證法相就是眞如，法相必須通過「識」的轉換才能漸現眞如本相。「識」是由眼、耳、鼻、舌、身、意、末那及阿黎耶等八識組成。前五識直接面對具體的境，到第六識意識才有了別諸法的功能。第七識末那識是認識者內在的觀念結構，是「我執」的根源。阿黎耶識爲攝藏一切種子的根本識，是生死輪迴報應的主體，前七識均以阿黎耶識才得以起轉。「八識」爲唯識宗的理論核心，爲十二因緣的第三支〔註133〕。十二因緣是唯識宗關於三世二重因果報應的基本理論信仰。「識」是十二因緣中由前世轉入今世的承續體，是不滅的「靈魂」，是宇宙的本根。

唯識宗從緣起法立論，認爲緣起法有三自性，即遍計所執性、依他起自性和圓成實自性。依據眾生迷悟的程度不同，遍計所執性指不知因緣而生的諸法本性空寂的眞相，而產生錯誤的的判斷；依他起自性指一切有爲法皆依「他」而起，「他」指因緣，因此諸法不是具有自性的實法；圓成實自性的圓爲圓滿，成爲成就，實爲眞實，此性指二空所顯，圓滿成就，不生不滅的眞如法性。三性的中心是依他起自性，依他起自性的「他」也被指爲是名言種子。何謂「種子」？「謂本始中親生自果功能差別」〔註134〕。本識即阿黎耶識。種子是貯存於阿黎耶識中能夠產生各種事法的潛在能力。阿黎耶識與種子的關係是唯識宗要解決的重要問題。唯識宗認爲眾生如果不能覺悟佛法，則永墜因果鏈中生死輪迴，而輪迴與否的依憑就是阿黎耶識。眾生現世由前七識的業力形成的種子貯存於阿黎耶識中叫「習所成種」，「習所成種」對於來世來說叫「本性住種」，而現世也是有過去世的「本性住種」所決定的，所

〔註132〕天台宗的「三德」即「法身德」、「般若德」、「解脱德」，此三德均一時圓顯而非次第別顯。又有「四德」之説，四德即常、樂、我、淨四種果德。

〔註133〕十二因緣即無明、行、識、名色、六入、受、觸、愛、取、有、生、老死。無明、行兩支爲前世之因，識、名色、六入、觸、受五支爲今世之果，愛、取、有三支爲今世之因，生、老死兩支爲來世之果。

〔註134〕玄奘譯《成唯識論》卷2，臺北：財團法人佛陀教育基金會，2006年，第64頁。

以，阿黎耶識並非現生現世才有的，而是由過去世才得現世。這樣，阿黎耶識中的種子就有兩種來源：

> 種子各有二類：一者本有，謂無始來異熟識中，法爾而有生蘊、
> 處、界功能差別。……此即名為本性住種。二者始起，謂無始來數
> 數現行薰習而有。……此即名為習所成種〔註135〕。

異熟識是相對於過去世而言。相對於今世，阿黎耶識是來世成熟的識，所以又叫異熟識。此兩種種子的來源，一是過去世帶到異熟識中為本有的本性住種，二是現世現行薰習始起的習所成種。

　　唯識宗認為阿黎耶識能產生使眾生陷於妄執與痛苦的「有漏種子」，而另一種使眾生斷除妄執與痛苦的「無漏種子」則非阿賴耶識所生，只是寄存在阿黎耶識中的真如法界而已。「有漏種子」只能使眾生永陷生死輪迴之中，「無漏種子」才能使眾生獲得解脫與超越，修成佛道。依唯識宗的修行法，無漏種子不會自然生成無漏法，需借助「緣」才能轉識成智。「八識」轉成的智慧有四種：第八識轉成大圓境智，第七識轉成平等性智，第六識轉成妙觀察智，前五識轉為成所作智。轉識成智而成佛。

（六）華嚴宗

　　華嚴宗以《華嚴經》為主要經典，其傳法世系為初祖法順（557～640）、二祖智儼（602～668）、三祖法藏（643～713）、四祖澄觀（738～839）及五祖宗密（780～841）。而法藏是本宗的實際開創者，法藏因武則天賜號「賢首」而被人尊為「賢首大師」。因此，該宗又稱「賢首宗」。又因該宗以「法界緣起」為妙旨，故又被稱為「法界宗」。

　　華嚴宗重視從果位（如來藏自性清淨心）來展示法界圓融、相即相入的法界緣起妙境。華嚴宗的法界乃一大緣起，認為宇宙萬法互為緣起、重重無盡、相即相入、即「無盡緣起」。所以，華嚴宗是從佛所證得的涅槃圓融境界看宇宙，也是以佛所證得的涅槃圓融無礙境界為宇宙的本體狀態。華嚴宗的法界就是「一真法界」，法界指一切存在，即一切法，一切法的本性，是涵容理事的圓滿佛界整體。緣起則為佛界的妙用。因此，華嚴宗的法界緣起不同於天台宗，也不同於唯識宗等的生滅無常法，而是真如本覺的不生不滅的妙法。

〔註135〕《成唯識論》卷2，第68頁。

華嚴宗立「四法界」之說。如宗密稱：

> 統唯一眞法界，謂總該萬有，即是一心。然心融萬有，便成四
> 種法界：一、事法界，界是分義，一一差別，有分齊故；二、理法
> 界：界是性義，無盡事法，同一性故；三、理事無礙法界，具性分
> 義，性分無礙故。四、事事無礙法界，一一分齊事法，一一如性融
> 通，重重無盡故。〔註136〕

事法界即是千差萬別的現象；理法界即萬象背後的理體——空性；理事無礙
法界即事與理的相即相入，事是即理之事，理是即事之理；事事無礙法界即
事即具全理，理即具全事，事法無盡而無一不圓融，即爲事事無礙法界。華
嚴宗的事事無礙法界具有整體、實相、圓融的特色。

為闡述事事無礙法界，華嚴宗立「六相圓融」和「十玄門」之說。六相
圓融即總、別、同、異、成、壞六相，也叫「六相緣起」。法藏說：

> 總相者，一含多德故；別相者，多德非一故。別依止總，滿
> 彼總故。同相者，多義不相違，同成一總故；異相者，多義相望，
> 各各異故。成相者，由此諸緣起成故；壞相者，諸義各住自法，
> 不移動故。〔註137〕

即是說，緣起事物的全體是總相，事物的各組成部分是別相。事物的各部分雖
形相各異而整合成一體，是同相。事物的各部分雖同成一體，然又各不相同，
是異相。事物的各部分整合成一體，則此事物成，是成相。事物的各部分不和
合，各部分的本質不變，是壞相。法藏在著名的《華嚴金師子章》中，爲闡述
六相，以「金獅子」作比，金獅子是總相，眼、耳等不同部分是別相，眼、耳
等同一緣起形成獅子是同相，眼、耳等彼此各不相同是異相，眼、耳等和合成
獅子是成相，眼、耳等各自獨立而不和合爲獅子是壞相。但此六相本沒有整體
與部分、同一與差異、生成與壞滅，而是彼此相即相入，圓融無別的。

「十玄門」有智儼的「古十玄」和法藏的「新十玄」，差別不大。「新十
玄」主要內容是：

> 一、同時具足相應門，二、諸藏純集具德門，三、一多相容不
> 同門，四、諸法相即自在門，五、秘密隱顯俱成門，六、微細相容

〔註136〕宗密《注華嚴法界觀門》，收入知儼等撰《華嚴義海》，臺北：財團法人佛陀
　　　　教育基金會，2005年，第445頁。
〔註137〕法藏《華嚴一乘教義分齊章》卷4，收入知儼等撰《華嚴義海》，第352頁。

安立門，七、因陀羅網境界門，八、託事顯法生解門，九、十世隔
法異成門，十、唯心迴轉善成門。〔註138〕

十門之間，雖舉一門又都容攝其餘九門。每門都具有六相，六相又遍於每一
門。由此，十門與六相同時彙融，是一切萬有都具備的法門，爲宇宙的眞實
圖景。如因陀羅網法界門，是說諸法如同帝釋天宮的珠網，網上的每一明珠
皆映現一切珠影，此一一影中亦皆映現一切珠影，一切珠映一切影，一切影
印一切珠，珠珠影影，影影珠珠，互顯互隱，重重無盡。諸法亦如此互相傳
映，重重無盡。如此泯滅整體與部分、同一與差異、生成與壞滅之妙境，爲
佛之華藏世界海。在華藏世界海中，舉一塵即理即事，涉一事一因一果，緣
一法而起萬法，援萬法而入一法，重重緣起而爲無盡緣起，無盡緣起而緣起
之義無窮盡。

　　華嚴宗認爲眾生本來佛性具足，但要證成此境，還要有可以悟入的觀法。
對應四法界，華嚴法界觀提出了眞空觀、理事無礙觀及周遍含容觀的三重觀
法。「眞空觀」觀理法界，觀緣起性空。「理事無礙觀」觀理事無礙法界，即觀
眞如之理，也觀眞如妙用。「周遍含容觀」觀事事無礙法界。依此三觀而成佛。

（七）禪宗

　　禪宗是影響較大的佛教宗派。「禪」本是佛教中的一種重要的修行方法，
是戒、定、慧三學之一。而禪宗的禪卻是指涅槃妙心爲禪。此涅槃妙心是由
釋迦牟尼通過心心相印的方式傳於摩柯迦葉。而中國的禪宗尊菩提達摩爲初
祖，經慧可（487〜593）、僧璨（或作粲，？〜606）、道信（580〜651）、弘
忍（601〜674），而至六祖慧能（638〜713），慧能又爲南宗禪初祖。神秀（606
〜706）也是弘忍的弟子，爲北宗禪之祖。慧能在韶州曹溪寶林寺傳法，在修
行上主以頓悟爲主。慧能後南宗禪形成臨濟、潙仰、曹洞、雲門及法眼五家，
臨濟宗又開出楊歧、黃龍兩派。五家之後，又有看話禪、默照禪、文字禪等。
北宗則有菏澤宗、淨眾宗、保唐宗等。

　　慧能所說禪語由法海記錄爲《壇經》。其受弘忍欣賞並獲得傳授衣缽的偈

〔註138〕法藏《華嚴金獅子章解》，收入知儼等撰《華嚴義海》，第178〜184頁。智儼
的「十玄義」是：一、同時具足相應門，二、因陀羅網境界門，三、祕密隱
顯俱成門，四、微細相容安立門，五、十世隔法異成門，六、諸藏純集具德
門，七、一多相容不同門，八、諸法相即自在門，九、唯心迴轉善成門，十、
託事顯法生解門。智儼《華嚴一乘十玄門》，收入知儼等撰《華嚴義海》，第
11〜12頁。

語是：「菩提本無樹，明鏡亦無臺，佛性常清淨，何處有塵埃」〔註139〕。依慧能之見，禪宗承認「自性即佛」，即一切萬法盡在自身心中，自身之心本來清淨。慧能說：

> 善知識，世人性本自淨，萬法在自性。思維一切惡事，即行於惡行，思量一切善事，便修於善行，知如是一切法盡在自性〔註140〕。

> 無二之性，即是實性。實性者，處凡愚而不減，在賢聖而不增；住煩惱而不亂，居禪定而不寂。不斷不常，不來不去，不在中間，及其內外。不生不滅，性相如如，常住不遷，名之曰道。〔註141〕

> （祖）爲說《金剛經》，至「應無所住而生其心」，慧能言下大悟，一切方法不離自性。遂啓祖言：何期自性，本自清淨；何期自性，本不生滅；何期自性，本自具足；何期自性，本無動搖；何期自性，能生萬法。〔註142〕

慧能把自性看作「本自清淨」、「本不生滅」、「本自具足」即自性如實空，「自性本無動搖」及「自性能生萬法」即自性如實不空。這種如實空、如實不空的「本然自性天然佛」是禪宗所凸顯的眾生心具有眞正的佛性，即把本體歸於主體、把主體回落於眾生個體之中。

眾生即俱如此自性，則「三世諸佛，十二部經，在人性中本自具有」〔註143〕。眾生之所以心不能清淨，只因由於浮雲遮蔽：

> 自性常清淨，日月常明，只爲雲覆蓋，上明下暗，不能了見日月星辰，忽遇惠風吹散，卷盡雲霧，萬象森羅，一時皆現。〔註144〕。

只要去除浮雲，眾生自性本身即具足佛身和淨土，亦具足無相、無念、無住的品格。無念即「於念而不念」，無住即「於一切法上念念不住」，一念斷即滅之意。慧能解釋「無住」說：「無住者，爲人本性，念念不住，前念、今念、後念，念念相續，無有斷絕，法身即離色身。念念時中，於一切法上無住，

〔註139〕慧能《壇經》，郭朋導讀，成都：巴蜀書社，1996年，第74頁。關於「佛性常清淨」句，後來《壇經》慧昕本、契嵩本、宗寶本皆作「本來無一物」，具體情況可參看《壇經》導讀，第76～77頁。

〔註140〕慧能《壇經》，郭朋導讀，第101頁。

〔註141〕陳秋平、尚榮譯注《金剛經・心經・壇經》，北京：中華書局，2007年，第272～273頁。

〔註142〕《金剛經・心經・壇經》，第133～134頁。

〔註143〕慧能《壇經》，郭朋導讀，第101頁。

〔註144〕慧能《壇經》，郭朋導讀，第101頁。

一念若住，念念即住，名繫縛；於一切法上念念不住，即無縛也」〔註145〕。慧能從不起念和起念不住兩方面保證了自性清淨，不爲無明所染。無相也包含兩方面的內容，即「不起相」與「不離相」，「於相而離相」，正常接觸諸法相，但又不爲法相所執。

慧能根據即性即佛說，對「法身」、「報身」與「化身」也有新解釋。法身即爲眾生之自性，此自性既常清淨，又能起現萬法。所謂報身，「念念善即是報身」，眾生能念善即是對自身的報答。所謂化身，「從法身思量，即是化身」，「思量惡法化爲地獄，思量善法化爲天堂」〔註146〕。此法身、報身及化身即爲心之自性，此自性開顯即一悟成佛。

佛教的宇宙本體論直指人的心性，它用緣起法化解了儒家所關心的外在世界，而強調因果報應的思想。佛教六道輪迴的因緣果報，主體完全不受外在世界的影響，這與只有治權的宋代社會的士大夫，僅取儒家「內聖」的路向是一致的，所以，無論是北宋五子還是南宋的朱熹，都有出入佛老的經歷，受佛老思想的影響也就不足爲奇了。

第二節　宋代理學家的宇宙本體論——以北宋五子爲中心的考察

關於宋代理學宇宙本體論何以建立的問題，有很多人力圖給予儘量讓人信服的解釋。譬如頗爲流行的排斥佛道說，這是從儒學外部尋找答案。又如盧國龍從政治變革與儒學復興的關係出發，認爲「熙寧以後的本體論和心性論，其實是對慶曆經世致用之學的深化和發展，二者之間存在歷史的同時也是邏輯的聯繫」〔註147〕。余英時的《朱熹的歷史世界——宋代士大夫政治文化研究》〔註148〕，則把學術與政治文化相聯繫，這似乎更接近問題的實質。但有一個問題需要指出，北宋時期，理學五子的學術思想，都不是主流思想意識，都有反佛道的傾向。恰是王安石（1021～1086）的新學長時期被確認爲官方的思想意識，而王安石恰巧是不排斥佛道的，如《續資治通鑒長編》

〔註145〕慧能《壇經》，郭朋導讀，第92頁。
〔註146〕慧能《壇經》，郭朋導讀，第101頁。
〔註147〕盧國龍《宋儒微言》，北京：華夏出版社，2001年，第80頁。
〔註148〕余英時《朱熹的歷史世界——宋代士大夫政治文化研究》，北京：三聯書店，2004年，上冊，第109～183頁。

曾記載王安石與宋神宗的一段對話：

> 安石曰：「臣觀佛書，乃與經合，蓋理如此，則雖相去，其合猶符
> 節也」。上曰：「佛西域人，言語即異，道理何緣異？」安石曰：「臣愚
> 以爲苟合於理，雖鬼神異趣，要無以易」。上曰：「誠如此」〔註149〕。

這比唐代柳宗元（773～819）說的「浮圖誠有不可斥者，往往與《易》、《論
語》合」〔註150〕不知前進了多少步。另外，無論是范仲淹（989～1052）的慶
曆新政，還是王安石的熙寧變法，都沒有改革佛道的內容。似乎對佛道的政
策不屬於臣下議論的範圍。有時候，公開反對佛教還會受到法律的懲處，如
「河南府進士李靄，決杖，配沙門島。靄不信釋氏，嘗著書數千言，號《滅
邪集》，又輯佛書綴爲衾裯，爲僧所訴，河南尹表其事，故流竄焉」〔註151〕。
可見，後世所謂的排斥佛教也僅僅是從學術的角度指出佛、儒在宇宙本體論
及人生價值論方面存在的差異而已。再如牟宗三認爲：「只要對於孔子之仁教
有實感，對於其所遺傳以及其直接繼承者之經典能逐句理會有實感，當知此
自本自根之發皇決是眞實，而非虛妄。謂之爲陽儒陰釋者，皆是浮光掠影無
眞實感之膚談，不負責任之妄語。此皆是耳食之輩於中國文化之長期歧出中，
不知孔子之仁教爲何物，不知內聖之學爲何物，而忘其固有之『精神生命之
方向』者之讕言」〔註152〕。牟宗三之論，顯示了儒學自身的「吾道自足」，不
需外求。但何以儒家原來自有的東西，須到宋代才被發現，似乎還需要佛道
的刺激與政治文化的需求，才能使宋代的宇宙本體論得到充分的發展與完善
呢？這確實是一個有待深入探討的問題。

一、周敦頤的宇宙本體論

周敦頤（1017～1073），字茂叔，學者稱濂溪先生。周敦頤是一位頗具傳
奇色彩的人物，傳奇之一是其人生經歷，生前曾在地方任官三十多年，大多
爲司掌刑獄之職，做事精密嚴恕，死後卻獲得了「人品甚高，胸中灑落，如
光風霽月」的美譽〔註153〕；傳奇之二是其留下的不超過三千字的文字，爲儒

〔註149〕李燾《續資治通鑑長編》卷233，熙寧五年五月甲午條，北京：中華書局，
　　　　　第11冊，第5659頁。
〔註150〕柳宗元《柳河東集》卷25《送僧浩初序》，北京：中華書局，1979年，第2
　　　　　冊，第673頁。
〔註151〕《續資治通鑑長編》卷7，乾德四年四月丁巳條，第1冊，第169頁。
〔註152〕《心體與性體》上冊，第219頁。
〔註153〕黃庭堅撰、劉尚榮點校《黃庭堅詩集注》，北京：中華書局，2003年，第5

學確立了新的宇宙本體論學說，奠定了其理學開山的地位。南宋魏了翁（1178～1237）在爲周敦頤請諡的奏疏中，讚揚周敦頤說：

　　而頤（周敦頤）獨奮乎百世之下，乃始探造化之至賾，建圖著書，闡發幽秘，而示人以日用常行之要。……而其嗣往聖，開來哲，發天理，正人心，其於一代之理亂，萬世之明暗，所關係蓋甚不淺。〔註154〕

魏了翁此處關於周敦頤「其於一代之理亂，萬世之明暗，所關係蓋甚不淺」之說，開啓了《宋元學案》關於周敦頤的「破暗」之說。黃百家（1643～1709）是《宋元學案》的編者之一，他在《濂溪學案》的按語中說：「若論闡發心性義理之精微，端數元公之破暗也」〔註155〕。黃百家的「破暗」之說更突出了周敦頤的理學開山地位。

　　周敦頤奠定其理學地位的主要著作是《太極圖說》及《通書》，二書對宇宙本體論及與儒家的道德論的互滲進行了創造性的闡述。其經朱熹考定後的《太極圖》（此圖載於《周敦頤集》）是：

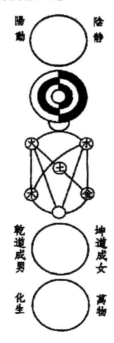

　　　　冊，第 1411 頁。
〔註154〕魏了翁《重校鶴山先生大全文集》卷 15《奏乞爲周濂溪賜諡》，宋集珍本叢刊，線裝書局，2004 年，第 76 冊第 723 頁。
〔註155〕黃宗羲、全祖望《宋元學案》卷 11《濂溪學案》上，陳金生、梁運華點校，北京：中華書局，1986 年，第 1 冊，第 482 頁。

關於《太極圖》的來源歷來聚訟不已。比較有代表性的一是朱震（1072～1138）在《漢上易解》中說：

> 陳摶以《先天圖》傳種放，放傳穆修，穆修傳李之才，之才傳邵雍。放以《河圖》、《洛書》傳李溉，溉傳許堅，許堅傳範諤昌，諤昌傳劉牧。穆修以《太極圖》傳周敦頤，敦頤傳程顥、程頤〔註156〕。

據此，陳摶（872～989）《太極圖》的傳授關係是：

> 《太極圖》：種放→穆修→周敦頤→程顥、程頤

按朱震的看法，無論是《先天圖》、《河圖》、《洛書》還是《太極圖》，都和神秘的高道陳摶有千絲萬縷的聯繫，《太極圖》自然來自道教，周敦頤是有所師受而來。

明末清初的黃宗炎（1616～1686）在《憂患學易》裏認爲：「周子《太極圖》，創自河上公……考河上公本圖名《無極圖》，魏伯陽得之以著《參同契》，鍾離權得之以授呂洞賓。洞賓後與陳圖南同隱華山，而以授陳，陳刻之華山石壁。陳又得《先天圖》於麻衣道者，皆以授種放。放以授穆修與僧壽涯。修以《先天圖》授李挺之，挺之以授邵天叟，天叟以授子堯夫。修以《無極圖》授周子，周子又得先天地之偈於壽涯」〔註157〕。這樣，周敦頤的《太極圖》不僅來源於道教，而且也來源於佛教。所謂先天地之偈是指「有物先天地，無形本寂寥。能爲萬象主，不逐四時凋」〔註158〕。

朱熹根據周敦頤的摯友潘興嗣（約1023～1100）所作《濂溪先生墓誌銘》裏的記載，認爲《太極圖》是周敦頤自作。朱熹說：「至於先生，然後得之於心，而天地萬物之理，鉅細幽明、高下精粗，無所不貫，於是始爲此圖，以發其秘爾」〔註159〕。其實，有關《太極圖》來源的爭議，反映的是儒學的自覺，特別是朱熹的自覺。儒學傳至北宋時期，特別是理學的開創，與吸收釋道理論的精華是分不開的。正如陳天林所說：「《太極圖說》可是周敦頤的獨創，是對《太極圖》的解說。就憑這一點，就足以證明他的思想是對儒釋道

〔註156〕 脫脫《宋史》卷435《朱震傳》，北京：中華書局，1974年，第37冊，第12908頁。

〔註157〕 《宋元學案》卷12《濂溪學案》下，第1冊，第514～515頁。

〔註158〕 此偈的原創者是南朝的佛教居士傅大士（497～569），此偈也見於南宋賾藏主《古尊宿語錄》中的法演和尚語錄。具體考證見范立舟先生《周敦頤》，廣州：廣東人民出版社，2010年，第33～34頁。

〔註159〕 朱熹《再定太極通書後序》，收入《周敦頤集》，陳克明點校，北京：中華書局，1990年，第46頁。

的綜合創新」〔註160〕。那麼，周敦頤的《太極圖說》又有哪些獨創之處呢？

　　《太極圖說》是對《太極圖》的解釋。《太極圖》共分五部分，第一、第四和第五部分都是空白的圓圈。第二部分圓圈的左邊白中帶黑，象徵八卦的「離」；右邊黑中帶白，象徵八卦的「坎」。第三部分由六個小圓圈組成，其中五個是金、木、水、火、土所組成的五行圖，土的下面是一個空白的圓圈，木、火、金、水分別與之相連。

　　第一部分的空白圓圈，即是「無極而太極」，「無極」是道家常用的一個詞語，出自《老子》「知其雄」章，無極是道的別名。早期佛教格義時，把無極釋爲空，如僧肇《涅槃無名論》說：「物我玄會，歸於無極」〔註161〕。可見「無極」一詞是對道、釋的借鑒而來的，與《易・繫辭》中的「易有太極」的太極一起構成了陽動陰靜的宇宙本體。但朱熹反對這種說法，認爲「上天之載，無聲無臭，而實造化之樞紐，品彙之根柢也，故曰『無極而太極』，非太極之外復有無極也」〔註162〕。即太極才是周敦頤使用的最高哲學範疇，周敦頤之所以說「無極而太極」，是「周子恐人把作一物看，故云無極」〔註163〕。那麼，朱熹認爲無極到底是什麼呢？朱熹在與陸九淵（1139～1193）的辯論信中說：「周子所謂之無極，正以其無方所、無形狀，以爲在無物之前而未嘗不立於有物之後，以爲在陰陽之外而未嘗不行乎陰陽之中，以爲通貫全體，無乎不在，則又初無聲臭影響之可言也」〔註164〕。無極僅是對太極起修飾限製作用的一個詞語而已。還有，如果從邏輯的角度推理，朱子在這裏是不能自圓其說的，因爲一個概念能對另外一概念起修飾限製作用，這個概念怎麼可能什麼都不是呢？當然，我們對宇宙本體的體悟是不能從認識論出發的，要靠我們的悟，這是一種境界。

　　「太極動而生陽，動極而靜；靜而生陰，靜極復動。一動一靜，互爲其根。分陰分陽，兩儀立焉」，是解釋《太極圖》第二部分的，也即解釋由太極

〔註160〕陳天林《周敦頤思想探微》，復旦大學 2004 年博士學位論文，導師：潘富恩，第 27 頁。

〔註161〕僧肇《涅槃無名論》，收入張春波校釋《肇論校釋》，北京：中華書局，2010年，第 227 頁。

〔註162〕周敦頤《周敦頤集》，陳克明點校，北京：中華書局，1990 年，第 3 頁。

〔註163〕黎靖德編《朱子語類》卷 94《太極圖》，北京：中華書局，1986 年版，第 2366頁。

〔註164〕《晦庵先生朱文公文集》卷 36《答陸子靜》，《朱子全書》，第 21 冊，第 1568頁。

到陰陽兩儀的宇宙衍化過程。此第二部分即第二圈的中央是一個小白圓圈，爲太極之體；左邊的離即陽之動，右邊的坎即陰之靜，離中有坎，坎中有離，爲坎離互含之象，即坎離、動靜、陰陽互爲其根。如果說周敦頤在第一部分借鑒了道家的無極，無極與道是相同的概念的話，老子的宇宙生化過程爲：「道生一，一生二，二生三，三生萬物」。此處周敦頤又回歸到《易·係詞》的生化模式：「易有太極，是生兩儀」的軌道上來了。

　　對第三部分的解釋是：「陽變陰合，而生水火木金土。五行順布，四時行焉。五行，一陰陽也；陰陽，一太極也；太極，本無極也。五行之生也，各以其性。無極之眞，二五之精，妙合而凝」，這是對五行交錯之象的解釋。五行是指水、火、木、金、土，五行的次序來自《尙書·洪範》「一曰水，二曰火，三曰木，四曰金，五曰土」，孔穎達解釋了五行次序的原則是以微著爲次。孔穎達說：「五行之體，水最微，爲一；火漸著，爲二；木形實，爲三；金體固，爲四；土質大，爲五」〔註165〕。周敦頤在此處採用五行相生的次序，即「陽變陰合，而生水火木金土」。在土的下面是一個空白的圓圈，木、火、金、水分別與之相連。如果在第二部分說周敦頤回到了《易·係詞》的軌道上，這裏的太極生陰陽，陰陽生五行的說法顯然又有所偏離。五行是易學的重要概念，周敦頤也把四時的概念整合到其太極系統中。

　　第四圖的空白圓圈，標示乾道成男，坤道成女。第五圖的空白圓圈標示萬物化生。

　　束景南先生在對《太極圖》的淵源進行考辨的同時，也對《太極圖說》的內容進行闡釋。束先生認爲：「無極便來自《老子》的復歸於無極，不見於《周易》，向來被儒家視爲異端。而無極而太極正本自道教『煉精化氣，煉氣化神，煉神還虛，復歸無極』的內丹修煉思想。……故圖的最上一圈，從逆施成丹、由下至上的修煉過程看，是『無極』；從順行造化、由上至下的生化過程看，又是『太極』。最上一圈既是無極又是太極，故稱『無極而太極』。這裏明顯可以看出道教內丹學對周敦頤的影響」〔註166〕。束先生認爲是周敦頤的太極圖來自道教，其內容與道教內丹學的修煉過程恰好相反。那麼，第

〔註165〕孔安國傳、孔穎達正義《尙書正義》卷12《洪範》，上海：上海古籍出版社，1990年，第166頁。

〔註166〕束景南《太易圖與太極圖──周敦頤太極圖淵源論》，《東南文化》，1994年第1期，第1頁。

二部分的坎離二卦相含就可以看作是道教的「水火匡廓圖」，也叫「坎離匡廓圖」或者「取坎填離圖」，本於《周易參同契》的「坎離匡廓，運轂正軸」。第三部分的五行圖，出自道教的「三五至精圖」，本於《周易參同契》的「三五與一，天地至精」。

束先生指出了《太極圖》和《太極圖說》與道教千絲萬縷的聯繫，但這並不撼動周敦頤《太極圖說》所構造的儒學宇宙本體論的地位，因爲《太極圖說》是從正面解釋宇宙的生化，不妨礙對大易生生不已的乾元精神的闡釋。

《太極圖說》的前半部分，從「無極而太極」到「五性感動而善惡分，萬事出矣」，描繪的是宇宙萬有的生成圖景和原因，具有宇宙本源、構成、本體論的意義，也可以看作是天道部分。朱子把太極理論與儒家的「天命論」結合起來，他對「太極」的解說是：「太極之有動靜，是天命之流行也，所謂『一陰一陽之謂道』」〔註167〕。太極就是天命，太極的動靜就是天命在流行，還可以說成是一陰一陽之謂道。這樣，太極論就是儒家的天命論、儒家的道論，三者通而爲一。這也是《太極圖說》後半部分闡述人道之所以成立的根據。《太極圖說》的後半部分，從「聖人定之以中正仁義」到結束，周敦頤提出了立人極的思想，與人極最靠近的是陰陽五行，陰陽五行雖然變化萬端，但「惟人也得其秀而最靈」，秀是只有人類才具有與五行相對的無常之性，即仁、義、禮、智、信，人據此秀即可通誠。周敦頤在《通書》四十章中把「誠」列爲第一，說：「誠者，聖人之本，大哉乾元，萬物資始，誠之源也。乾道變化，各正性命，誠斯立焉，純粹至善者也」〔註168〕。周敦頤的誠既是宇宙本體，乾元就是誠的別名，誠與乾元一體；同時，誠也是聖人之本。朱子也說：「誠者，聖人之本，物之終始，而命之道也。其動也，誠之通也，繼之者善，萬物之所資始也」〔註169〕。誠爲命之道，而太極之動爲誠之通，繼之者善，這是宇宙本體向萬物衍化的過程。誠是「物之終始」的保證，宇宙本體生化萬物由誠一體通貫。周敦頤的《太極圖說》，既可以用思辨的方式推出宇宙本體，也可以用心涵詠，直契道體。

《太極圖說》的「五行，一陰陽也；陰陽，一太極也；太極本無極也」及《通書》的「二氣五行，化生萬物。五殊二實，二本則一。是萬爲一，一

〔註167〕　《周敦頤集》卷1，第1頁。
〔註168〕　《周敦頤集》卷2，第12～13頁。
〔註169〕　《周敦頤集》卷1，第3頁。

實萬分」〔註170〕，都認爲太極下貫而爲萬物，萬物與太極一體，這即是周敦頤「是萬爲一，一實萬分」的一體萬物的思想，對二程及朱熹「理一分殊」的思想有直接的影響。所以朱熹解釋說：「是合萬物而言之，爲一太極而已也。自其本而至末，則一理之實，而萬物分之以爲體。故萬物之中，各有一太極，而小大之物，莫不各有一定之分也」〔註171〕。此即是說萬物是五行的展開，而萬物又即是五行；五行是陰陽的展開，而五行又即是陰陽；陰陽是太極的展開，而陰陽即是太極。「萬」是事物的多樣性，「一」是多樣性的統一，事物雖多卻具統一性，本原爲一卻可分爲千差萬別的萬物。這就像華嚴宗認爲的因陀羅網法界門那樣，爲宇宙的眞實圖景。因陀羅網法界門是說諸法如同帝釋天宮的珠網，網上的每一明珠皆映現一切珠影，此一一影中亦皆映現一切珠影，一切珠映一切影，一切影印一切珠，珠珠影影，影影珠珠，互顯互隱，重重無盡。諸法亦如此互相傳映，重重無盡。正如萬物無論是從陰陽看，還是從太極看，均可洞悉事物的表相與實質。此即爲華嚴宗人所嚮往的佛之華藏世界海。在華藏世界海中，舉一塵即理即事，涉一事一因一果，緣一法而起萬法，援萬法而入一法，重重緣起而爲無盡緣起，無盡緣起而緣起之義無窮盡。此華藏世界海中，誠也是其基本義。《太極圖說》中，也無不如此，如舉太極即知陰陽，舉陰陽即知五行，舉五行即知萬物。

然而，在周敦頤的宇宙本體中，還似乎有天台宗思想影響的痕跡。如他在《太極圖說》中關於人道著名的論述：「惟人也得其秀而最靈。行既生矣，神發知矣，五性感動而善惡分，萬事出矣。聖人定之以中正仁義，而主靜。立人極焉」。其中「五性感動而善惡分」一句，明顯是說，在宇宙本體中有善惡之分，這一思想與天台宗的「性具善惡」有相通之處，在天台宗看來，佛雖不斷性惡，然能通達於性惡而不爲惡所染，故佛性自在，永不復惡，並能廣用諸惡法門化度眾生。聖人能洞悉善惡而立人極，定之以中正仁義而主靜，聖人雖不斷性惡，也能通達於性惡而不爲惡所染，故聖人能通達太極之道，「與天地合其德，日月合其明，四時合其序，鬼神合其吉凶」。

周敦頤的《太極圖說》與《通書》融合了《周易》、《論語》、《中庸》、《孟子》、《大學》的思想精髓，還與佛家的佛性與理一分殊相結合，創造了新的宇宙本體論，給後人留下了無窮盡的闡釋空間。朱子對此二書的疏解對後世

〔註170〕《周敦頤集》卷2，第31頁。
〔註171〕《周敦頤集》卷2，第31頁。

產生了重要的影響。朱熹首先確認「無極」不是一個概念，而是用來描述「太極」的。「太極」才是周敦頤所強調的核心概念，無極即無形，太極並非有形器之物，因而只能是理。朱熹在答陸九韶（1128～1205）關於無極太極之辨時認為「則無極即是無形，太極即是有理」〔註172〕。而「無極即是無形，太極即是有理」是最能代表朱熹關於「無極」、「太極」思想的表述。朱熹在與程迥辯論太極問題時也指出「太極之義，正謂理之極致耳」〔註173〕。「太極之義，正謂理之極致耳」，也是朱熹把太極納入其理氣範疇的思想表達。《朱子語類》中也有把太極當作理來論述：

> 「易有太極，是生兩儀」。四象八卦，皆有形狀，至於太極，有何形狀？故周子曰：「無極而太極」。蓋云無此形狀，而有此道理耳。〔註174〕

> 「無極而太極」，只是說無形而有理。所謂太極者，只二氣五行之理，非別有物為太極也。〔註175〕

> 無極而太極，不是說有個物事光輝輝地在那裏，只是說這裏當初皆無一物，只有此理而已。既有此理，便有此氣；既有此氣，便分陰陽，以此生出許多物事。惟其理有許多，故物亦有許多。〔註176〕

朱熹既然把太極看作理，這就能使我們更好的理解他在《太極圖解》及《太極圖說解》中的表述，他認為太極與理是相同的概念，是宇宙本體，是形而上之道，是陰陽動靜與存在的終極依據。陰陽與五行則為氣，是形而下之器。不僅如此，朱熹還認為周敦頤的「太極」也是人性至善的道德本體。朱熹說：「太極只是個極好至善的道理。人人有一太極，物物有一太極。周子所謂太極，是天地人物萬善至好的表德」〔註177〕。

周敦頤《太極圖說》所闡述的萬物化生即生物與人類起源的思想，也被朱熹認定為是理氣化生萬物的過程。如朱熹對「無極之真，二五之精，妙合

〔註172〕《晦庵先生朱文公文集》卷36《答陸子美》，《朱子全書》，第21冊，第1562頁。
〔註173〕《晦庵先生朱文公文集》卷37《答程可久》，《朱子全書》，第21冊，第1643頁。
〔註174〕《朱子語類》卷94，第2365頁。
〔註175〕《朱子語類》卷94，第2365頁。
〔註176〕《朱子語類》卷94，第2387頁。
〔註177〕《朱子語類》卷94，第2371頁。

而凝。乾道成男，坤道成女，二氣交感，化生萬物。萬物生生，而變化無窮焉」的解釋是：

> 夫天下無性外之物，而性無不在，此無極，二五所以混融而無間者也。所謂妙合者也，眞以理言，無妄之謂也；精以氣言，不二之名也。凝者，聚也，氣聚而成形也。蓋性爲之主，而陰陽、五行爲之經緯錯綜，又各以類凝聚而成形焉。陽而健者成男，則父之道也；陰而順者成女，則母之道也。是人物之始，以氣化而生者也。氣聚成形，則形交氣感，遂以形化，而人物生生變化無窮矣。自男女而觀之，則男女各一其性，而男女一太極也。自萬物而觀之，則萬物各一其性，而萬物一太極也。蓋合而言之，萬物統體，一太極也；分而言之，一物各具一太極也。所謂天下無性外之物，而性無不在者，於此尤可見其全矣。子思子曰：「君子語大，天下莫能載焉；語小，天下莫能破焉」。此之謂也。〔註178〕

朱熹於此處把「眞」解爲理，把「精」解爲氣，自然與其理氣論合拍了。朱子在此用「天下無性外之物，而性無不在」及「男女各一其性」來說明萬物化生的過程也符合理一分殊的思想。

以上是關於周敦頤的太極宇宙本體論的思想，以及朱子對周敦頤思想的闡釋。經過朱子闡釋後的太極思想，和周敦頤的太極思想已有差別。其實，應該把朱子的太極思想與周敦頤的太極思想區別對待。只有這樣，才能更加清晰的認識到周敦頤太極本體論的地位和性質。在周敦頤學術視野下，將太極置於無極之後產生了新的內涵。如陳天林說：「無極和太極的關係還可以用陰陽動靜來比喻。無極是陰靜，太極是陽動。說無極是陰靜，是說無極含而不露，而不是一動不動與死氣沉沉，而是『動而無動，靜而無靜』。就如遠觀瀑布一樣，雖然飛流直下三千尺，但是卻像一塊銀色的綢緞懸掛在那裏，一動不動。但沒有它，下面的河流就成了無源之水。所以，沒有人不被瀑布的氣魄和生機所震撼。」〔註179〕。陳天林用瀑布的動靜來比喻無極的陰靜與太極陽動的關係，生動而形象的說明了無極與太極的關係，無極與太極之間也產生了一種新的「體」與「用」的關係。

不僅如此，從周敦頤所創造的宇宙論與儒家的道德本體論相結合也是其

〔註178〕《周敦頤集》卷1，第5頁。
〔註179〕陳天林《周敦頤思想探微》，復旦大學2004年博士學位論文，第40頁。

創新之處。范立舟先生對此進行了分析：「周敦頤的宇宙生成論與本體論是一體的，既可以順向下推，即從「太極→陰陽→五行→萬物」的過程來看，又可以逆而反溯，即通過「萬物→五行→陰陽→太極」的過程追溯事物的宇宙本體根源。這樣，宇宙生成論本身包含著本體論，本體亦存在於宇宙過程之中。不僅如此，周敦頤作為『理學開山』，他不僅對此宇宙發生過程作了系統的論證，而且將其作為儒家仁義禮智信等道德規範的理論依據，使得宇宙起源、天地法則的自然哲學和儒家倫理的準則、境界、修養方法合為一體，這樣就將儒家道德與終極關懷、倫理秩序與安身立命之道統一起來了，這才是周敦頤的首創之處」〔註180〕。這正是周敦頤作為理學開山的原因。

二、邵雍的宇宙本體論

　　邵雍（1011～1077），字堯夫，祖籍范陽，遷居共城（今河南輝縣）。邵雍曾在共城「居蘇門百源之上」讀書，後人因此稱其開創的學派為「百源學派」。但邵雍於皇祐元年（1049）遷居洛陽後，即「葬其親於伊川」，「遂為河南人」〔註181〕，其後的人生歲月大多是在洛陽度過。邵雍在共城期間，刻苦自勵，立志於學，曾得到時任共城縣令的李之才登門授學。邵雍從李之才處「受河圖，洛書，宓羲八卦六十四卦圖像」〔註182〕，後李之才於慶曆五年（1045）去世，邵雍很尊重他，為其作墓表說：「求於天下，得聞道之君子李公以師焉」〔註183〕。李之才之學學於穆修，穆修學於種放，種放學於陳摶，此為邵雍之學的師學淵源之一。

　　邵雍的主要著作有《伊川擊壤集》、《漁樵問對》及《皇極經世書》等。《皇極經世書》包括《觀物內篇》和《觀物外篇》等，其中《觀物內篇》為邵雍自作，《觀物外篇》為其學生的記述，類似語錄。

　　邵雍和周敦頤、程顥、程頤、張載、司馬光被朱熹尊為「北宋六先生」，也被後世尊為「北宋五子」之一，然而，朱熹在和呂祖謙選編《近思錄》時，卻只選周敦頤、二程和張載的著作。到當代新儒家牟宗三在其著作《心體與性體》中，更把邵雍排出宋明儒九大家之外。〔註184〕然而，邵雍之學自是通

〔註180〕范立舟《周敦頤》，廣州：廣東人民出版社，2010年，第40頁。

〔註181〕《河南程氏文集》卷4《邵堯夫先生墓誌銘》，《二程集》，上冊，第502頁。

〔註182〕《宋史》卷427《邵雍傳》，第36冊，第12726頁。

〔註183〕《宋史》卷431《李之才傳》，第37冊，第12825頁。

〔註184〕牟宗三認為周敦頤、張載、程顥、程頤、胡宏、朱熹、陸九淵、王陽明、劉

貫天人，「推天道以明人事」。後世雖認爲邵雍有道家風骨，然邵雍卻以「士子」自稱〔註185〕，對自己的學問也很自負，趙與時曾記邵雍的話說現今能懂得道的人，只有他和他的老師李挺之二人了〔註186〕。朱熹也很讚賞邵雍之學，他說：「邵子這道理，豈易及哉！他腹裏有這個學，能包括宇宙，終始古今，如何不做得大？放得下？今人卻恃個甚後敢如此」〔註187〕。朱熹讚歎邵雍之學能「包括宇宙，終始古今」，可見，朱熹對邵雍之學的推崇。邵雍之學主要包含在《皇極經世書》中，然《伊川擊壤集》也是對《皇極經世書》詩意的闡發，不可或缺。關於《皇極經世書》的取名原由，今天已不能見到邵雍的相關解釋。其子邵伯溫說：「《皇極經世》之所以成書，窮日月星辰、飛走動植之數，以盡天地萬物之理，述皇帝王霸之事，以明大中至正之道。陰陽之消長，古今之治亂，較然可見。故書謂之『皇極經世』，篇謂之『觀物篇』」〔註188〕，還說：「其所著《皇極經世書》，以元會世運之數推之，千歲之日可坐致也。以太極爲堂奧，乾坤爲門戶，包括《六經》，陰陽剛柔行乎其間，消息盈虛相爲盛衰，黃王帝霸相爲治亂，其肯爲訓解之學」〔註189〕。邵伯溫的解釋可以幫助我們確知《皇極經世書》的主要內容。南宋蔡元定也說：「康節之學，雖作用不同，而其實則伏羲所畫之卦也，故其書以日月星辰、水火土石盡天地之體用；以暑寒晝夜、雨風露雷盡天地之變化；以性情形體、走飛草木盡萬物之感應；以元會運世、歲月日辰盡天地之終始；以皇帝王霸、《易》《書》《詩》《春秋》盡聖賢之事業。自秦漢以來一人而已耳」〔註190〕。然而，如前所述，這些解釋可能僅僅是就《皇極經世書》所函內容而言，《皇極經世書》究竟如何解釋，今人亦無定論。朱熹說「伊川之學，於大體上瑩徹，於小小節目上猶有疏處。康節能盡得事物之變，卻於大體上未有瑩徹」〔註191〕。

宗周九人才是宋明儒的支柱。

〔註185〕邵雍有詩：「自知爲士子，人訝學神仙」。《伊川擊壤集》卷19《歲除》，郭彧整理《邵雍集》，北京：中華書局，2010年，第496頁。

〔註186〕趙與時著、齊治平點校《賓退錄》卷2，上海：上海古籍出版社，1983年，第17頁。

〔註187〕《朱子語類》卷100，第2542頁。

〔註188〕王植《皇極經世書解》卷首上，上海：上海古籍出版社，1987年，文淵閣四庫全書影印本，第266冊，第585頁。

〔註189〕邵伯溫《邵氏聞見錄》卷19，中華書局，1983年，第215頁。

〔註190〕王植《皇極經世書解》卷首上，第266冊，第585頁。

〔註191〕《宋元學案》卷10《百源學案》下，第1冊，第469頁。

朱熹曾就邵雍與程頤進行比較，他雖讚賞程頤之學在大體上是極晶瑩透徹，在小節上卻有疏漏；邵雍之學在大體上未能晶瑩透徹，然卻能窮盡事物之變化。朱熹這句話說伊川極是，然於邵雍卻不通，假如邵雍不能洞徹宇宙本體，達不到圓融之境，反而對天下事物的細微之處能準確把握，又何從談起。正如張載所說，凡是我們能看到的，「皆神化之糟粕耳」，要透過糟粕看到宇宙本體，非精義入神，窮神知化方可，這就像邵雍讚歎孟子一樣，他說：「知《易》者，不必引用講解，始為知《易》。孟子之言未嘗及《易》，其間《易》道存焉，但人見之者鮮。人能用《易》，是為知《易》，孟子可謂善用《易》者也」〔註192〕。孟子能用《易》達到如此出神入化的境地，後人又有誰能看得出？

　　邵雍之學的特點是「尊先天之學」，程顥說邵雍之學是：「觀於天地之運化，陰陽之消長，以達乎萬物之變，然後頹然其順，浩然其歸」〔註193〕。邵雍把太極，道等概念作為宇宙最高的本體，以先天象數的衍算推演，運用《周易》卦象陰陽生成的消長原理，來推定宇宙變化的總規則，並用社會的發展及萬物聲音的變化進行驗證。所謂先天之學與後天之學，朱熹認為：「據邵氏說，先天者，伏羲所畫之《易》也；後天者，文王所演之《易》也。伏羲之《易》初無文字，只有一圖以寓其象數，而天地萬物之理、陰陽始終之變具焉。文王之《易》即今之《周易》，而孔子所為作傳者是也」〔註194〕。先天之學所重者在象數，即先天圖；後天之學所重者在《易經》的卦爻辭及《易傳》義理。邵雍還說：「先天之學，心也。後天之學，跡也。出入有無生死者，道也」〔註195〕。心是還未形未見的形而上之理，跡是已形已見的顯著之象。先天之學是宇宙本體和萬物本原的自然之道。後天之學是由宇宙本體和道所發出的法象自然和人事之用。

　　邵雍的先天學以太極、道、一、心為宇宙本體，其《先天圖》也是對這些宇宙本體概念的闡釋。他說：「圖雖無文，吾終日言而未嘗離乎是。蓋天地萬物之理，盡在其中矣」〔註196〕。邵雍所言所做都是以先天圖為基礎，他的

〔註192〕邵雍《皇極經世書》卷13《觀物外篇》上，衛紹生校注，鄭州：中州古籍出版社，2007年，第520頁。

〔註193〕《河南程氏文集》卷4《邵堯夫先生墓誌銘》，《二程集》上冊，第503頁。

〔註194〕《晦庵先生朱文公文集》卷38《答袁機仲》，《朱子全書》，第21冊，第1665頁。

〔註195〕《皇極經世書》卷14《觀物外篇》下，第528頁。

〔註196〕《皇極經世書》卷13《觀物外篇》上，第518頁。

「太極」等本體論概念表面看來自《易傳》，其實已經改頭換面，基本都納入到先天學的系統中，這也是與《易傳》不同之處，他論述「太極」說：

> 太極者，一也。不動。生二，二則神也。神生數，數生象，象生器〔註197〕。

> 太極不動，性也。發則神，神則數，數則象，象則器，器之變復歸於神也〔註198〕。

他認爲「太極」作爲宇宙的最高本體是不動的，其不動卻能衍化萬物，則是由「神」在發揮妙用。這是從客觀地角度解釋宇宙萬物生化的過程，是由天道本體太極下貫萬物，下貫的過程由神在起作用。主觀地說，聖人之所以能一萬物，不思不勉，從容中道，因爲有心，與太極一樣，是萬化的本源。他說：

> 先天學，心法也。圖皆從中起，萬化萬事皆生於心。〔註199〕

> 心爲太極。〔註200〕

> 道爲太極。〔註201〕

邵雍還用詩來讚歎心本體，他在《觀物吟》中說：

> 一物其來有一身，一身還有一乾坤。能知萬物備於我，肯把三才別立根？

> 天向一中分體用，人於心上起經綸。天人焉有兩般義，道不虛行只在人〔註202〕。

心與太極一樣，心法即爲太極，太極即爲心法，從這個意義上才能明瞭「萬物皆備於我」的涵義。《先天圖》雖然無文字，但卻以心即是太極、即是道、即是一，爲天地萬物的本源及道德價值的創造者。心、一、道、太極等既是宇宙本源又是宇宙本體。「圖皆從中起」一句的「中」字也指太極、道、心等，具有宇宙本體的涵義。在《伊川擊壤集》中，邵雍又稱太極爲「丸」等。〔註203〕

〔註197〕《皇極經世書》卷14《觀物外篇》下，第522頁。
〔註198〕《皇極經世書》卷14《觀物外篇》下，第522頁。
〔註199〕《皇極經世書》卷13《觀物外篇》上，第518頁。
〔註200〕《皇極經世書》卷13《觀物外篇》上，第522頁。
〔註201〕《皇極經世書》卷13《觀物外篇》上，第522頁。
〔註202〕邵雍著《伊川擊壤集》卷15《觀易吟》，郭彧整理《邵雍集》，北京：中華書局，2010年，第416頁。
〔註203〕王畿把邵雍的「丸」理解爲「良知」，他說：「堯夫所謂『丸』，即師門所謂良

　　邵雍的宇宙本體論思想並不是孤立之理，既強調一、道、太極等本體對客觀世界的統攝與超越，也強調心本體所具有的主觀意義，還有先天本體對後天本體的超越與共在，先天之心必然呈現於後天之跡中。邵雍雖然沒有對「皇極經世」四字的含義進行解釋，但從邵伯溫的說法可以參考，他說：「至大之謂皇，至中之謂極，至正之謂經，至變之謂世。大中至正，應變無方之謂道」〔註204〕。顯然，邵雍在重視先天本體的同時，更著意於怎樣才能更為簡潔有效的把握到這個客觀世界與人類社會的本質。邵雍先天圖的宇宙生成圖式是：

> 太極既分，兩儀立矣。陽上交於陰，陰下交於陽，四象生矣。
> 陽交於陰，陰交於陽，而生天之四象，剛交於柔，柔交於剛，而生
> 地之四象，於是八卦成矣。八卦相錯，然後萬物生焉。是故一分為
> 二，二分為四，四分為八，八分為十六，十六分為三十二，三十二
> 分為六十四。故曰：分陰分陽，迭用柔剛，故《易》六位而成章也，
> 十分為百，百分為千，千分為萬，猶根之有乾，乾之有枝，枝之有
> 葉。愈大則愈少，愈細則愈繁，合之斯為一，衍之斯為萬〔註205〕。

這就是邵雍的二分法或者叫做四分法。邵雍的四分法來源於《周易・繫辭》中「易有太極，是生兩儀，兩儀生四象，四象生八卦」這句話，但與這句話又有不同，譬如，「天之四象」、「地之四象」兩個提法就是邵雍的創造。朱熹認為邵雍的四分法是自得之法，他說：「康節其初想只是看得『太極生兩儀，兩儀生四象』。心只管在那上面轉，久之理透，想得一舉便成四片」〔註206〕。邵雍的四分法與周敦頤的「五分法」也不同，周敦頤是用「金木水火土」五行來說明世界的構成。朱熹比較周敦頤的太極圖與邵雍的先天圖時說：「前書所論《先天》、《太極》兩圖，久無好況，不暇奉報。《先天》乃伏羲本圖，非康節所自作，雖無言語而所該甚廣，凡今《易》中一字一義，無不自其中流出者。《太極》卻是濂溪自作，發明《易》中大概綱領意思而已。故論其格局，則《太極》不如先天之大；而論其義理，則《先天》不如太極之精而約。蓋合下規模不同，而太極終在先天範圍之內，又不若彼之自然，不假思索安排

　　知」。《天根月窟說》，《王畿集》卷8，吳震編校，南京：鳳凰出版社，2007
　　年版，第186頁。王畿以善於體會良知本體著稱，其說確有一定道理。
〔註204〕王植《皇極經世書解》卷8，第266冊，第665頁。
〔註205〕《皇極經世書》卷13《觀物外篇》上，第515頁。
〔註206〕《朱子語類》卷100，第2546頁。

也。若以數言之，則先天之數自一而二，自二而四，自四而八，以爲八卦。太極之數，亦自一而二，自二而四，遂加其一，以爲五行，而遂下及萬物。該物理本同，而象數亦無二致，但推得有大小詳略耳」〔註207〕。朱子認爲從數的角度看，周敦頤是先自一而二，二而四，遂加其一，以爲五行，而言及天下萬物。邵雍直是一分爲二，二分爲四而已。

邵雍很重視「數」，這也是邵雍易學被稱爲象數學的原因之一，但邵雍力圖避免流入術數系統。他說：「天下之數出於理，違乎理，則入於術。世人以數而入於術，故失於理也」〔註208〕。還說「物理之學或有所不通，不可以強通，強通則有我，有我則失理，而入於術矣」〔註209〕。邵雍把數分爲兩種，內數與外數。內數與外數都有理統攝，他說：「易有內象，理致之也；有外象，指定一物而不變者是也。自然而然，不得而更者，內象內數也，他皆外象外數也。乾爲天之類，本象也；爲金之類，別象也」〔註210〕。朱伯昆據此認爲邵雍的數具有「理數」的特徵〔註211〕。其實，邵雍的「數」正是由於有「理數」的特點而能保證其數不入於術。

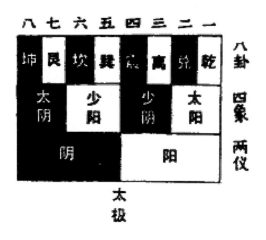

伏羲八卦次序圖

伏羲八卦方位圖（小圓圖）

〔註207〕《晦庵先生朱文公文集》卷46《答黃直卿》，《朱子全書》，第22冊，第2155～2156頁。

〔註208〕《皇極經世書》卷13《觀物外篇》上，第515頁。

〔註209〕《皇極經世書》卷14《觀物外篇》下，第529頁。

〔註210〕《皇極經世書》卷13《觀物外篇》上，第517頁。

〔註211〕《易學哲學史》第2冊，第176頁。

　　邵雍的先天四圖，即《伏羲八卦次序圖》、《伏羲六十四卦次序圖》、《伏羲八卦方位圖》及《伏羲六十四卦方位圖》。《伏羲八卦次序圖》又稱「小橫圖」，其次序是乾一、兌二、離三、震四、巽五、坎六、艮七、坤八。《伏羲八卦方位圖》的方位是乾南、坤北、離東、坎西、兌東南、震東北、巽西南、艮西北。先天八卦方位圖有體現了先天的「出於自然，不用安排」、陰陽對稱、陰陽消長的一順一逆、「天左旋、地右轉」等內涵〔註212〕。先天八卦方位圖與後天八卦方位圖最大的區別是以乾坤坎離爲四正卦取代離坎兌震〔註213〕。邵雍說：「乾坤定上下之位，坎離列左右之門，天地之所闔闢，日月之所出入。是以春夏秋冬，晦朔弦望，畫夜長短，形度盈縮，莫不由乎此矣」。乾上爲天，坤下爲地，離爲日陞於東方，坎爲月起於西方。這樣的次序和方位構成了宇宙發生、推衍的程序：「天生於動者也，地生於靜者也。一動一靜交，而天地之道盡之矣。動之始則陽生焉，動之極則陰生焉。一陰一陽交而天之用盡之矣。靜之始則柔生焉，靜之極則剛生焉。一柔（剛）一剛（柔）交而地之用盡之矣。動之大者謂之太陽，動之小者謂之少陽，靜之大者謂之太陰，靜之小者謂之少陰。太陽爲日，太陰爲月，少陽爲星，少陰爲辰。日月星辰交而天之體盡之矣。靜之大者謂之太柔，靜之少者謂之少柔，動之大者謂之太剛，動之小者謂之少剛。太柔爲水，太剛爲火，少柔爲土，少剛爲石。水火土石交，而地之體盡之矣」〔註214〕。太陽、太陰、少陽、少陰爲《易傳》的四象，如前文所述，邵雍的四象有「天之四象」與「地之四象」之分，與《易傳》的四象不同。天之四象由日月星辰組成，地之四象由水火土石組成，天之四象的特點是陽中陽、陽中陰、陰中陽、陰中陰，地之四象的特點是柔中柔、

〔註212〕參見唐明邦《邵雍評傳》，南京：南京大學出版社，1998年，第112～115頁。
〔註213〕朱熹認爲先天易學源自《周易參同契》，他說：「先天圖傳自希夷，希夷又有所傳，蓋方士用以修煉，《參同契》之言是也」（《朱子語類》卷100，第2552頁）。《周易參同契》首句即是：「乾坤者，易之門戶，眾卦之父母。坎離匡廓、運轂正軸」（《周易參同契考異》上，《朱子全書》，第13冊第533頁）。郭志成通過分析先天八卦卦序與京房易八宮內卦序排列關係，認爲先天八卦的卦序不是陳摶、邵雍等人的發明，早於邵雍一千多年前，「先天八卦」的卦序就已經被發現了，但卻隱藏在《京氏易傳》後天父母六子卦之中，二千年來無人揭破而已。參見《先天八卦卦序與京房易八宮內卦序排列關係證》，《社會科學戰線》，1993年第5期，第82～91頁。但這是不是說邵雍也知道這層意思，卻也不進行揭破呢？至少從邵雍現存的著作中還無從知曉。
〔註214〕《皇極經世書》卷11《觀物篇五十一》，第487頁。

柔中剛、剛中柔、剛中剛〔註215〕。此爲經世天地四象。

　　前述邵雍的宇宙生成圖式其實也是八卦及六十四卦的的生成過程。邵雍八卦及六十四卦的形成依據是《易傳》的大衍之數說和《說卦》的參天兩地而倚數說。如邵雍論述大衍之數：

> 《易》之大衍，何數也？聖人之倚數也。天數二十有五，合之爲五十；地數三十，合之爲六十。故曰「五位相得，而各有合也」。五十者，蓍數也；六十者，卦之數也。五者，蓍之小衍也。故五十爲大衍也。八者，卦之小成，則六十四爲大成也。〔註216〕

> 蓍德圓，以況天之數，故七七四十九也。五十者，存一而言之也。卦德方，以況地之數，故八八六十四也。六十者，去四而言之也。蓍者，用數也；卦者，體數也。用以體爲基，故存一也；體以用爲本，故去四也。〔註217〕

邵雍論參天兩地而倚數說：

> 《易》有眞數，三而已。參天者，三三而九。兩地者，倍三而六。參天兩地而倚數，非天地之正數也。倚者，擬也。擬天地正數而生也。〔註218〕

邵雍以上對大衍之數及參天兩地而倚數的解釋雖然來自《易傳》，但與《易傳》的原意並不相符。這也就是邵雍的創新之處。

〔註215〕邵雍說：「陽中陽，日也；陽中陰，月也；陰中陽，星也；陰中陰，辰也。柔中柔，水也；柔中剛，火也；剛中柔，土也；剛中剛，石也。夫四象若錯綜而用之，日月，天之陰陽；水火，地之陰陽；星辰，天之剛柔；土石，地之剛柔」。《皇極經世書》卷14《觀物外篇》下，第525頁。

〔註216〕《皇極經世書》卷13《觀物外篇》上，第513頁。

〔註217〕《皇極經世書》卷13《觀物外篇》上，第512頁。

〔註218〕《皇極經世書》卷13《觀物外篇》上，第512頁。

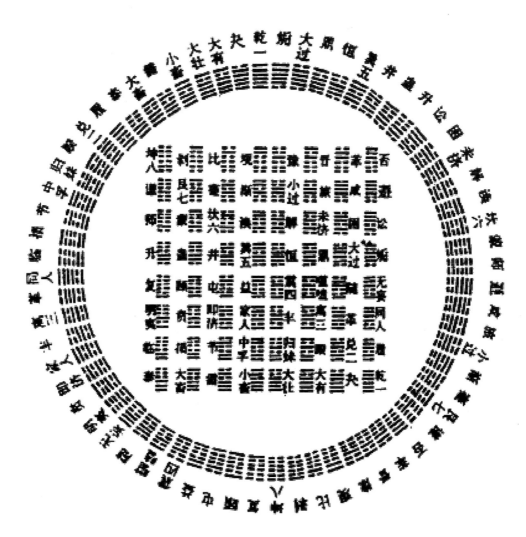

伏羲先天六十四方圓圖

邵雍既以心爲太極，萬物皆由心起，其所主張的觀物之義也是以心觀物，以理觀物，如他對「觀物」的釋義是：

夫所以謂之觀物者，非以目觀之也，非觀之以目而觀之以心也，
非觀之以心而觀之以理也。〔註219〕

邵雍通過以物觀物揭示了先天易學所具有的獨特優勢。

在先天四圖中，兩個方位圖因爲納入了方位的因素，因而更具有直觀的

〔註219〕《皇極經世書》卷12《觀物篇六十二》，第506頁。

宇宙論意義。《伏羲六十四方位圖》是《伏羲八卦方位圖》更爲具體的展開。《伏羲六十四方位圖》由方圖和圓圖兩部分組成，既體現了天圓地方的概念，也有以圓（天）爲體、以方（地）爲用的思想。從整個《伏羲六十四方位圖》來看，具有「環中」的思想，邵雍說：「先天圖，環中也」〔註220〕。這種環「中」的中，即是本體論意義上的心，太極等，這是邵雍一再強調的，具有特殊的意義，也就是「乾坤屢變而不離乎中」，有萬變不離其宗的意味。

從《伏羲六十四方位圖》的圓圖中看，邵雍特別強調「復卦」和「姤卦」的重要性。復卦只有初爻爲陽，代表一陽初生；姤卦只有初爻爲陰，代表一陰初起。

據此，有天根月窟之說。邵雍說：

> 無極之前，陰含陽也。有象之後，陽分陰也。陰爲陽之母，陽爲陰之父。故母孕長男而爲復，父生長女而爲姤。是以陽起於復，而陰起於姤也。〔註221〕

乾爲父，坤爲母。坤復之間，一陽將生未生之際，爲天根；乾姤之間，一陰初起未起之際爲月窟。天根月窟處充滿無限生機，邵雍有詩道：

> 乾遇巽時觀月窟，地逢雷處看天根。天根月窟閒來往，三十六宮都是春〔註222〕。

小圓圖中由坤（地）到震（雷）爲天根，由乾到巽爲月窟；大圓圖中，由坤（地）到復爲天根，由乾到姤爲月窟。天根月窟代表了天之幾，如果能悟透無形無象的天之幾處，其它有形有象處更是一目了然，由此可以推廣到宇宙萬象及人類社會，可以無廣不到，無幽不至。所以邵雍在詩中讚歎如果能掌握了天之幾處，自宇宙開闢、人類歷史的發展及宇宙未來，如人親身經歷一樣。他說：「治亂與廢興，著見於方策。吾能一貫之，皆如身所歷」〔註223〕。這豈不是說人雖有限，然可通無限？

圓圖中的方圖也有很重要的意義，邵雍說：「天地定位，否泰反類。山澤通氣，損咸見義。雷風相薄，恒益起意。水火相射，既濟未濟。四象相交，成十六事。八卦相蕩，爲六十四」〔註224〕。方圖與圓圖相通，方圓合一即天

〔註220〕《皇極經世書》卷13《觀物外篇》上，第518頁。
〔註221〕《皇極經世書》卷13《觀物外篇》上，第516頁。
〔註222〕《伊川擊壤集》卷16《觀物吟》，第435頁。
〔註223〕《伊川擊壤集》卷13《皇極經世一元吟》，第392頁。
〔註224〕《伊川擊壤集》卷17《大易吟》，第463頁。

地合一。

　　由《伏羲六十四卦方位圖》可以推知，天地萬物皆有其數，舉凡天地、陰陽、圓方、聲音、曆法、律呂、蓍策、體用、易卦、有無，悉皆以數而論。邵雍論天地之數，其中的天之體數與地之體數也有獨到之處，他說:「天數五，地數五，合而為十，數之全也。天以一而變四，地以一而變四。四者有體也，而其一者無體也，是謂有無之極也。天之體數四而用者三，不用者一也；地之體數四而用者三，不用者一也。是故無體之一以況自然也，不用之一以況道也，用之者三以法況天地人也」〔註225〕。邵雍所說的天地之數是由大衍之數而來，他提出的天地之數體四用三的思想卻是新的的創造。邵雍天之四體與地之四體，即前所述天之四象與地之四象。此八象再配以天干地支之數，即可推出萬物之數。邵雍說認為天生於動，地生於靜。太陽、少陽、太剛、少剛的體數都是十，故天之四象的總體數為一百六十。太陰、少陰、太柔、少柔的體數都是十二，故地之四象的總體數為一百九十二。一百六十減去地之四象的體數之和四十八得一百一十二，為天之四象的用數；一百九十二減去天之四象的體數之和四十得一百五十二，為地之四象的用數。天之四象的用數乘以地之四象的用數，得一萬七千二十四，為「動數」（日月星辰之變數）；地之四象的用數乘以天之四象的用數，得一萬七千二十四，為「植數」（水火土石之化數）。日月星辰之變數乘以水火土石之化數，得二億八千九百八十一萬六千五百七十六，謂之「動植通數」。邵雍按照這樣的原則，通過加減乘除，得出動植通數，這個過程和結果都不是無意義的，而都是在其邏輯理性的統攝下進行的。此動植通數為宇宙空間上的橫有，而「元會運世」則為宇宙時間上的縱貫。

　　邵雍根據六十四卦圓圖，制定了一個歷史年表，即皇極經世圖。在皇極經世圖中，一元為十二會，一會為三十運，一運為十二世，一世為三十年，一元即是三百六十運，四千三百二十世，十二萬九千六百年。一元即為人類歷史的一個發生、發展、繁盛和衰敗的過程和時間單位。但此一元之數只是宇宙大化中一個很短促的階段而已，如世之世即為一千八百六十六萬二千四

〔註225〕《皇極經世書》卷13《觀物外篇》上，第507頁。高懷民先生認為邵雍這一
　　　　　節文字的思想來源有三，一是《易‧繫辭傳》，二是河圖，三是《老子》第二
　　　　　十五章。《宋元明易學史》，桂林：廣西師範大學出版社，2007年，第75～76
　　　　　頁。然邵雍的「自然」與老子的自然之義不是同一個概念。

百年，即此可見邵雍的歷史觀不是簡單的循環論。

三、張載的宇宙本體論

張載（1020～1077），字子厚，大梁（今河南開封）人，僑居鳳翔府郿縣（今陝西眉縣）橫渠鎮，世稱橫渠先生。他與邵雍、程顥、程頤、司馬光等理學家都有密切的交往，范仲淹曾勸其讀《中庸》。他與其它理學家一樣，也有出入釋老、返歸六經的經歷。史稱張載之學「以《易》爲宗，以《中庸》爲體，以孔孟爲法」〔註226〕，能融會貫通六經與《論》、《孟》，自成體系，爲「關學」的開創者。張載爲學苦心極力，尤其是其生命的最後七八年中，他常常「終日危坐一室，左右簡編，俯而讀，仰而思，有得則識之，或中夜起坐，取燭以書」〔註227〕。其爲人「氣質剛毅，德盛貌嚴」〔註228〕，與周敦頤「胸中灑落，如光風霽月」〔註229〕不同，但也是一種儒家人生模式。他提出了「爲天地立心、爲生民立命、爲往聖繼絕學、爲萬世開太平」的「橫渠四句」教，體現了儒者的擔當精神。張載的著作主要有《正蒙》、《橫渠易說》、《經學理窟》等，《正蒙》是其晚年所作，最能代表其思想。

張載之學思參造化，窮究天人。《正蒙》中的《太和》、《參兩》、《天道》等都是討論天道問題的。《正蒙》開篇說：

> 太和所謂道，中涵浮沉、陞降、動靜、相感之性，是生絪縕、相盪、勝負、屈伸之始。其來也幾微易簡，其究也廣大堅固。起知於易者乾乎！效法於簡者坤乎！散殊而可象爲氣，清通而不可象爲神。不如野馬、絪縕，不足謂之太和。語道者知此，謂之知道；學易者見此，謂之見易。不如此，雖周公才美，其智不足稱也。〔註230〕

這段話，既然作爲《正蒙》的首段，自然是最爲重要的內容。張載著作中多「造道」之語，對造道之語的理解直接關係到對張載思想的闡釋問題。其中，「太和」、「太虛」與「太極」觀念的闡釋是最爲關鍵的問題，爲了準確理解這三個概念，下面具體展開論述。

張載思想即是「以《易》爲宗」，張載自然對「太極」概念非常熟悉，張

〔註226〕《宋史》卷427《張載傳》，第36冊第12724頁。
〔註227〕張載《張載集》，北京：中華書局，1978年，第383頁。
〔註228〕《張載集》，第383頁。
〔註229〕《周敦頤集》附錄1，第91頁。
〔註230〕《張載集》，第7頁。

載爲何要另創「太和」、「太虛」概念來代替「太極」概念呢？如果這個問題解決不了，實際上是對張載思想不能透徹瞭解的重要原因之一。筆者認爲，「太和」概念是張載思想的最高概念，是從「人」的主體性的角度說的。「人」能夠達到一個什麼樣的狀態才叫「太和」呢？兩個詞語可以概括，即「窮理盡性」和「窮神知化」。上面這段話就是從這兩個角度說的。「太虛」和「太極」是同義語，同爲宇宙根源與宇宙大化的本體，同時也具有道德創生的意義。但張載之所以另創太虛，因爲使用太虛概念可以消解太極的神秘性，其次太極有歸顯於密的傾向，有收縮思維的傾向，太虛則是無限大，無所不包，有發散思維的傾向，所以用太虛代替太極。

北宋時期，理學家們所達到的宇宙本體論的認識高度已超邁前賢。秦漢時期是天人二本的宇宙本體論，自然秩序與道德價值有割裂的傾向。後經魏晉隋唐的發展，北宋理學家們又將自然秩序與道德價值融爲一體，他們不再認爲有孤立的宇宙論或孤立的道德論。牟宗三將自然秩序稱爲「自然底實然」，把道德價值稱爲「道德底當然」，他認爲宋明儒將「自然底實然」與「道德底當然」已經直接契合，並且達到了一種「圓而神的境地」〔註231〕。把道德的當然與自然的實然打通，把宇宙論與本體論揉和在一起，在此基礎上去探討天人關係，他們所使用的最高思想範疇如「太極」、「太虛」、「天理（理）」「心」等本身就是道德底當然與自然地實然的貫通。所以北宋理學家從周敦頤、張載自始就站在一定的高度上去立論、造道，這是我們探討張載思想、也是探討其它理學家思想理論的起點。

如此，張載的「太和」既然包含」窮理盡性」和「窮神知化」兩個層面，我們先來看「窮理盡性」的「理」字及「性」字的含義。「窮理盡性以至於命」來自《易傳》，張載對「理」的論述有：

　　既窮理，又盡性，然後至於命。〔註232〕

　　今之人滅天理而窮人欲，今復反歸其天理。〔註233〕

　　徇物喪心，人化物而滅天理者乎！存神過化，忘物累而順性命

者乎？〔註234〕

〔註231〕《心體與性體》上冊，第 99 頁。
〔註232〕《張載集》，第 235 頁。
〔註233〕《張載集》，第 273 頁。
〔註234〕《張載集》，第 18 頁。

　　「日月得天」，得自然之理也，非蒼蒼之形也。〔註235〕

　　　天地之氣，雖聚散、攻取百塗，然其爲理也順而不妄。〔註236〕
張載之理雖沒有達到二程、朱熹「理」的高度〔註237〕，但張載已明顯就與氣相對上說理，從天理與人欲相對的角度說理。張載認爲道爲第一原則，道即天道，亦即他所謂的太虛、太極。「盡性」的「性」則是指天道之性，性爲天道所固有，天道之性又下貫而爲個體之性。就太虛爲張載的天道最高概念來說，張載的「窮理盡性」是要窮太虛之理，盡性也是盡太虛之性。理與性均爲太虛所具有，因此，理、性與太虛是同一層次的概念，張載對太虛的描述道：

　　　太虛無形，氣之本體。其聚其散，變化之客形爾。至靜無感，
　性之淵源。有識有知，物交之客感爾。客感客形與無感無形，惟盡
　性者一之。〔註238〕
張載明確把太虛作爲氣的本體，指出了太虛與氣各自的性質及它們之間的關係。「太虛無形，氣之本體」、「至靜無感，性之淵源」與「無感無形」是對太虛的特點的描述，與之相對的是「其聚其散，變化之客形爾」、「有識有知，物交之客感爾」及「客感客形」的氣的特點。但不能就此說太虛與氣相對，因爲太虛是超越的本體，是一而無對，對氣具有超越性。也不能說太虛就是氣，或者太虛的實質就是氣。

　　「太虛」一詞在先秦道家書中已屢屢出現，如《莊子・知北遊》說：「若是者外不觀乎宇宙，內不知乎太初，是以不過乎崑崙，不遊乎太虛」，這個「太虛」是就廣袤無邊的宇宙空間說的。漢代的《淮南子・天文》有「道始於虛霩，虛霩生宇宙，宇宙生氣」之說。「虛霩」是指廣大無垠的不可見的天地的始源、宇宙的實體說的，實是「太虛」的另一種說法。東晉的張湛《列子注》說：「夫含萬物者天地，容天地者太虛也」〔註239〕。唐代的柳宗元在其著名的《天對》篇中回答屈原時也有「規毀魄淵，太虛是屬」〔註240〕的話。張湛與

〔註235〕《張載集》，第 12 頁。
〔註236〕《張載集》，第 7 頁。
〔註237〕牟宗三認爲張載所言之理，與明道所言之「天理」，都是指道體性體而言，只不過不如明道透徹罷了。《心體與性體》上冊，第 54 頁。
〔註238〕《張載集》，第 7 頁。
〔註239〕列禦寇撰、張湛注《列子》卷 5《湯問》，北京：文學古籍刊行社出版，1956年，第 2 頁。
〔註240〕《柳河東集》卷 14《天對》，第 2 冊，第 366～367 頁。

柳宗元文中的「太虛」也都具有天地之本根，包容天地的意思。

　　張載的太虛與同時代的司馬光的《潛虛》中的「虛」意思有相近之處，
司馬光說：

　　　　萬物皆祖於虛，生於氣。氣以成體，體以受性，性以辯名，名
　　　　以立行，行以俟命。故虛者，物之府也；氣者，生之戶也。〔註241〕

司馬光的虛不等於「無」，張載的太虛也不是無，它們和周敦頤的太極一樣，
是宇宙的最高實體，既是自然界的最高準則，又是人類社會的最高準則，它
既總攝世界的一切，又是一種能動的精神實體，因此只有盡性者，才能達到
「一之」的境界。所以從這個角度說，張載的太虛與道家的「無」及佛家的
「空」有根本的不同，張載說：

　　　　若謂虛能生氣，則虛無窮，氣有限，體用殊絕，入老氏「有生
　　　　於無」自然之論，不識所謂有無混一之常；若謂萬象為太虛中所見
　　　　之物，則物與虛不相資，形自形，性自性，形性、天人不相待而有，
　　　　陷於浮屠以山河大地為見病之說。此道不明，正由懵者略知體虛空
　　　　為性，不知本天道為用，反以人見之小因緣天地。明有不盡，則誣
　　　　世界乾坤為幻化。〔註242〕

　　　　天地之道無非以至虛為實，人須於虛中求出實，聖人虛之至，
　　　　故擇善自精。心之不能虛，由有物榛礙。金鐵有時而腐，山嶽有時
　　　　而摧，凡有形之物即易壞，惟太虛無動搖，故為至實。〔註243〕

　　　　太虛者，天之實也，萬物取足於太虛，人亦出於太虛，太虛者，
　　　　心之實也。〔註244〕

　　　　知太虛即氣，則無無。〔註245〕

張載的太虛因是性之淵源，是神體，所以說「天地之道無非以至虛為實」，這
種虛不是無，所以說「知太虛即氣，則無無」，這樣，張載的太虛就與佛老的
虛無區別開了，《正蒙・乾稱篇》云：「彼直語太虛，不以晝夜、陰陽累其心」，
顯然，佛教的虛是真正的寂滅的虛，是空無一物地虛。張載的虛也不是道家

〔註241〕司馬光《潛虛》，四部叢刊三編，上海：上海書店，1985年，第32冊，第1頁。
〔註242〕《張載集》，第8頁。
〔註243〕《張載集》，第325頁。
〔註244〕《張載集》，第324頁。
〔註245〕《張載集》，第8頁。

的「無」，道家認爲「萬物生於有，有生於無」，因爲世界上的「有」不可能從「有」生出，只能從「無」中生出。道家虛能生氣的不足之處是體用殊絕，而佛家的空則是「形自形，性自性」，都不是儒家所說的體用不二。造成這種錯誤認識的原因是認爲虛空就是性，而實際上虛空僅僅是性的特點之一而已。太虛不是虛空，包含或者說無處不含性，是「性之淵源」，這樣，太虛和性就是同一個概念。

既然太虛是至靜無感，寂然不動的實體，是「性之淵源」，是「無感無形」的，這就與氣的客感客形不在同一層次。張載又說「合虛與氣，有性之名」〔註 246〕，性既是本體，本體又與氣化的物不可分隔，是從「本天道爲用」的角度來闡述的。「合」字則表示體用不二，那麼單獨的虛或氣，都不能言性。這實際上是說，太虛性體要在氣化中下貫顯現，氣化之性要以太虛爲本體。「合虛與氣，有性之名」貫通本體與現象界，這與張載「一物兩體」、「兼體無累」等思想是一脈相通的。

太虛也是天和道體的異名，張載說：「由太虛，有天之名；由氣化，有道之名」〔註 247〕。太虛還是神體。「太虛神體」一詞爲牟宗三所首創。牟宗三據《正蒙・太和篇》一段材料立論，《太和篇》說：「鬼神者，二氣之良能也。聖者，至誠得天之謂；神者，太虛妙應之目。凡天地法象，皆神化之糟粕爾。天道不窮，寒暑也。眾動不窮，屈伸也。鬼神之實，不越二端而已矣。兩不立則一不可見，一不可見則兩之用息。兩體者，虛實也，動靜也，聚散也，清濁也，其究一而已」〔註 248〕。牟宗三據此指出「鬼神之神不能視作即是太虛神體之神」，鬼神之神是處於氣的層面，與「天道神化」之「太虛神體」之神，有本質的區別。太虛與神等同，太和之道氣化的過程即是太虛之道神化的過程，太虛之神落實爲個體即爲性。

張載的天與太極同義，但又是對太極的超越。張載說：「一物兩體者，其太極之謂歟？」〔註 249〕《乾稱篇》說：「體不偏滯，乃可謂無方無體。偏滯於晝夜陰陽者物也。若道，則兼體而無累也。以其兼體，故曰一陰一陽，又曰陰陽不測，又曰一闔一闢，又曰通乎晝夜。語其推行，故曰道。語其不測，故曰神。

〔註 246〕《張載集》，第 9 頁。
〔註 247〕《張載集》，第 9 頁。
〔註 248〕《張載集》，第 9 頁。
〔註 249〕《張載集》，第 235 頁。

語其生生，故曰易。其實一物，指事異名爾」〔註250〕。張載的「兼體」是什麼意思呢？牟宗三認爲「兼體」之兼即不偏滯義，「體」字則並無實義，非本體之體。「兼體者即能兼合各相而不偏滯於一隅之謂」〔註251〕。楊立華認爲牟宗三對「兼體」的「兼」字理解不錯，而對「體」字的解釋則有問題。他認爲「體」字有實義，應該是動詞，「兼體」即「參合不偏」之意，而不是「兼體」之兼即「參合不偏」之意〔註252〕。實際上，無論是牟宗三所說的「兼體」之「兼」即「參合不偏」之意也好，還是楊立華的「兼體」即「參合不偏」之意也好，他們都是就在虛與氣的關係的進行論述的，牟宗三認爲虛與氣的關係爲相即不離，楊立華認爲虛與氣各有不同的體段，有「由其形」、有「由其不形」。

其實，張載的「兼體」的「體」恰是「本體」的意思。「若道則兼體而無累也」，道即是神、是易，其實一物，「指事異名爾」。這樣推開來說，「道」的兼體也指太虛、太極、性、心等本體層面的概念，至于謙體之對畫夜、陰陽、幽明、動靜等「參合不偏」則是本體功能的題中應有之意。

張載對《說卦》的「參天兩地而倚數，觀變於陰陽而立卦」中的「參天兩地」解釋是：「地所以兩，分剛柔男女而傚之，法也；天所以參，一太極兩儀而象之，性也。一物兩體者，氣也。一故神，（兩在故不測。）兩故化，（推行於一。）此天之所以參也。兩不立則一不可見，一不可見則兩之用息。兩體者，虛實也，動靜也，聚散也，其究一而已。有兩則有一，是太極也。若一則有兩，有兩亦一在，無兩亦一在。然無兩則安用一？不以太極，空虛而已，非天參也」〔註253〕。通常對「參天兩地」的解釋是認爲「參天兩地」就是五個生數，天數一、三、五，地數二、四。張載在承認這種解釋的基礎上，主要認爲「參」和「兩」的都以「一」爲本，此一即是太極或太虛，「參」和「兩」都是「一」之用。他在此基礎上別出心裁的創造了一個字「極兩兩」，極在上，兩兩在下。這個字出現在《橫渠易說》卷三，他說：「極兩兩是謂天三，數雖三，其實一也」〔註254〕。至朱熹，則繼承和發揮張載的思想，對「參天兩地」進行更爲深入的解釋，他說：「天圓地方，圓者一而圍之，三各一奇，

〔註250〕《張載集》，第 66 頁。
〔註251〕《心體與性體》上冊，第 384 頁。
〔註252〕楊立華《氣本與神化——張載哲學述論》，北京：北京大學出版社，2008 年，第 44 頁。
〔註253〕《張載集》，第 233 頁。
〔註254〕《張載集》，第 195 頁。

故參天而爲三。方者一而圍四，四合二耦，故兩地而爲二」〔註255〕。「參天兩地」則兼備天地之方圓與體用。其實，張載的太極、太虛、天德神體是圓而一的本體，絕不是氣。

朱子認爲太虛即是太極〔註256〕，清代的王夫之認爲張載的太和相當於周子的太極，太虛相當於無極，他認爲《太和篇》的綜綱是：「此篇首明道之所自出，物之所自生，性之所自受，而作聖之功，下學之事，必達於此」〔註257〕。太虛究竟是無極還是太極之辨，顯示了朱熹、王夫之等各自不同的學術旨趣，也體現了他們對宇宙本體的不同把握。

張載的性有兩個層次，即天道之性與個體之性。天地之性即是太虛神體所具有的神性，所謂「妙萬物而謂之神，通萬物而謂之道，體萬物而謂之性」〔註258〕，「性者萬物之一源，非有我之得私也」〔註259〕。只有這樣的性，才是天地之性，性通極於道，氣之昏明不足以蔽之，遇之吉凶不足以戕之。二是天地之性下貫爲個體而爲個體之性，所謂「性通極於氣」，氣爲器的層面，爲具體的個體，個體能得氣之純正者，爲天命（天地）之性，得氣偏者，爲氣質之性。所以，「合虛與氣有性之名」，是就天道之性與個體之性而言，牟宗三先生對此不以爲然，他認爲不能以氣來說性，把性落在氣的層面則爲不諦之滯詞〔註260〕。

再看張載關於「窮神知化」的論述。張載在《正蒙》中《神化篇》專章闡述其神化思想。張載關於「神」的思想來自《易傳》，《易傳》對「神」的規定大致有「神無方而易無體」、「陰陽不測之謂神」、「唯神也，故不疾而速，不行而至」、「易無思也，無爲也，寂然不動，感而遂通天下之故。非天下之

〔註255〕《周易本義・周易文言傳第七》，《朱子全書》，第 1 冊，第 153 頁。

〔註256〕朱熹認爲太虛即太極，而其高徒蔡沈卻認爲太虛是無極。孫振青認爲太虛即是太極。《宋明道學》，臺北：千華出版公司，1986 年版，第 71 頁。丁爲祥認爲張載只在「一物兩體」的涵義上使用『太極』概念。《虛氣相即──張載哲學體系及其定位》，北京：人民出版社，2000 年，第 51 頁。馬鑫焱認爲張載以太極概念作爲太虛的稱謂，其目的與意義在於能夠通過太極之象形象的說明太虛之性。《以「易」爲宗──張載太極本體論探析》，《長春理工大學學報》（社會科學版），2009 年第 3 期，第 375 頁。

〔註257〕王夫之《張子正蒙注》，北京：中華書局，1975 年版，第 1 頁。

〔註258〕《張載集》，第 63～64 頁。

〔註259〕《張載集》，第 21 頁。

〔註260〕方光華先生認爲張載是因抗佛老而建立其太虛本體論。參見《中國古代本體論史稿》，第 299～306 頁。

至神，其孰能與於此？」（以上均見《繫辭上》）。《易傳》對「化」大致也有「天地絪縕，萬物化醇；男女構精，萬物化生」（《繫辭上》）、「觀乎天文，以察時變；關乎人文，化成天下」（《彖・賁》）以及「剛柔相推而生變化」（《繫辭上》）等論述。張載在早期的《橫渠易說》中說：「神化者，天之良能，非人能」〔註261〕。這是張載體會到神應該屬於天道本體，不屬於人類後天經驗或體驗的範疇。所以，張載在《神化篇》開頭說：「神，天德，化，天道。德，其體，道，其用，一於氣而已」〔註262〕。神，屬於天之德，也就是說神就是天道本體。《太和篇》裏說：「神者，太虛妙應之目」〔註263〕、「太虛為清，清則無礙，無礙故神」〔註264〕，從這個角度來說，牟宗三先生把張載的太虛稱為「太虛神體」是有根據的。

張載的神為太虛妙應之目，妙應什麼呢？張載說：「氣有陰陽，屈伸相感之無窮，故神之應也無窮；其散無數，故神之應也無數」〔註265〕。這是從本體向現象界的下貫而言，也是從體用關係來說。神的妙應與誠有相同之處，「氣」（質料）相感而有無窮無盡的顯現（為器），「神」就保證或對應「氣」之無窮多樣。和誠相比，神比誠能更好的說明太虛神體的動力因〔註266〕（從動靜的角度看，太極本體無所謂動靜，或者說本身是不能動靜的，太虛神體卻是可以動靜的），這也許是古代哲人讚歎「神」之妙的原因。

以上分別從「窮理盡性」和「窮神知化」兩個角度來論述張載的「太和」概念。顯然，窮理盡性只是為了達到窮神知化的境界，只有窮神知化，才能與天道為一，才能達到張載所說的太和的境界。

張載的太虛與氣的關係，是歷來最難說清的問題，這其實也是解讀張載思想體系的關鍵之一。張載說：

　　　知虛空即氣，則有無、隱顯、神化、性命通一無二〔註267〕。

〔註261〕《張載集》，第17頁。
〔註262〕《張載集》，第15頁。
〔註263〕《張載集》，第9頁。
〔註264〕《張載集》，第9頁。
〔註265〕《張載集》，第66頁。
〔註266〕在引進西方哲學概念對中國傳統哲學進行重新整合中，金岳霖的《論道》和馮友蘭的《新理學》都作出了努力。《論道》中的能、式、道是三個基本的概念。參看張永義《論馮友蘭和金岳霖對形而上學的重建——〈新理學〉和〈論道〉的比較研究》，《中州學刊》，1993年第5期。
〔註267〕《張載集》，第8頁。

　　　　氣之聚散於太虛，猶冰凝釋於水，知太虛即氣，則無無。故聖
人語性與天道之極，盡於參五之神變易而已。諸子淺妄，有有無之
分，非窮理之學也。〔註268〕

此處「即」字的解釋頗多爭議，一是解釋爲「就是」，認爲「太虛無形，氣之本體」的「本體」二字是氣的本來狀態。此種解釋顯然把太虛與氣視爲同一概念，把太虛中的性與神義減殺，而把性、神視爲氣本身所有，這顯然與張載的意思相背離。二是牟宗三先生解釋「即」爲體用圓融義之「不即不離之即」，認爲太虛與氣根本不在同一層面〔註269〕。從體用關係來看，太虛與氣就是圓融義的不即不離的關係。其實，兩種對「即」字的不同解釋意見，還是來源於對張載的「太虛」與「氣」的關係不同理解，進一步說是由於對中國哲學概念中的「氣」的不同理解造成的。〔註270〕太虛等同於氣，強調了氣的強大功能；而牟宗三先生則認爲太虛與氣絕對處於不同的層面，其實是強調本體的作用。

　　張載有時候更喜歡從「物」的角度來論述「虛」與「氣」之間的關係。如《正蒙》第五篇就專列《動物篇》，即是就天地間之動植、鬼神、人之夢寐等，以及事物之間的兩氣相感之事而言。《正蒙》在前四篇言天道後，不是接著言聖人，而是專言天地間之萬物。所以，在太極中陰陽之氣相感，在太虛中往往變爲物之相感。如張載說：「凡物能交感者，鬼神施受之性也；不能感者，鬼神亦體之而化矣」〔註271〕。如果物能相感，其原因來自鬼神施受之性，如果不能相感，鬼神也可以體之而化。張載還說：「物無孤立之理，非同異、屈伸、終始以發明之，則雖物非物也」〔註272〕。物雖在氣化流行中成爲物，但此處之同異、屈伸、終始等卻是從「物」的角度出發來立論〔註273〕。

〔註268〕《張載集》，第8頁。

〔註269〕《心體與性體》上冊，第393頁。

〔註270〕唐君毅先生認爲氣概念是中國思想中一個特殊概念。氣可以指精神之氣，也可以指物質之氣，亦可以指生命之氣。由此，唐君毅指出，當代學者（如馮友蘭）以氣相當於亞里斯多德所說的「材料」，並不恰當。因爲中國思想中的氣，是不需要依賴「形式」而自存者，故爲一超越形或包含形之無形。唐君毅反對透過「唯心或唯物」、「精神或物質」的詮釋框架探討氣概念之實義。參見唐君毅《哲學論集》，收入《唐君毅全集》卷18，臺北：臺灣學生書局，1980年，第217～218頁。

〔註271〕《張載集》，第19頁。

〔註272〕《張載集》，第19頁。

〔註273〕張載很少談到「五行」之氣，但在《動物篇》卻提到形、聲、臭、味、溫涼、

對於「氣之聚散於太虛，猶冰凝釋於水」一句的理解，往往從水與冰為同質物的角度來論證太虛與氣處於同一層面，或者說太虛與氣原本是一物。然而，由水到冰、由冰到水都必然要有一種外因（動力因）在起作用，然後才能發生這種所謂的「同質」的變化。然而，太虛與氣卻不是這種同質的關係。由太虛到氣化的動力因恰恰只能為太虛所具有，而不能為氣所具有。〔註274〕

「窮理盡性」就是能夠認識事物，認識事物即能預知事物的變化，若再能窮神知化，則與天道合一。只有聖人才能達到這種境界。普通人也可通過「窮理盡性」與聖人趨近。張載之學處處充滿了對現實人生的深切關懷，他密切關注現實人生價值和意義，急切的想把現實人生在宇宙中的位置以及人生應該達到的境界直接告訴人們。為此，他創作了具有深刻哲理意蘊的名作——《西銘》。《西銘》原稱《訂頑》〔註275〕，張載最初將其錄於學堂雙牖的右側，將另一篇《貶愚》錄於左側，程頤認為這兩名稱易起爭端，分別改為《西銘》、《東銘》。《西銘》是《乾稱篇》開頭的一部分，曾得到二程及朱熹等的高度評價。程顥說：「《訂頑》之言，極醇無雜」〔註276〕。他認為自孟子以後，除張載外，還沒有人能作出此等文字。程頤也認為張載道高言醇，「自孟子後，儒者都無他見識」〔註277〕。朱熹專門著《西銘論》，論述《西銘》主旨，還作《西銘解》，對《西銘》分段進行詳細注解。

二程和朱熹之所以重視《西銘》，是因為他們看到《西銘》含有很重要的儒家義理。程顥看到的是仁孝之理，程頤和朱子看到的則是理一分殊。程頤針對弟子楊時提出的《西銘》是否會流為墨氏的兼愛之說時〔註278〕，首先提出了「《西銘》明理一而分殊」的著名論斷。

動靜六者莫不有五行之別。此五行之別為何，張載並沒有詳細論述。尤其是關於動靜的五行之別，是一個比較新穎的概念。《正蒙‧動物篇》，見《張載集》，第20頁。

〔註274〕唐君毅在闡釋太極概念時認為太極應為天地及天地中萬物的根源或總會之所在。太極同時又是絕對上帝、絕對理、性、心，及絕對精神。《中國哲學原論‧導論篇》，北京：中國社會科學出版社，2005年，第263～265頁。其實，張載的太虛也與周敦頤的太極一樣，是一個最高的宇宙本體概念。

〔註275〕《張載集》，第63頁。

〔註276〕《河南程氏遺書》卷2上，《二程集》，上冊，第22頁。

〔註277〕《張載集》，第337頁。

〔註278〕楊時對《西銘》的質疑是說《西銘》言體而不及用，恐其流遂至於墨氏之兼愛。然後遭到程頤的駁斥。《河南程氏粹言》卷1，《二程集》，下冊，第1202～1203頁。

朱熹也很重視程頤對《西銘》「理一分殊」的論述，他在《西銘論》中認爲程頤論《西銘》的主旨。可以一言以蔽之，即明理一而分殊〔註279〕。《朱子語類》中也記載說：「《西銘》通體是一個理一分殊，一句是一個理一分殊」〔註280〕。對《西銘》作理一分殊的理解，對後世影響較大。另外，王夫之從「補天人相繼之理，以孝道盡窮神知化之致」〔註281〕的角度闡釋《西銘》的主旨也值得注意。

程門總是以《西銘》開示學者，不像周敦頤探索太極，也不像張載探索太虛那樣，而是直接就他們所探索的天人關係的結論，直接讓學者去感悟。這也可能是周敦頤雖爲二程的老師，而二程卻不提《太極圖》的原因之一。

綜上所述，張載的太虛是天，是道體，也是性體，張載稱爲「性之神」，牟宗三先生稱爲「太虛神體」〔註282〕，丁爲祥稱爲是「本體論與宇宙論的並建」〔註283〕。

四、二程的宇宙本體論

程顥（1032～1085），字伯淳，世稱明道先生；程頤（1033～1107），字正叔，世稱伊川先生。程顥、程頤被後世並稱二程，爲「洛學」的開創者。二程在十五、六歲時就學於周敦頤，周敦頤令其「尋孔顏樂處，所樂何事」〔註284〕，從而入於聖學之門。程頤十八歲時，在太學讀書，師從胡瑗，因作《顏子所好何學論》，頗爲胡瑗所賞識。二程是張載的表侄，他們曾一起論學。二程與邵雍同居一巷生活三十餘年，尤得邵雍的欣賞，程顥還被邵雍稱爲洛陽四賢之一〔註285〕，曾爲邵雍作墓誌銘。邵雍曾有意授先天之學於二程，程顥認爲要花費二十年工夫，時間實在太長，結果是沒有從學〔註286〕。

二程雖然並稱，但二程之學既有相同之處，也有不同之處，不同之處少，相同之處多。如程頤曾稱「我之道蓋與明道同」〔註287〕，至少表明程頤認爲

〔註279〕《張載集》，第410頁。
〔註280〕《朱子語類》卷98，第2522頁。
〔註281〕王夫之《張子正蒙注》，北京：中華書局，1975年，第314～315頁。
〔註282〕《心體與性體》上冊，第400～405頁。
〔註283〕丁爲祥《虛氣相即》，第89頁。
〔註284〕《宋史》卷427《周敦頤傳》，第12712頁。
〔註285〕邵雍《伊川擊壤集》卷19《四賢吟》，第507頁。
〔註286〕《河南程氏外書》卷12，《二程集》，上冊，第428頁。
〔註287〕《河南程氏遺書》附錄《伊川年譜》，《二程集》，上冊，第346頁。

其與其兄程顥二人的基本觀點是一致的，如都把天理作爲其思想的最高範疇，是理本論思想體系的開創者。他們認爲理、天理、道、天道等既是自然界的最高法則，同時也是人類社會倫理綱常、道德秩序的最高原則，理是充滿宇宙最爲實在的東西。理是永恒的，至高無上的，具有普遍的超越性與絕對的客觀性。理雖然是靜止不動，但卻主宰世界萬物，理是第一性的，世界萬物都是由理所派生的。但二程之學的不同也較明顯，南宋時，陸九淵即指出：「伊川（程頤）蔽錮深，明道（程顥）卻疏通」〔註 288〕。馮友蘭先生指出程頤爲程朱理學一派之先驅，而程顥則爲陸王心學一派之先驅〔註 289〕。牟宗三先生在其《心體與性體》一書中更是強調二程之別。

　　二程關於宇宙本體論的論述，也有不少異同之處。

　　程顥說：「吾學雖有所受，天理二字卻是自家體貼出來」〔註 290〕。天理二字最早見於《禮記·樂記》〔註 291〕，但僅作爲人欲的對立面提出來。宋代早於程顥的理學家如周敦頤、邵雍、張載等人，分別在他們的論著中不止一次的使用「天理」二字，但是，把天理作爲最高的理論概念，是程顥才做到的〔註 292〕。程顥所說的吾學雖有所受，顯然是說早年受學於周敦頤之事，周敦頤將太極之學授於二程〔註 293〕，二程雖然沒有使用太極一詞作爲其闡釋宇宙本體的最高概念，但其學受周敦頤《易》學的啓發是不能否認的〔註 294〕。如程顥說：「蓋上天之載，無聲無臭，其體也稱之爲易，其理則謂之道，其用則謂之神，命於人則稱之爲性，率性則謂之道，修道則謂之教」〔註 295〕。此

〔註 288〕《陸九淵集》，第 401 頁。

〔註 289〕馮友蘭《中國哲學史》，下冊，第 238 頁。

〔註 290〕《河南程氏外書》卷 12，《二程集》，上冊，第 424 頁。

〔註 291〕《樂記》云：「人化物也者，滅天理而窮人欲者也。」見鄭玄注、孔穎達正義《禮記正義》卷 37《樂記》，上海：上海古籍出版社，1990 年，下冊，第 664 頁。

〔註 292〕牟宗三認爲「天理」二字不是義理系統之關鍵。關鍵是理學各家在對於道體性體之體會爲如何。《心體與性體》上冊，第 57 頁。牟宗三先生指出明道天理的意義，確有獨到的見地。然在其本體宇宙論統攝下的諸概念似乎具有了共同的道體、性體義，這似乎也抹殺了諸概念之間的區別。

〔註 293〕呂變庭認爲二程接受了周敦頤的太極之學，但二程絕不提「無極而太極」一句話，是因爲二程認爲「無極」像是道家的東西。可備一說。參見《程朱理學與理範型》，北京：中國社會科學出版社，2008 年，第 79 頁。

〔註 294〕全祖望認爲伊洛所得，實不由於濂溪。參見《宋元學案》卷 11《濂溪學案》上，第 1 冊，第 480 頁。受學與自得，本來應是兩回事。

〔註 295〕《河南程氏遺書》卷 1，《二程集》，上冊，第 4 頁。此條未標明爲明道語，《近

句話中的體、理、用皆是就易體而言，易體即天道本體，也是天理實體自身，所以，明道之學以易學爲根本〔註296〕。又說：「生生之謂易，天地設位而易行乎其中，乾坤毀則無以見易，易不可見，乾坤或幾乎息矣」〔註297〕。明道把易之生生不已，視爲天地之道，此道只有聖人才能悟得，聖人之心存天地萬物，此心此理，渾然一體，純然至善。所以他進一步認爲所謂「生生之謂易」，是指天地之所以爲道的根本和原因。那麼，如果從天地以生爲道的角度出發，體認天地之所以以生爲道之理，也可以得出天道爲善的結論。這也可以看作是程顥對天理的體會之一。

從「生生之謂易」的生生之理的角度上，明道認爲萬物一體，萬物皆備於我。他說：

> 所以謂萬物一體者，皆有此理。只爲從那裏來。『生生之謂易』。生則一時生，皆完此理。人則能推，物則氣昏，推不得。不可道他物不與有也。人只爲自私，將自家軀殼上頭起意，故看得道理小了它底。〔註298〕

> 「萬物皆備於我」，不獨人爾，物皆然。都從這裏出去，只是物不能推，人能推之。雖能推之，幾時添得一分？不能推之，幾時減得一分？百理俱在，平鋪放著。幾時道堯盡君道，添得些君道多；舜盡子道，添得些子道多？元來依舊。〔註299〕

此兩條即是從不同角度闡述了明道宇宙本體論的思想。宇宙本體是一個永恒的完整的統一體，天地萬物都源於天道之生生不已，此理具有絕對的普遍性，超越性，不僅可以對人言，也可以對天地萬物言。這裏，特別應該注意的是，這兩句話不僅指出了天理（宇宙本體）的源頭，即「只爲從那裏來」，而且就天理的發用流行來看，人與物並沒有區別。雖然是「人則能推，物則氣昏」，人能推，而物不能推，但不因爲人與物有能推與不能推的區別，天理在物上

思錄》卷1（《朱子全書》，第13冊，第170頁）與《宋元學案》卷13《明道學案》上（第1冊，第549頁）均作明道語。

〔註296〕陳來認爲程顥的所謂「其體則謂之易」的「體」不是體用的體，而是指變化流行的總體過程。張岱年主編《中華的智慧》，上海人民出版社，1989年，第298～299頁。

〔註297〕《河南程氏遺書》卷12，《二程集》上冊，第136頁。

〔註298〕《河南程氏遺書》卷2上，《二程集》上冊，第33～34頁。

〔註299〕《河南程氏遺書》卷2上，《二程集》上冊，第34頁。

的體現會增加與減少（人之所以能推是由於有「心」可以呈現先天的內在的德性與感知後天的外部的見聞）。不能認爲物不能推而認爲物不能參與天理的稟受，倒是物所稟受的天理恰如其分。這一點，似乎對朱熹「枯槁有性」的認識有影響，具體情況需待另撰文揭示。人因爲有心而能推，但卻因有私意，反而把天理看小了。再者，人雖然因爲有心而能推，卻於天理不能有任何的增減。

　　程顥認爲形而上者的道與形而下者的器爲一。他說：

　　　　形而上爲道，形而下爲器，須著如此說。器亦道，道亦器，但

　　得道在，不繫今與後，己與人〔註300〕。

這句話來自《易傳》：「形而上者謂之道，形而下者謂之器」。唐代的孔穎達解釋這句話說：「道是無體之名，形是有質之稱。凡有從無而生，形由道而立，是先道而後形，是道在形之上，形在道之下。故形外以上者謂之道也，自形內而下者謂之器也」〔註301〕，此處是孔穎達沿用王弼「體無用有」之說來解釋道器的關係。明道對此不以爲然，他是直認「器亦道，道亦器」，強調「道」、「理」作爲天命流行之體的一體貫通。在程顥看來，人與萬物（器）對天理（道）的稟受是相同的，雖然天理（道）是形而上者，具體的人與物（器）是形而下者，但形而上的天理（道），何嘗一刻離開具形而下的器，因此，可說道亦器，器亦道。

　　程顥進而從與物同體的角度闡明了其「仁」的概念。他說：

　　　　學者須先識仁。仁者，渾然與物同體。義、禮、知、信皆仁

　　也。識得此理，以誠敬存之而已，不須防檢，不須窮索。若心懈

　　則有防，心苟不懈，何妨之有？理有未得，故須窮索。存久自明，

　　安待窮索？〔註302〕。

　　　　醫書言手足痿痹爲不仁，此言最善名狀。仁者，以天地萬物爲

　　一體，莫非己也。認得爲己，何所不至？若不有諸己，自不與己相

　　干。如手足不仁，氣已不貫，皆不屬己〔註303〕。

「仁學」自孔子而被發揚光大，至北宋，周敦頤和張載都分別從孔子「仁者

〔註300〕《河南程氏遺書》卷1，《二程集》上冊，第4頁。
〔註301〕孔穎達疏《周易正義》卷7《繫辭上》，下冊，第654頁。
〔註302〕《河南程氏遺書》卷2上，《二程集》上冊，第16～17頁。
〔註303〕《河南程氏遺書》卷2上，《二程集》上冊，第15頁。

愛人」之觀點出發，以愛說仁。張載又作《西銘》一文，闡述其民吾同胞的大仁的思想境界。程顥受張載影響，進一步描繪了一個充滿宇宙、無所不包、生生不已、與萬物同體之仁，同時，程顥的「仁」又是道德創造的根源。前面已經提到如果從天地以生爲道的角度出發，體認天地之所以以生爲道之理，也可以得出天道爲善的結論。天道爲善即天理盡善，生生不已的天道（天理）爲善，萬物之性及爲善，這也是對儒家性善論的承繼，也可從此處找到性善論的源頭。在此意義上，程顥認爲學者需先識仁，其實也是體會萬物一體之善。在此基礎上進而可以理解程顥所說的醫書以「手足痿痺爲不仁」及觀雞雛可以識仁的內涵了。其對「仁」的認識直接與其所體會的宇宙本體（天理）的特性直接相關，這也可以看作是程顥對天理的體會之一。

　　程顥的萬物一體之境也可以說是一種內外兩忘之境。但此境也與其天理理論密切相關。程顥在《定性書》中說：

　　　　所謂定者，動亦定，靜亦定，無將迎，無內外。苟以外物爲外，牽己而從之，是以己性爲有內外也。且以性爲隨物於外，則當其在外時，何者爲在內？是有意於絕外誘，而不知性之無內外也。即以內外爲二本，則又烏可遽語定哉？夫天地之常，以其心普萬物而無心；聖人之常，以其情順萬物而無情。……與其非外而是內，不若內外之兩忘也。兩忘則澄然無事矣。〔註304〕

其中「兩忘」一詞可見《莊子·大宗師》「與其譽堯而非桀也，不如兩忘而化其道」，有是非兩忘的意思。程顥的意思則是將內外的意識兩忘，其理論基礎是天理統攝下的萬物一體，天理定即性定，性定即心定，定性即是定心。天理本體無上下、內外之分，則性、心也無上下、內外之分。「兩忘」一詞雖然來自莊子，我們也可以說程顥的《定性書》受到了道家「無我之境」思想的影響，但「以其心普萬物而無心」及「以其情順萬物而無情」等說法未嘗與禪宗的「心念無住」的思想沒有關係。

　　程顥的宇宙本體論主要是指程顥所創立的天理二字，其天理具有絕對的普遍性，超越性。程顥認爲天理即是大易生生不已之理。從天理的生生不已可以認爲天理爲至善，萬物是一體之仁。從天理的發用流行來看，人與物並沒有區別。雖然人能推，而物不能推，但不因爲人與物有能推與不能推的區別，天理在物上的體現會增加與減少。

〔註304〕《河南程氏文集》卷2，《二程集》上冊，第460頁。

程頤的學說有個問題需要說明，即程頤對宇宙本體論是否感興趣？普通都認為程頤對宇宙本體論不感興趣。這種結論大多是因為程頤提出了「性即理」的理學綱領，是與心學對抗的理學的實際開創者有關。程頤和程顥一樣，不談周敦頤的《太極圖》，對邵雍的象數學不感興趣，對張載的清虛一大的太虛本體論提出了批評，也給人留下了不重視宇宙本體論的印象。但程頤有《程氏易傳》一書傳世，這也是北宋幾位重要的理學家中，唯一對《易經》進行系統性闡釋的易學著作。從程頤傾畢生心血專注於對《周易》的研究來看，說其對宇宙本體論不重視是不可能的。且不說《周易》是眾經之首，就是今天看來，所謂北宋儒學包含的宇宙論、本體論、心性論、工夫論等幾個方面，原本都是一體不可分的，對心性本體論的闡述何嘗能離開對宇宙本體論的探討？

基於以上認識，我們就可以對程頤的「理」進行探討。程頤的理從程顥而來，理在程頤的理論系統也是最高概念，理是統宇宙本體論及心性本體論而言。程頤說：「理則天下只是一個理，故推之四海而準。須是質諸天地，考諸三王而不易之理」〔註305〕。如果把宇宙全體視為「一」，自然也就只有一個理，把宇宙全體視為天，自然也就只有一個天理。此天理是自然存在的，「莫之為而為，莫之致而致」〔註306〕，不以人的意志為轉移，天理具有客觀實在性。程頤的理還是事物的所以然之則，是萬物的總規律，具有共相的特徵。程頤說：「一陰一陽之謂道。道非陰陽也，所以一陰一陽道也」〔註307〕。「離了陰陽更無道。所以陰陽者是道也，陰陽，氣也。氣是形而下者，道是形而上者。形而上者是密也」〔註308〕。一陰一陽處在氣的層面，所以一陰一陽變化之理才是道體。

程頤認為，雖然可以體會或者言說道（天理）的各種表徵，但對道體本身卻是不能言說的，就像程顥認為的人生而靜以上不可言說一樣，程頤也說：「一陰一陽之謂道。此理固深，說則無可說」。只能說「所以陰陽者道」。如果連帶著氣去說道，則已經不是道本身了。所以程頤說：「既曰氣，則便是二」〔註309〕。所謂「二」即是說已經不是道（天理）本身了。

〔註305〕《河南程氏遺書》卷2上，《二程集》上冊，第38頁。
〔註306〕《河南程氏遺書》卷18，，《二程集》上冊，第215頁。
〔註307〕《河南程氏遺書》卷3，《二程集》上冊，第67頁。
〔註308〕《河南程氏遺書》卷15，《二程集》上冊，第162頁。
〔註309〕《河南程氏遺書》卷15，《二程集》上冊，第160頁。

對程頤的道體或者說天理實體，應該怎樣理解，確實存在一些問題。如牟宗三先生認爲：「故平常說道，有三義：（一）靜態的存有義即『理』義；（二）動態的『於穆不已』義；（三）帶著氣化之用的行程義，……而在伊川的分解表示中，道只是理，即只成靜態的存有義，而其餘兩義則根本不見矣，道如此，『道與性一也，性亦如此。蓋性亦只是理也』」〔註310〕。牟宗三先生以此判定程頤的學說爲歧出，不是宋明儒學之正宗。其理只有靜態的存有義，而失去了活動義及創生義。然而，此處確有商量的餘地，如果說程頤是從《大學》的進路，由格物窮理來推論理的存在來看，程頤的理確實是只有靜態的存有義，是宇宙的所以然之則，是萬物的總規律，具有共相的特徵，爲橫攝系統。然而，如果把牟宗三先生對道的三義的解釋爲標準的話，從程頤重視對《易傳》的解讀來看，他認爲《易》書全部充滿了理，《易》的本質及精髓即在「生生之謂易」，《易》強調的是變易和生生不已，而從《易》得出的理又確實具有活動義和創生義。

對此天理具有的活動義及創生義的認識可以從不同的角度去把握，程頤與其弟子曾有一段對話，如「問：『孟子言心、性、天，只是一理否？』曰：『然。自理言之謂之天，自禀受言之謂之性，自存諸人言之謂之心』」〔註311〕。此即是說，原來儒家的天道論及心性論的最高概念，都可以換用「理」字來把握。活動義及創生義僅是從不同的角度對天理的把握而已。

程頤在與學生討論性善時提出了著名的「性即理」說，他說：

> 性即理也。所謂理，性是也。天下之理，原其所自，未有不善。〔註312〕

> 孟子言人性善，是也。雖荀楊亦不知性。孟子所以獨出諸儒者，以能明性也。性無不善。而有不善者，才也。性即是理。理則自堯舜至於塗人，一也。〔註313〕

程頤把「理」作爲最高概念，有程顥的影響，也有王弼、胡瑗義理易學思想的影響。朱熹非常欣賞程頤「性即理」之說，他說：「伊川說話，如今看來，中間寧無小小不同？只是大綱統體說得極善。如『性即理也』一語，直自孔

〔註310〕《心體與性體》中冊，第291頁。
〔註311〕《河南程氏遺書》卷22上，《二程集》上冊，第296頁。
〔註312〕《河南程氏遺書》卷22上，《二程集》上冊，第292頁。
〔註313〕《河南程氏遺書》卷18，《二程集》上冊，第204頁。

子後，惟是伊川說得盡。這一句便是千萬世說性之根基」〔註314〕。朱子認為「性即理」是千萬世說性之根基，對「性即理」的說法有很深切真實的契悟。

性既可從形上的道體實體的角度言說，也可以從個體的「天命之謂性」論述，此是性的超越層面，即從宇宙本體論的層面進行論述。如果把性與心對言，則落實到個體主體性的道德實踐層面，此則為性的內在層面。程頤說：「稱性之善謂之道，道與性一也。以性之善如此，故謂之性善。性之本謂之命，性之自然者謂之天，性之有形者謂之心，性之有動者謂之情」〔註315〕。從超越層面（即客觀地、宇宙本體論的層面）看，程頤的性與道、天、理為一，人道與天道為一，宇宙內只有一個唯一的道。沒有人能只知人道而不知天道，也沒有人只知天道而不知人道。其實，天道即是人道，知人道者即知天道，知天道者即知人道。人道與天道一樣，並不是兩樣東西，都可理解為實存的天理。「道與性一也」，道與理一，同樣，性與客觀的道、天、理為一。程頤所說的「稱性之善謂之道」，既是對孟子性善論的繼承，也是對《易傳》「天地之大德曰生」的發揚，現實世界充滿了理，純然之理無不善，天道本善，人性本善，故「稱性之善謂之道」。

從內在的角度看，性與心、情為一。性在客觀上既與天道、天理為一，作為天道實體的理不是懸空的，又要內在於每個個體而為每個個體之性，每個個體之性又要靠每個個體所具有的心的認識活動來體現。所謂「性之有形者謂之心」，即是個體之性形之於心。從性作為主體來說，性是心的本體依據；從心作為主體來說，心是性的作用主宰。這樣，心與性為一，性與心為一。此即可證明，程頤的理既有客觀地所以然之則的含義，也有傳統儒家的於穆不已地天道本體創生之義，只不過程頤更強調前者，這也可能是他不從周敦頤「無極而太極」的進路闡述其學說的原因之一。

程頤的理還可在「理一分殊」的角度理解。他在《答楊時論西銘書》中第一次提出了「理一分殊」的概念。張載的《西銘》原是從宇宙論的根源上推出「民胞物與」的倫理道德規範，楊時認為有墨氏「兼愛」之嫌，而程頤卻看出張載是在講愛有等差，是理一分殊，與墨氏的愛無等差有本質的區別，理一就是仁，是愛之理，分殊是義，是對不同的人施以有等差的愛。理一分

〔註314〕《朱子語類》卷93，第2360頁。
〔註315〕《河南程氏遺書》卷25，《二程集》上冊，第318頁。

殊也可以擴充到天理與萬物、理與氣的角度進行考察，天理與萬物、理與氣也是理一分殊的關係。程頤還在其《易傳》中對「理一分殊」進行分析，認爲：「天下之理一也，途雖殊而其歸則同，慮雖百而其致則一。雖物有萬殊，事有萬變，統之以一，則無能違也」〔註316〕。天下萬物各有自己的特點，這是分殊，但都同歸於天理，其天理就是一。儘管天理爲一，但又體現於萬事萬物之中。聖人能體察理一分殊的眞正內涵，並能一以貫之。

理一分殊與佛教華嚴宗在認識方式上不無關係，法藏在《華嚴發菩提心章》中曾通過「理遍於事門」及「事遍於理門」闡述理事之間的關係。〔註317〕有人問程頤：「某嘗讀《華嚴經》，第一眞空絕相觀，第二事理無礙觀，第三事事無礙觀，譬如鏡燈之類，包含萬象，無有窮盡。此理如何？」程頤答曰：「只爲釋氏要周遮，一言以蔽之，不過曰萬理歸於一理也」〔註318〕。可見，在對理的認識方式上確實有相通之處，只不過佛教的理爲空理，程頤的理是實理，二者在內容上卻有本質的區別。

「分殊」爲萬事、萬物、爲器、爲氣、爲陰陽，落在形而下的層面。理一分殊實際上論述的也是理氣關係。每一物均有一物之理，程頤說：「天下物皆可以理照。有物必有則，一物須有一理」〔註319〕。一物有一理，此「一理」即每一物的分殊之理。萬物各自稟得不同的氣，所以萬物又有萬理。如程頤對莊子的齊物論思想進行批評時說：「物理從來齊，何待莊子而後齊？如齊物形，物形從來不齊，如何齊得？」〔註320〕物理從來齊，是說理一，理一，自然齊，不用莊子來齊。物形從來不齊，物形所以不齊，是由於萬物所含之理萬殊，即使是莊子也不能齊。萬物之形爲何不齊呢？這正是萬物所稟的陰陽之氣不同所造成的，陰陽之氣不同，則陰陽之理各異。程頤說：「天地之化，既是二物，必動已不齊。譬之兩扇磨行，便其齒齊，不得齒齊。既動，則物之出者，何可得齊？轉則齒更不復得齊。從此參差萬變，巧歷不能窮也」〔註321〕。天地的陰陽運動不齊，萬物何可得齊？

程頤的「氣」論與張載的「氣」論雖然都處於形而下的地位，但二人所

〔註316〕《周易程氏傳》卷3，《二程集》下冊，第858頁。
〔註317〕《大正藏》卷45，臺北：世樺印刷企業有限公司，1990年，第652頁。
〔註318〕《河南程氏遺書》卷18，《二程集》上冊，第195頁。
〔註319〕《河南程氏遺書》第18，《二程集》上冊，第193頁。
〔註320〕《河南程氏遺書》卷22上，《二程集》上冊，第289頁。
〔註321〕《河南程氏遺書》卷2上，《二程集》上冊，第31頁。

論卻有明顯的不同，張載認為氣來自太虛本體又復歸於太虛本體，程頤認為氣生生不已，新生之氣並非原有之氣的再生，而是來自眞元之氣。他說：「若謂既返之氣復將為方伸之氣，必資於此，則殊於天地之化不相似。天地之化，自然生生不窮，更何復資於既斃之形，既返之氣，以為造化？近取諸身，其開闔往來，見之鼻息，然不必須假吸復入以為呼。氣則自然生。人氣之生，生於眞元。天之氣，亦自然生生不窮」〔註322〕。程頤此處指出人之氣來自眞元之氣，眞元之氣不同於普通之氣，他說：「眞元之氣，氣之所由生，不與外氣相雜，……但眞元自能生氣，所入之氣，止當闔時，隨之而入，非假此氣以助眞元也」〔註323〕。眞元之氣產生的元氣為內氣，人以外的天地之氣及萬物之氣均為外氣，眞元之氣是人得五行之秀氣而最靈者，是人之所以為人的天命之理所在。

理氣關係也可以用體用關係來解釋，《伊川易傳》中體現了以理為本，以象為用和「有理而後有象」的思想，提出了「至微者理也，至著者象也，體用一源，顯微無間」的觀點。〔註324〕「體用一源，顯微無間」既是程頤易學的重要思想，也是其理學思想的重要來源。他對此說非常重視，他說：「至顯者莫如事，至微者莫如理，而事理一致，微顯一源，古之君子，所謂善學者，以其能通於此也」〔註325〕。古代君子之所以能稱為善學者，是他們明白了事理一致的道理。程頤還用「沖漠無朕」來描摹本體的狀態，他說：「沖漠無朕，萬象森然已具，未應不是先，已應不是後，如百尺之木，自根本至枝葉，皆是一貫，不可道上一段事，無形無兆，卻待人旋安排引入來，教入塗轍。既是塗轍，卻只是一個塗轍」〔註326〕。「沖漠無朕」即是形容道體的的虛靜玄遠和無形跡，但此本體並不是懸空的，而是實實在在的體現於萬象之中，是本末一貫的，如百尺之木的根本與枝葉一樣不可分離。

程頤認為「體用一源，顯微無間」一語，簡直是道破了天機。這可以從程頤的弟子尹焞所錄的話中去體會，《河南程氏外書》卷十二記載：

　　　和靖（尹焞）嘗以《易傳序》請問曰：「『至微者理也，至著者象也，體用一源，顯微無間』，莫太漏天機否？」伊川曰：「如此分

〔註322〕《河南程氏遺書》卷15，《二程集》上冊，第 148 頁。
〔註323〕《河南程氏遺書》卷15，《二程集》上冊，第 165 頁。
〔註324〕《河南程氏遺書》卷25，《二程集》上冊，第 323 頁。
〔註325〕《河南程氏遺書》卷25，《二程集》上冊，第 323 頁。
〔註326〕《河南程氏遺書》卷15，《二程集》上冊，第 153 頁。

明説破，猶自人不解悟。」〔註327〕

如前所說，程頤的思考模式可能受華嚴宗體用相即、事事無礙的影響，也與王弼以無爲體，以有爲用體用觀類似，但程頤的體用觀與佛家之空、道家之無卻有本質的不同，「體用一源，顯微無間」本身就是儒家將宇宙本體與價值本體相融爲一，理爲體、爲微，事爲用、爲顯，顯微無間正是體現的理事之間爲不可分割的一體關係。

程頤在「體用一源，顯微無間」的總原則指導下，構建其易學的大廈。「理無形也，故假象以顯義」〔註328〕。他認爲六十四卦，三百八十四爻，象雖不同，顯示的是一理。理雖是一，但六十四卦、三百八十四爻也有各自的分殊之理。朱熹對此深有體會，他說：「因記得頃年汪端明說：沈元用問尹和靖伊川先生：『《易傳》何處是切要處？』尹曰：』體用一源，顯微無間，此是最切要處。』後舉似李先生，先生曰：『尹說固好，然須是看得六十四卦、三百八十四爻都有下落處，方始說得此話。』若學者未曾仔細理會，便與他如此說，豈不誤他？余聞之悚然，始知前日空言無實，全不濟事」〔註329〕。李侗（延平）認爲理一好理解，關鍵要看分殊之理。朱子從體會理一分殊入手，從對佛老等的癡迷轉入到對儒家義理的回歸。所以，「體用一源，顯微無間」是對「理一」和「分殊」之間的關係的最爲恰當的概括。

程顥、程頤二人的宇宙本體論思想有相同之處，不同之處也相當明顯。相同之處是二程同主天理論，其關於宇宙演化的模型相同。周敦頤的《太極圖說》已經提出了一個和《易傳》不同的模型，二程的宇宙生成模式深受周敦頤的影響，但也對周敦頤的宇宙模式做了較大的改動，形成新的宇宙生成模式。根據呂變庭先生的研究，他認爲《周易·繫辭上》的宇宙演化模型是由太極到兩儀，由兩儀到四象，由四象到八卦，由八卦回歸太極。周敦頤《太極圖說》的宇宙演化模型是由無極到太極，由太極到陽動陰靜，由陽動陰靜道五行，由五行到乾道成男、坤道成女，由乾道成男、坤道成女到萬物化生，由萬物化生回歸太極本無極。二程的宇宙演化模式是由道到陰陽，由陰陽到五行，由五行到乾當始物、坤當成物，由乾當始物、坤當成物到生育萬物，

〔註327〕《河南程氏外書》卷12，《二程集》上冊，第430頁。
〔註328〕《周易程氏傳》卷1，《二程集》下冊，第695頁。
〔註329〕《晦庵先生朱文公文集》卷71《偶讀漫記》，《朱子全書》第24冊，第3422頁。

由生育萬物回歸天理。二程與周敦頤的宇宙演化模型基本相同，呂變庭先生說：「如果把『道』與『天理』換成『無極而太極』及『太極本無極』，就與周敦頤的太極圖模型基本上沒有什麼分別了」〔註330〕。當然，模型相同只能證明思維方式受其影響，具體內容差別較大，中間環節的具體解釋也有不同之處。

　　二程宇宙本體論的差異之處也是相當明顯的，南宋陸九淵認為程頤對道的體會有滯礙之處，所謂「伊川蔽錮深」即指程頤對宇宙本體的體會；程顯對道的體會即沒有滯礙，倒疏通，所謂「明道卻疏通」即指程顯對宇宙本體的體會〔註331〕。陸九淵並把朱熹比作程頤，把張栻比作程顯，並肯定程顯，批評程頤，顯然認為二人的學說有別。黃宗羲在《明道學案》中也對程顯、程頤進行了分判，他認為朱熹盡得程頤之學，卻於程顯之學未必盡傳。朱熹雖然沒有直接批評程顯之學與禪學相似，卻認為從學於程顯的三大弟子（謝良佐、游酢、楊時）皆近於禪學。而程頤之學卻能做到主敬與致知並重〔註332〕。另外，牟宗三先生認為程顯的理與程頤的理有很大的不同，程顯雖然把天理體悟為本體論的實有，但「絕不只是靜態的實有，而是即活動即實有之動態的實有，決不只是理，而是亦是心、亦是神、亦是誠，亦是寂感真幾之……當這天理或理字一經提出，後來經過伊川之分解，漸傾向於只是靜態的實有、實理，意即只是理」〔註333〕。龐萬里先生也認為二程對宇宙及其本體的理解存在著差異，他說：「程顯是從本體生化為整個宇宙的動態的變化的總體去把握的；而程頤則是從靜態的事物結構層次的角度，用邏輯分析找出恒常的形上本體的方式去把握的。程顯認為宇宙生生不已的即上即下的實在過程是宇宙的唯一的實體；而程頤則要在具體的事物中抽象出一般的所以然之理，即抽象的一般性的觀念作為本體，並注重進行體用分析」〔註334〕。這些見解，在朱熹的宇宙本體論中確實表現的更為明顯，也將會得到進一步的證實。

〔註330〕《程朱理學與理範型》，第87～92頁。
〔註331〕《陸九淵集》卷34，第413頁。
〔註332〕《宋元學案》卷13《明道學案》上，第1冊，第542頁。
〔註333〕《心體與性體》中冊，第68頁。
〔註334〕龐萬里《二程哲學體系》，北京：北京航空航天大學出版社，1992年，第59頁。

第二章 朱熹的宇宙本體論

　　由北宋五子的考察可以看出，宇宙本體論其實是與本體論、心性論等緊密結合在一起的，儒家學者已不再單獨探討孤立的宇宙論、心性論等，而是將宇宙本體論和心性論等柔和在一起，探討宇宙本體和心性（道德）本體，並認爲二者實際來自一個共同的本源或本體，所謂「宇宙秩序即是道德秩序，道德秩序即是宇宙秩序」，並對宇宙本體與心性本體的關係產生了濃厚的興趣。如北宋周敦頤的太極、張載的太虛、邵雍的先天太極、二程的天理等，均是宇宙本體與心性本體的契合。至南宋朱熹，在繼承北宋五子等有關宇宙本體論的基礎上，又有新的發展。

第一節　朱熹對北宋五子等宇宙本體論的繼承與發展

　　朱熹的宇宙本體論，總的來說具有兩個方面的主要觀點，一是宇宙本體論統攝下的萬物一體觀，即程頤所謂的「體用一源，顯微無間」，即源即流，即體即用。如張載所強調的儒者不應談有無，而對宇宙本體的體會只能從隱顯的角度去闡述。實際上，朱熹的宇宙本體論正是建立在超越有無、隱顯、動靜等之上，其心、性、情三分的人性論框架同樣適用於其關於宇宙本體論的框架，也就是說朱熹的人性論與其宇宙本體論的結構是重合的，其論人的心性情時，也同時是指萬物的心性情。從這個角度來說，在朱熹的宇宙本體論中，可以說萬物同心、同性、同情。這也許有點難以理解，但正如唐君毅先生所論的心可以通九境一樣（雖然九境不是在宇宙本體的層面上論述的），朱熹的心性論與宇宙本體論也是相通的。正如條條大路通羅馬一樣，對朱熹

思想的理解也可以通過不同的路徑來把握，可能都會收到殊途而同歸，百慮而一致的效果。如通過理氣關係，可以認識朱熹的宇宙本體論，而通過探討朱熹的心及天地之心、太極、天等也未嘗不能理清朱熹的宇宙本體論。

朱熹在解釋明道所說「上天之載，無聲無臭，其體則謂之易，其理則謂之道，其用則謂之神」一句話時，在《朱子語類》中有這樣的議論：

> 「其體則謂之易」，在人則心也。「其理則謂之道」，在人則性也。「其用則謂之神」，在人則情也。所謂易者，變化錯綜，如陰陽晝夜、雷風水火、反覆流轉、縱橫經緯而不已也。人心則語默動靜、變化不測者是也。〔註1〕

朱熹在此處即認爲宇宙本體論的易道神即是心性論的心性情，那麼，逆向來說，心性論的心性情即是宇宙本體論的易道神。這實際就是朱熹關於宇宙本體論統攝下的萬物一體觀的論點。再如，朱熹在論述論述「知覺」一詞時，雖然朱熹也承認人與草木鳥獸、甚至腐敗之物的知覺有不同，但這並不是本質的區別。朱熹認爲充塞宇宙之間的萬物無不有「知覺」在，這確有讓人耳目一新，重新思考朱熹思想特點的必要。據《朱子語類》記載：

> 如一盆花，得些水澆灌，便敷榮；若摧抑他，便枯悴。謂之無知覺，可乎？周茂叔窗前草不除去，云『與自家意思一般』，便是有知覺。只是鳥獸底知覺不如人底，草木底知覺又不如鳥獸底。又如大黃吃著便會瀉，附子吃著便會熱。只是他知覺只從這一路去」。又問：「腐敗之物亦有否？」曰：「亦有。如火燒成灰，將來泡湯吃，也鹹苦」。〔註2〕

如此解釋「知覺」，凡宇宙間任何一物，均爲有知覺者，則朱熹認爲此宇宙爲一共同體的意識是較爲清晰的。當然，在此共同體下的萬物的「知覺」的分殊也是非常明顯的。

第二點是在宇宙本體論統攝下的理一分殊，這可以通過論述理氣、太極陰陽、先天後天等關係來說明。朱熹認爲只有理一，萬物一體才有共相；只有分殊，萬物才能呈現出一個豐富多彩的世界。理一是強調萬物一體的共性，而分殊則是強調萬物一體下各組成部分的等差。強調分殊，才能理解朱熹所謂的氣強理弱是怎麼回事。

〔註 1〕《朱子語類》卷 95，第 2422 頁。
〔註 2〕《朱子語類》卷 60，第 1430 頁。

在朱熹的哲學的研究中，很多研究者把其宇宙本體論與心性論進行分割，使之成爲各自獨立的兩大塊，這其實沒有注意到宇宙本體論與心性論之間的重合與一致，它們有共同的本源或本體，只有把握住這一共同的本源或本體，才能準確的理解或詮釋朱熹的哲學，而不至於只從分枝處孤立的對宇宙本體論或心性論進行研究，以致於造成對朱熹哲學研究的誤解。下面從理氣論、心及天地之心、萬物一體論、辯佛論等幾個方面分別探討朱熹的宇宙本體論思想對北宋五子的繼承及發展狀況。

一、理氣論

在朱熹的宇宙本體論系統中，理氣是較爲重要的概念。理是形而上者，氣是形而下者，這似乎是常識，沒有再論述的必要。但問題並非如此簡單，就朱熹是理氣二元論者還是理一元論者的問題就有糾纏不清的癥結在。理是不動的，氣是能動的，這似乎也是常識，但就「理」是否能動，也牽涉到對朱熹思想性質的判定，這確實又是一個不小的問題。筆者認爲，就絕對形而上的理本身來說，朱熹是理一元論者，但正如說著性已不是性一樣，說到理其實也不是理本身了，說理必牽涉到氣，從這個層面說，朱熹又是理氣二元論者。同理亦然，就絕對形而上的理本身來說，朱熹的理是能動的；但就理氣二元論來說，理又是不能動的。所以，朱熹的理有三種內涵：一是一元論的能動之理，一是二元論的不動之理，一是二元論的能動的流行之理〔註3〕。

在朱熹的理氣關係中，究竟朱熹之「理」如何定義，理氣關係如何，以下論述具有決定性意義：

　　（1）未有天地之先，畢竟是先有此理。〔註4〕

　　（2）問：「昨謂未有天地之先，畢竟是先有理，如何？」曰：「未有天地之先，畢竟也只是理。有此理，便有此天地；若無此理，便亦無天地，無人無物，都無該載了。有理，便有氣流行，發育萬物。」

　　〔註5〕

〔註3〕日本學者藤井倫明認爲朱熹的流行之理是能動的，本文贊同其說。參見氏著《朱熹思想結構探索——以「理」爲考察中心》第三章《流行之「理」——朱子之「理」再探討》，臺北：臺灣大學出版中心，2011年，第57～92頁。
〔註4〕《朱子語類》卷1，第1頁。
〔註5〕《朱子語類》卷1，第1頁。

（3）要之，也先有理。只不可說是今日有是理，明日卻有是氣；也須有先後。且如萬一山河大地都陷了，畢竟理卻只在這裏。〔註6〕

（4）何故卻都不看有此理後方有此氣？既有此氣，然後此理有安頓處。大而天地，細而螻蟻，其生皆是如此，又何慮天地之生無所付受耶？要之，『理』之一字，不可以有無論，未有天地之時，便已如此了。〔註7〕

（5）凡事固有「所當然而不容已者」，然又當求其所以然者何故。其所以然者，理也。理如此，固不可易。〔註8〕

以上五條，其中（1）、（2）、（3）、（4）條可爲第一組，（5）可爲一組，此兩組可表明朱熹的理有兩個層面。第一組的說法正好與第二組（5）形成矛盾。這裏，第二組雖然舉的例子少，但卻是朱熹最常見的關於「理」的認識，即天地萬物（然）爲現象，理是萬事萬物的依據、本體（所以然）等。在天地萬物的構成及流行層面，理與氣是不離不雜的關係。但這種理氣的不離不雜，是指由「氣」的然可以推證其所以然的「理」，故而理氣不離不雜。理氣的這種不離不雜的關係，可以看作「理」是由「氣」通過一定的邏輯推理而來的，理對氣是一種認知的、邏輯的橫攝關係。同時，理與氣也是二元的關係。

其實，這種理對氣是一種認知的、邏輯的橫攝關係並不是朱熹理氣思想的全部，這由第一組的例子可以證明。第一組，一般研究者大多用來解釋朱熹哲學中「理先氣後」的關係，〔註9〕其實不僅僅是理先氣後的問題。因爲朱

〔註6〕《朱子語類》卷1，第4頁。
〔註7〕《晦庵先生朱文公文集》卷58《答楊志仁》，《朱子全書》，第23冊，第2762頁。
〔註8〕《朱子語類》卷18，第414頁。
〔註9〕陳來先生認爲朱熹理氣先後的思想有一個形成過程，在《太極解義》時，朱熹並沒有理在氣先思想。淳熙十五年（1188），朱子五十九歲時，在《答陸子靜書第五》中，最先形成了理先氣後思想，其實《易學啓蒙》已經包含了此思想。到六十歲作《大學或問》時此思想已完全確定。以後，理在氣先思想得到進一步發展，朱熹晚年則以突出理的邏輯在先作爲理氣思想的定論。（《朱熹哲學研究》第三章《理氣先後》，上海：華東師範大學出版社，2000年，第75～99頁）。金春峰先生認爲朱熹終生持「陰陽無始，動靜無端」的思想；理不先而氣不後，理氣都是永恒常存的，理不離氣，氣不離理；朱熹並沒有在某一個時期放棄了這一觀點。（《朱熹哲學思想》，臺北：東大圖書公司，1998年，第117頁）。金春峰先生關於朱熹的理氣思想是一貫的說法值得討論，因

熹一再強調在未有天地之先，「畢竟是先有理」，如果有朝一日，假如山河天地都陷了，「畢竟理卻只在這裏」，也就是說在未有天地之先，天地消逝之後都有理存在（存有），這與「無氣則理無掛搭處」、「在天地言，天地中有太極」以及「在萬物言，則萬物中各有太極」相矛盾嗎？其實並不矛盾，因爲「理」無加減乘除，「理」並不隨「氣」與「物」的消逝而消逝。就絕對的理本身來說，理可以存在於天地萬物之前，也可以存在於天地萬物之後。可以看到朱熹曾明確的說：

> 所謂理與氣，此決是二物。但在物上看，則二物渾淪不可分開各在一處。然不害二物之各爲一物也。若在理上看，則雖未有物而已有物之理，然亦但有其理而已，未嘗實有是物也。大凡看此等處，須認得分明，又兼始終，方是不錯。〔註10〕

此是說，理氣的關係可以分兩種情況看待，在物上看，理氣絕不可分；在理上看，理可以先物而存在。既然可以先於物而存在，理就具有相對的獨立性。有一物必有一物之理，有一物之理不一定必有是物。物是存在，理是存有，無所謂在不在。那麼，以上第一組可以看作是在理上看之理，第二組可以看作是在物上看之理。

這樣的分組有沒有意義呢？這樣的分組是有意義的，這可以有助於探討朱熹理學的基本問題，即宇宙本體問題的「理」的性質。從宇宙本體問題說，朱熹重視《易傳》、周敦頤的《太極圖說》、張載的《西銘》及伊川的「性即理」說，從「太極」、「太虛」處說理，重視理的超越性及先在性。從另一個角度看，朱熹重視《大學》，從「即物窮理」處說理，重視理爲「所以然」之理。

朱熹從太極著眼，是從理一的角度說太極（理）；從所以然著眼，是從分殊的角度說萬事萬物各具之性（理）。從理一的角度說太極，太極也是天下公共之理。如《朱子語類》記載：

> 問：「『太極動而生陽，靜而生陰，』見得理先而氣後。」曰：「雖是如此，然亦不須如此理會，二者有則皆有。」問：「未有一物之時如何？」曰：「是有天下公共之理，未有一物所具之理。」〔註11〕

爲朱熹確實有理在氣先得思想，其理在氣先思想與理本體論的思想並不衝突。

〔註10〕　《晦庵先生朱文公文集》卷46《答劉叔文》，《朱子全書》，第23冊，第2146頁。

〔註11〕　《朱子語類》卷94，第2372頁。

此「公共之理」即是還未爲萬事萬物所具之理，但有一物時，即有一物之理，此一物（萬事萬物）所具之理仍爲「公共之理」，「公共之理」仍然存在。此點下文再論述。朱熹對「理一」、「公共之理」論述較多，如：

總天地萬物之理，便是太極。〔註12〕

問：「太極不是未有天地之先有個渾成之物，是天地萬物之理總名否？」曰：「太極只是天地萬物之理。在天地言，則天地中有太極；在萬物言，則萬物中各有太極。未有天地之先，畢竟是先有此理。動而生陽，亦只是理；靜而生陰，亦只是理。」〔註13〕

「萬一各正，小大有定，」言萬個是一個，一個是萬個。蓋統體是一太極，然又一物各具一太極。〔註14〕

「理一」、「公共之理」也可稱爲是理的總和。馮友蘭先生說：「太極即天地萬物之理之總和」〔註15〕。此天地萬物之理之總和，即是宇宙萬物超越的本體，此本體可稱爲道體，此「道體」既是道德實踐的本體，同時也是宇宙生化的本體。牟宗三先生對宋明理學「道體」的特點做了精闢的概括，他認爲宋明理學主要包含本體與工夫兩個方面，「而且在實踐中有限即通無限，故其在本體一面所反省澈至之本體，即本心性體，必須是絕對的普遍者，是所謂『體物而不可遺者』之無外者，頓時即須普而爲『妙萬物而爲言』者，不但只是吾人道德實踐之本體（根據）；且亦須是宇宙生化之本體，一切存在之本體（根據）」〔註16〕。朱熹稱此道體爲理、太極、性等。朱熹的理、太極、性等既是道德實踐的本體，同時也是宇宙生化的本體，道德本體與宇宙本體爲宇宙萬物同一的超越的本體，此本體與朱熹所說的「天地萬物之心」，也是同一層次的概念。

從「氣之存在之然」推證其所以然爲理的路徑來看，天地萬物各有其存在之理，此理也可以說是理落在氣中而爲氣之超越的存在之理，太極落在陰陽中而爲陰陽之超越的存在之理，人物各得天地之心而爲其心，天地萬物各得太極之理而爲其性。在這方面朱熹贊成伊川所說的「性即理」是千古顚撲

〔註12〕 《朱子語類》卷94，第2375頁。
〔註13〕 《朱子語類》卷1，第1頁。
〔註14〕 《朱子語類》卷94，第2409頁。
〔註15〕 《中國哲學史》，下冊，第256頁。
〔註16〕 《心體與性體》上冊，第7頁。

不破的眞理。朱熹說：

> 伊川「性即理也」，自孔孟後無人見得到此。亦是從古無人敢如此道。〔註17〕

> 伊川「性即理也」四字，顛撲不破，實自己上見得出來。其後諸公只聽得便說將去，實不曾就已上見得，故多有差處。〔註18〕

> 伊川說話，如今看來，中間寧無小小不同？只是大綱統體說得極善。如「性即理也」一語，直自孔子後，惟是伊川說得盡。這一句便是千萬世說性之根基。〔註19〕

伊川所論此「性」應該兼「氣」而言，朱熹繼承了此種說法，他說：

> 論性不論氣不備，論氣不論性不明。蓋本然之性只是至善。然不以氣質而論之，則莫知其有昏明開塞剛柔強弱，故有所不備。徒論氣質之性，而不自本原言之，則雖知有昏明開塞剛柔強弱之不同，而不知至善之源未嘗有異，故其論有所不明。須是合性與氣觀之然後盡。蓋性即氣，氣即性也。若孟子專於性善，則有些是論性不論氣。韓愈三品之說，則是論氣不論性。〔註20〕

> 才說太極，便帶著陰陽；才說性，便帶著氣。不帶著陰陽與氣，太極與性那裏收附？然要得分明，又不可不拆開說。〔註21〕

然而，朱熹說「性」，有時與「理」又有不同。如朱熹說：

> 問「人生而靜以上不容說」一段。曰：「『人生而靜以上』，即是人物未生時，人物未生時，只可謂之理，說性未得，此所謂『在天曰命』也。『才說性時，便已不是性』者，言才謂之性，便是人生以後，此理已墮在形氣之中，不全是性之本體矣。故曰『便已不是性也』，此所謂『在人曰性』也。大抵人有此形氣。則是此理始具於形氣之中。而謂之性。才是說性。便已涉乎有生而兼乎氣質。不得爲性之本體也。然性之本體，亦未嘗雜。要人就此上面見得其本體元未嘗離，亦未嘗雜耳。『凡人說性，只是說繼之者善也』者，言性不

〔註17〕　《朱子語類》卷59，第1387頁。
〔註18〕　《朱子語類》卷59，第1387頁。
〔註19〕　《朱子語類》卷93，第2360頁。
〔註20〕　《朱子語類》卷59，第1387頁。
〔註21〕　《朱子語類》卷94，第2371頁。

> 可形容，而善言性者，不過即其發見之端而言之，而性之理固可默
> 識矣，如孟子言『性善』與『四端』是也。〔註22〕

此即是說人物未生時，根本談不上性，只能謂之理，此理即是上面所說的公
共之理，爲一物未稟時之理，而此公共之理爲天地萬物所稟之後，即爲天地
萬物之性，此天地萬物之性即是分殊之理。然分殊之理即是公共之理，分殊
與理一同爲一理，此即是在天地言，天地間有一個太極；在萬物言，萬物又
各有一個太極。如朱熹說：

> 問：「『理性命』章注云：『自其本而之末，則一理之實，而萬物
> 分之以爲體，故萬物各有一太極。』如此，則是太極有分裂乎？」曰：
> 「本只是一太極，而萬物各有稟受，又自各全具一太極爾。如月在天，
> 只一而已；及散在江湖，則隨處而見，不可謂月已分也。」〔註23〕

> 人人有一太極，物物有一太極。〔註24〕

> 太極非是一物，即陰陽而在陰陽，即五行而在五行，即萬物而
> 在萬物。只是一個理而已。〔註25〕

此即是太極（理）的絕對性及普遍性，是所謂「體物而不可遺者」之本體。
萬物之所以均具有一太極，這體現了萬物一體的特點，也是組成宇宙的共同
性特點。但天地萬物又各不相同，這是因萬物又各稟得分殊之理。此分殊之
理「不是割成片雲」之分，只能是與「月映萬川相似」〔註26〕。此說似乎矛
盾，勞思光先生據此認爲朱熹的太極是「總攝」義與「總和」義不分，造成
一極大的理論困局，朱熹沒有察覺，也沒有澄清。〔註27〕其實朱熹的「太極」
既有總攝義，又有總和義，太極對天地萬物而言既超越的爲其體，而又內在
的爲其性。從超越的爲其體而言，太極或道爲宇宙生化的本源或本體，是先
驗的、不可言說的奧體。就其內在於萬物而爲其性而言，「所謂繼之者善，成
之者性」，天地萬物之性是宇宙生化之源泉與本體。

在朱熹的宇宙本體論中，性與天道有著密切的關係。性與天道本來就是

〔註22〕《朱子語類》卷95，第2430頁。
〔註23〕《朱子語類》卷94，第2409頁。
〔註24〕《朱子語類》卷94，第2371頁。
〔註25〕《朱子語類》卷94，第2371頁。
〔註26〕《朱子語類》卷94，第2409頁。
〔註27〕勞思光《新編中國哲學史》第3卷上冊，桂林：廣西師範大學出版社，2005
年，第214頁。

同一事物的不同稱謂。如朱熹說：

> 道即性，性即道，固是一物。然須看因甚喚做性，因甚喚做道。〔註28〕

> 「性與天道」，性，是就人物上說；天道，是陰陽五行。〔註29〕

> 吉甫問性與天道。曰：「譬如一條長連底物事，其流行者是天道，人得之者爲性。乾之『元亨利貞』，天道也，人得之，則爲仁義禮智之性。」〔註30〕

> 至於性與天道，乃是此理之精微。蓋性者是人所受於天，有許多道理，爲心之體者也。天道者，謂自然之本體所以流行而付與萬物，人物得之以爲性者也。〔註31〕

以上幾條主要有三點意思：首先是天道與性本來就是一物，性與天道同源同體。其次是天德的元亨利貞與人道的仁義禮智有一種對應的關係，其實可說是互文的關係。另外天道是流行，人物得天之理而爲其性。天道即是靜態的，又是動態的，所謂動而無動，靜而無靜。性好像是天道流行的結果，然而，性也可從天道的流行處說，也可從過程處說，也可從結果處說，故爲一物。所以，伊川就說「性即理也」。朱熹在繼承伊川「性即理」的基礎上，批駁告子所謂的「生之謂性」，他說：

> 性者，人之所得於天之理也；生者，人之所得於天之氣也。性，形而上者也；氣，形而下者也。人物之生，莫不有是性，亦莫不有是氣。然以氣言之，則知覺運動，人與物若不異也；以理言之，則仁義禮智之稟，豈物之所得而全哉？此人之性所以無不善，而爲萬物之靈也。告子不知性之爲理，而以所謂氣者當之，是以杞柳、湍水之喻，食色無善無不善之說，縱橫繆戾，紛紜舛錯，而此章之誤，乃其本源。所以然者，蓋徒知知覺運動之蠢然者，人與物同，而不知仁義禮智之粹然者，人與物異也。孟子以是折之，其義精矣。〔註32〕

〔註28〕《朱子語類》卷5，第82頁。
〔註29〕《朱子語類》卷28，第725頁。
〔註30〕《朱子語類》卷28，第725頁。
〔註31〕《朱子語類》卷28，第726頁。
〔註32〕朱熹《孟子集注》卷11，《朱子全書》，第6冊，第396頁。

朱熹認為，告子以食色言性是錯誤的，所謂「生之謂性」近於佛氏的「作用是性」，「生之謂性」與「作用是性」均無理的統攝，與孟子性善之義相悖，因此，朱熹對其進行批駁。

實際上，朱熹批駁告子的「生之謂性」已談到人物之別。朱熹論人物之別及枯槁有性等主要是通過論述性與氣展開的。性與氣雖然不在同一個層面上，但卻是關聯性最強的概念。朱熹論人物之別及枯槁有性是其對宇宙論理論做出了重要貢獻。

所謂「人物之別」，在朱熹看來，人與物所秉之性（理）並無差別，只是由於所秉之氣有正有偏，故有人物之別（萬殊）。如：

> 或問：「人物之性一源，何以有異？」曰：「人之性論明暗，物之性只是偏塞。暗者可使之明，已偏塞者不可使之通也。橫渠言，凡物莫不有是性，由通蔽開塞，所以有人物之別。而卒謂塞者牢不可開，厚者可以開而開之也難，薄者開之也易是也。」〔註33〕

朱熹說人物之性同一本源，人物都具有相同的「性」，只是有正與偏的不同而已，這實際上與孟子所說的「性」不同，孟子的「性」指的是只有人才具有的「道德本性」即「本心」。所以，孟子論性善；而朱熹則由人物所稟性的正與偏，可以論性的同異，如朱熹說：

> 某有疑問呈先生曰：「人物之性，有所謂同者，又有所謂異者。知其所以同，又知其所以異，然後可以論性矣。夫太極動而二氣形，二氣形而萬化生。人與物俱本乎此，則是其所謂同者。而二氣五行絪縕交感，萬變不齊，則是其所謂異者。同者其理也，異者其氣也。必得是理而後有以為人物之性，則其所謂同然者，固不得而異也。必得是氣而後有以為人物之形，則所謂異者，亦不得而同也。是以先生於《大學或問》因謂，以其理而言之，則萬物一原，固無一物貴賤之殊。以其氣而言之，則得其正者通者為人，得其偏且塞者為物。是以或貴或賤，而有所不能齊者，蓋以此也。然其氣雖有不齊，而得之以有生者，在人物莫不皆有理。雖有所謂同而得之以為性者，人則獨異於物。故為知覺為運動者，此氣也。為仁義為禮智者，此理也。知覺運動人能之，物亦能之。而仁義禮智，則物固有之，而豈能全之乎？今告子乃欲指其氣而遺其理，梏於其同者而不知其所

〔註33〕《朱子語類》卷4，第57頁。

謂異者，此所以見鬪於孟子。而先生於《集注》則亦以爲，以氣言之，則知覺運動人物若不異。以理言之，則仁義禮智之稟，非物之所能全也。於此則言氣同而理異者，所以見人之爲貴，非物之所能。並於彼則言理同而氣異者，所以見太極之無虧欠，而非有我之所得爲也。以是觀之，尚何疑哉！有以《集注》、《或問》異同爲疑者，答之如此，未知是否？」先生批云：「此一條論得甚分明。昨晚朋友正有講及此者，亦已略爲言之，然不及此之有條理也」〔註34〕。

　　先生答黃商伯書有云：「論萬物之一原，則理同而氣異，觀萬物之異體，則氣猶相近，而理絕不同。」問：「『理同而氣異』。此一句是說方付與萬物之初，以其天命流行，只是一般，故理同；以其二五之氣有清濁純駁，故氣異。下句是就萬物已得之後說。以其雖有清濁之不同，而同此二五之氣，故氣相近；以其昏明開塞之甚遠，故理絕不同。《中庸》是論其方付之初，《集注》是看其已得之後」。曰：「氣相近，如知寒暖，識饑飽，好生惡死，趨利避害，人與物都一般。理不同，如蜂蟻之君臣，只是他義上有一點子明；虎狼之父子，只是他仁上有一點子明；其它更推不去。恰似鏡子，其它處都暗了，中間只有一兩點子光。大凡物事稟得一邊重，便佔了其它底。如慈愛底人少斷制，斷制之人多殘忍。蓋仁多，便遮了義；義多，便遮了那仁」〔註35〕。

論性的同異，其實並不始於朱熹。北宋張載已把性分爲天地之性與氣質之性。天地之性與氣質之性之分，實際上是從人物所稟得性的結果來論述的，所以是「氣異」；而性的源頭則沒有同異之分，所以是「理同」。朱熹由「理同氣異」進而認爲枯槁有性，這也是其論性和孟子的不同之處，如朱熹說：

　　大猷（即余方叔）竊謂仁、義、禮、智、信元是一本，而仁爲統體，故天下之物有生氣，則五者自然完具；無生氣，則五者一不存焉，只是說及本然之性。先生以爲枯槁之物亦皆有性有氣，此又是以氣質之性廣而備之，使之兼體洞照而無不遍耳（以上是朱熹引余方叔原文）。

　　天之生物，有有血氣知覺者，人獸是也：有無血氣知覺而但有

〔註34〕《朱子語類》卷4，第59頁。
〔註35〕《朱子語類》卷4，第57頁。

生氣者，草木是也；有生氣已絕而但有形質臭味者，枯槁是也。是雖其分之殊，而其理則未嘗不同。但以其分之殊，則其理之在是者不能不異。故人爲最靈而備有五常之性，禽獸則昏而不能備，草木枯槁，則又並與其知覺者而亡焉，但其所以爲是物之理，則未嘗不具耳。若如所謂才無生氣便無此理，則是天下乃有無性之物，而理之在天下乃有空闕不滿之處也，而可乎？〔註36〕

余大猷似乎不同意朱熹「枯槁有性」之說，他說：「天下之物有生氣，則五者自然完具；無生氣，則五者一不存焉，只是說及本然之性。」但其所說的「本然之性」不知確指何義，但其以爲，以仁爲統體的仁義禮智信之性不能爲無生氣之物所有的意思，卻很明顯。朱熹認爲「枯槁有性」顯然與孟子之性有別，孟子之性重在人禽之別，則不但枯槁無性，則禽獸亦不能有性。孟子就性爲人的內在道德本性而言性，此性只能爲人所有。然朱熹所謂的枯槁有性雖然與孟子、《中庸》、《易傳》所說之性有別，但也並不完全像牟宗三先生所否定的那樣：「朱子是由存有論的解析，就然推證其所以然之理以爲性。枯槁之物有其所以然之理，自然亦有性」〔註37〕。朱熹之認爲枯槁之物有性，顯然是本於明道的萬物一體之論，此與其「人人有一太極，物物有一太極」之說也相吻合。顯然，朱熹認爲「枯槁有性」的說法發展了性論思想。

朱熹也發展了張載關於天地之性與氣質之性的說法，他用「本然之性」代替「天地之性」，其「本然之性」可以落在「氣質之性」之中的說法，使性論思想更加成熟與完備。下面是朱熹關於「本然之性」與「氣質之性」的論述：

有性無性之說，殊不可曉。當時方叔於此本自不曾理會，率然躐等，揀難底問。熹若照管得到，則於此自合不答，且只教他子細熟讀聖賢明白平易切實之言，就已分上依次第做工夫，方有益於彼，而我亦不爲失言。卻不合隨其所問率然答之，致渠一向如此狂妄，此熹之罪也。駟不及舌，雖悔莫追。然既有此話頭，又不容不結末，今試更爲諸君言之。若猶未以爲然，則亦可以忘言矣。

伊川先生言：「性即理也。」此一句，自古無人敢如此道。心則

〔註36〕《晦庵先生朱文公文集》卷59《答余方叔》，《朱子全書》，第 23 冊，第 2853 頁。

〔註37〕《心體與形體》下冊，第 444 頁。

知覺之在人而具此理者也。橫渠先生又言，由太虛有天之名，由氣化有道之名，合虛與氣有性之名，合性與知覺有心之名，其名義亦甚密，皆不易之至論也。蓋天之生物，其理固無差別，但人物所稟形氣不同，故其心有明暗之殊，而性有全不全之異耳。若所謂仁，則是性中四德之首，非在性外別爲一物而與性並行也。然惟人心至靈，故能全此四德而發爲四端，物則氣偏駁而心昏蔽，固有所不能全矣。然其父子之相親、君臣之相統，間亦有僅存而不昧者。然欲其克己復禮以爲仁、善善惡惡以爲義，則有所不能矣，然不可謂無是性也。若生物之無知覺者，則又其形氣偏中之偏者，故理之在是物者，亦隨其形氣而自爲一物之理，雖若不復可論仁義禮智之彷彿，然亦不可謂無是性也。此理甚明，無難曉者，自是方叔暗昧膠固，不足深責，不謂子融亦不曉也。

又謂枯槁之物只有氣質之性而無本然之性，此語尤可笑。若果如此，則是物只有一性，而人卻有兩性矣。此語非常醜差，蓋由不知氣質之性只是此性墮在氣質之中，故隨氣質而自爲一性，正周子所謂各一其性者。向使元無本然之性，則此氣質之性又從何處得來耶？況亦非獨周、程、張子之言爲然，如孔子言成之者性，又言各正性命，何嘗分別某物是有性底，某物是無性底？孟子言山之性、水之性，山水何嘗有知覺耶？若於此看得通透，即知天下無無性之物，除是無物，方無此性。若有此物，即如來喻木燒爲灰，人陰爲土，亦有此灰土之氣。既有灰土之氣，即有灰土之性，安得謂枯槁無性也？〔註38〕

問：「枯槁之物亦有性，是如何？」曰：「是他合下有此理，故云天下無性外之物。」因行街，云：「階磚便有磚之理。」因坐，云：「竹椅便有竹椅之理。枯槁之物，謂之無生意，則可；謂之無生理，則不可。如朽木無所用，止可付之爨竈，是無生意矣。然燒甚麼木，則是甚麼氣，亦各不同，這是理元如此。」〔註39〕

此處論說的關鍵是，朱熹認爲「枯槁」不僅只有氣質之性，也有本然之性，

〔註38〕《晦庵先生朱文公文集》卷58《答徐子融》，《朱子全書》第23冊，第2768頁。

〔註39〕《朱子語類》卷4，第61頁。

此「本然之性」即「以仁為統體」的義理之性,「以仁為統體」的義理之性不僅為人所獨有,而且為萬物所「具「有」。正如朱熹所說「孔子言成之者性,又言各正性命,何嘗分別某物是有性底,某物是無性底?」《乾·象》也曰:「乾道變化,各正性命。」此萬物「各正性命」怎能排除萬物不能得仁義禮智為其內在之性呢?朱熹還以孟子所說為依據:「孟子言山之性、水之性,山水何嘗有知覺耶?若於此看得通透,即知天下無無性之物,除是無物,方無此性。若有此物,即如來喻木燒為灰,人陰為土,亦有此灰土之氣。既有灰土之氣,即有灰土之性,安得謂枯槁無性也?」孟子也認為山、水各有其性。

朱熹遵循明道論性「人生而靜以上不容說」,凡說性時都是夾雜著氣說,認為所謂純然至善的道德人性,只能落在氣質之性中論述。此種純然至善的道德性也為枯槁之物所具有,只不過因為枯槁之物所稟之性與人相比有偏塞,暫時不能呈現出來罷了,但此不能呈現並不表示枯槁之物不具有此性,此不能呈現也不是說永遠不能呈現,僅僅是有一定的困難而已,正如人需要修養工夫存養本體一樣。那麼枯槁之物的氣質之性中如何可能完全排除本然之性的存在呢?明道即從圓頓的意義上說「生之謂性,性即氣,氣即性。」朱熹認為本然之性墜在氣質之中,從性(理)與氣的結合言性,也是從後天的角度言性,自然也把「性」看作萬物所以然之理。此性(理)對於萬物而言不僅超越的為其體,而且內在的為其性,理與性兩者完全同一化。氣要依性為依據,性(理)要靠氣來體現。從性(理)地角度看氣,性即氣;從氣的角度看性(理),氣即性(理)。朱熹如此將性(理)氣視為一體顯然是從萬物一體的角度看待宇宙。此套理論顯然與孟子的道德性僅為人所有不同,可謂自成一系統,而此思想顯然又與明道的「一本論」有直接地淵源關係。

朱熹如此論證「枯槁有性」,其意義何在呢?「性」既如孟子所重視的那樣,有人禽之別,禽獸尚不能有此「超越的義理當然之性」,何況枯槁之物呢?然而,朱熹卻認為枯槁之物也有此「義理當然之性」,則此義理當然之性具有了真正的普遍性及絕對性,此不是道體(性體、理體)道德意義的減殺,恰是道德意義的增強。道體不是「只存有不活動」,恰是「即存有即活動」。此性既然是既主觀又客觀,那麼就可以從主客觀兩面來論述。從主觀方面說,可以按照孟子的本心說,象山的心即理,直到陽明的良知說,均承認人的道德理性為人心所具有,可以從道德實踐去體證,所謂良知是呈現而不是假設。

如陽明說：

> 我的靈明，便是天地鬼神的主宰。天沒有我的靈明，誰去仰他
> 高？地沒有我的靈明，誰去俯他深？鬼神沒有我的靈明，誰去辯他
> 吉凶災祥？天地鬼神萬物離卻我的靈明，便沒有天地鬼神萬物了。
> 我的靈明離卻天地鬼神萬物，亦沒有我的靈明。〔註40〕

> 良知是造化的精靈。這些精靈，生天生地，成鬼成帝，皆從此
> 出，眞是與物無對。人若復得他完完全全，無少虧欠，自不覺手舞
> 足蹈，不知天地間更有何樂可代。〔註41〕

天地間的一切都是良知（心）的呈現，良知可以生天生地，成鬼成帝。然此
心學的發展最後的流弊是「猖狂者參之以情識，而一是皆良；超潔者蕩之以
玄虛，而夷良於賊」〔註42〕。所以蕺山要拯救王學，從新歸顯於密，心性對
揚。爲良知（心）的當下呈現尋找先天依據。從客觀面來說，五峰、蕺山都
認爲性爲客觀原則，所謂性爲「綱紀之主」，性的體段要在心體形著。此當下
呈現的本心實際是由性爲其主宰。無論是從主觀面說還是從客觀面來說，都
應該承認性爲一客觀地存有，爲一超越的存有，如果完全與心合一的話（性
與心合一是一種圓融的境界），則會走向「內在宇宙論」的途徑。〔註43〕其實，
朱熹對道德理性的沛然莫之能禦有較深的體會，如同心的沛然莫之能禦一
樣，客觀的道體、性體也是沛然莫之能禦、無窮無盡、也是一種呈現。如伊
川認爲「子在川上曰：『逝者如斯夫』，言道之體」〔註44〕。而朱熹對此句的
解釋是：

> 天地之化，往者過，來者續，無一息之停，乃道體之本然也。
> 然其可指而易見者，莫如川流。故於此發以示人，欲學者時時省
> 察，而無毫髮之間斷也。程子曰：「此道體也。天運而不已，日往
> 則月來，寒往則暑來，水流而不息，物生而不窮，皆與道爲體，

〔註40〕　王陽明《王陽明全集》卷3《傳習錄》下，吳光、錢明、董平、姚延福編，杭
　　　　　州：浙江古籍出版社，2011年，第1冊第124頁。
〔註41〕　《王陽明全集》卷3《傳習錄》下，第1冊，第115頁。
〔註42〕　劉宗周《證學雜解》第25解，吳光主編《劉宗周全集》，杭州：浙江古籍出
　　　　　版社，2007年，第2冊，第278頁。
〔註43〕　郝大維、安樂哲認爲中國思想具有內在宇宙論、無超越概念、無兩個世界、
　　　　　無形上思想等特點。《通過孔子而思》，何金俐譯，北京：北京大學出版社，
　　　　　2005年。
〔註44〕　《河南程氏遺書》卷19，《二程集》上冊，第251頁。

運乎晝夜，未嘗已也。是以君子法之，自強不息。及其至也，純
亦不已焉」。〔註45〕

此道體（宇宙本體）之本然就如川流一樣，無有止息，也正如聖人之心一樣，
純亦不已，此純亦不已，又是天德之純亦不已。此川流即是道體（宇宙本體）
之本然，也是天德之純亦不已。如此，則又爲何不可說山有山之性，水有水
之性呢？山水等枯槁之物何嘗不具有超越的義理當然之性呢？

朱熹說：

天地之間，有理有氣。理也者，形而上之道也，生物之本也；
氣也者，形而下之器也，生物之具也。是以人物之生，必稟此理然
後有性，必稟此氣然後有形。其性其形雖不外乎一身，然其道器之
間分際甚明，不可亂也。〔註46〕

此理氣與道器的結合，實際來自《易傳》。理的根源或實質可以追溯到「道」、
「太極」與《中庸》的「性」。氣則是陰陽五行之氣。朱熹稱「理」爲形而上
之道，爲生物之本；稱「氣」爲形而下之器，爲生物之具。生物稟理而得其
性，稟氣而爲其形。理氣是生物之所以爲生物的最根本的原因。所以朱熹又
說：

人之所以爲人，其理則天地之理，其氣則天地之氣。理無跡，
不可見，故於氣觀之。要識仁之意思，是一個渾然溫和之氣，其氣
則天地陽春之氣，其理則天地生物之心。〔註47〕

「其理則天地生物之心」一句，其實是說「天地之理」即等於「天地生物之
心」，二者是同一個概念。「天地之理」既然與「天地之心」一樣，是同一個
概念，它也是一個具有目的性、神秘性、宗教性、主體性與先驗性的概念，
從經驗或邏輯的層面看，理又是具有規律、抽象與共性的特點。

客觀世界（宇宙）既爲「天地之心」所創造，整個世界（宇宙）就可以
看作一個整體，所以朱熹從主觀上繼承了邵雍的「先天之心」，〔註48〕客觀上

〔註45〕 朱熹《論語集注》卷5，《朱子全書》，第6冊，第144頁。
〔註46〕 《晦庵先生朱文公文集》卷58《答黃道夫》，《朱子全書》第23冊，第2754頁。
〔註47〕 《朱子語類》卷6，第111頁。
〔註48〕 邵雍說：「心爲太極，又曰道爲太極」《皇極經世書》卷14《觀物外篇》下，第522頁。又說：「先天學，心法也。故圖皆自中起，萬化萬事生乎心也」《皇極經世書》卷13《觀物外篇》上，第518頁。趙中國認爲邵雍易學哲學本體論部分的一部分是「本體爲心」，他說：「邵雍固然認爲萬事萬物的法則從心

繼承了周敦頤的「太極」及張載的「太虛」的概念，承認這個宇宙有一個共相，但如果這個世界僅有共相而沒有殊相，則這個世界也就不存在了，這就是在承認理一的同時，也要承認分殊。宇宙的萬事萬物之所以不同，是由於稟理（性）不同所致。朱熹所謂「天地中間，上是天，下是地，中間有許多日月星辰，山川草木，人物禽獸，此皆形而下之器也。然這形而下之器之中，

而生，但是，僅僅從象數學來源的角度以及從認識過程的角度來強調先天學之『心』是不夠，這是因爲邵雍先天學之所以又是『心學』，還主要因爲心具有本體義，心是萬事萬物存在和生化的本體。如果僅從象數學來源的角度認識『心』，那麼此『心』就只是一個理性的『心』。而事實上，本體之『心』在於它作爲本體在呈現中固然能夠產生象數法則，但是它超越了象數法則。有了本體之心的呈現，才有萬事萬物的『一動一靜』，才有萬事萬物的生生不息；有了本體之心的呈現，人之生命才能超越利欲物化的世界，才能超越僵化的事『跡』世界，而達到天人合一的境界。很顯然，並不能僅僅用理性的心解釋邵雍之『心』。」（趙中國《邵雍易學哲學研究——兼論易學對於北宋儒學復興的貢獻》，南開大學博士學位論文，2009 年，第 95～96 頁），趙中國僅指出邵雍的「心」具有本體的特點，並沒有深入論述邵雍的「人心」與「先天之心」的關係，倒是他引用的林素芬博士的論文對此進行了獨到的論述：「但是，所有的『一』又爲一個同一的意義所貫徹，故云『天人焉有兩般義』，人身之行道也即是貫徹此義。這個同『一』，也即是天地人三才的根源，也即先天分出體用之本，也即人心發起經綸天下之智之本。筆者認爲，這個同一而上下貫徹者，就是先天之心。整個現象界的『道不虛行』，正是先天之心的貫徹、道化精神的呈現。……正如身、心有別，但是身、心在『一體』之中。主導物身的『心』，與先天之心是同一心。也就是說，『人心』與『天心』（先天之心）是相應的。每一個個別之物都是一個小乾坤，每一個物的心都通同與先天之心。這樣才能在『我自天地出』的同時，也說『天地自我出』。可見邵雍以數爲核心的解釋宇宙存在的哲學，雖然有『科學』的表徵，其實質卻是一種主觀的天人之學」（林素芬《北宋儒學道論研究——以范仲淹、歐陽修、邵雍、王安石爲探討對象》，臺灣大學博士論文，2005 年，第 198 頁。轉引自趙中國博士學位論文，第 95 頁）。朱子說：「太極者，象數未形而其理已具之稱，形氣已具而其理無眹之目，在《河圖》、《洛書》皆虛中之象也。周子曰『無極而太極』，邵子曰『道爲太極』，又曰『心爲太極』，此之謂也。」（朱熹《易學啓蒙》卷 2《原卦畫》，《朱子全書》，第 1 冊第 218 頁）。朱子在此直接引用邵雍的「心爲太極」來解說「太極」。又說：「凡看道理，要見得大頭腦處分明。下面節節，只是此理散爲萬殊。如孔子教人，只是逐件逐事說個道理，未嘗說出大頭腦處。然四面八方合聚湊來，也自見得個大頭腦。若孟子，便已指出教人。周子說出太極，已是太煞分明矣。且如惻隱之端，從此推上，則是此心之仁；仁即所謂天德之元；元即太極之陽動。如此節節推上，亦自見得大總腦處。若今看得太極處分明，則必能見得天下許多道理條件皆自此出，事事物物上皆有個道理，元無虧欠也」《朱子語類》卷 9，第 155～156 頁。「大頭腦」與「大總腦」，客觀的說是太極，主觀的說就是心。

便各自有個道理，此便是形而上之道」〔註 49〕。也就是說上至天，下至地，萬事萬物各自有各自的道理，才得以爲天地萬物。

綜上所論，則朱熹就理本身而言，理是宇宙本體。從先天的角度看，理是超越的存在；從後天的角度言性，自然也把「性」看作萬物所以然之理。他認爲本然之性墜在氣質之中，從性（理）與氣的結合言性，也是此性（理）對於萬物而言不僅超越的爲其體，而且內在的爲其性，理與性兩者完全同一化。

二、心及天地之心

朱熹關於心及天地之心的論述，最能體現宇宙本體論與心性本體論的結合。他對心的探討有一個曲折的歷程，在《中和舊說》一書中說：

> 人自有生即有知識，事物交來，應接不暇，念念遷革，以致於死，其間初無傾刻停息，舉世皆然也。然聖賢之言，則有所謂未發之中，寂然不動者。夫豈以日用流行者爲已發，而指夫暫而休息，不與事接之際爲未發時耶？嘗試以此求之，則泯然無覺之中，邪暗鬱塞，似非虛明應物之體，而幾微之際，一有覺焉，則又便爲已發，而非寂然之謂。蓋愈求而愈不可見，於是退而驗之於日用之間，則凡感之而通，觸之而覺，蓋有渾然全體應物而不窮者。是乃天命流行、生生不已之機，雖一日之間，萬起萬滅，而其寂然之本體，則未嘗不寂然也。所謂未發，如是而已，夫豈別有一物，限於一時，拘於一處，而謂之中哉？然則天理本眞，隨處發見，不少停息者，其體用固如是，而豈物欲之私所能壅遏而梏亡之哉。故雖汨於物欲流蕩之中，而其良心萌蘗，亦未嘗不因事而發見，學者於是致察而操存之，則庶乎可以貫乎大本達道之全體而復其初矣。不能致察，使梏之反覆，至於夜氣不足以存而陷於禽獸，則誰之罪哉？周子曰：「五行，一陰陽也；陰陽，一太極也；太極，本無極也。」其論至誠，則曰：「靜無而動有」。程子曰：「未發之前更如何求？只平日涵養便是」。又曰：「善觀者，卻於已發之際觀之」。二先生之說如此，亦足以驗大本之無所不在，良心之未嘗不發矣。〔註50〕

〔註49〕《朱子語類》卷62，第 1496 頁。
〔註50〕《晦庵先生朱文公文集》卷30《答張敬夫》，《朱子全書》第 21 冊，第 1315

朱熹此處將道德本體之心（先天之心、超越之心）與認識心（後天之心、經驗之心）區別開來。認識心是已發之心，是應接事物之心；而道德本體之心是未發之心，是天命流行、生生不已之機，是天理本眞，是良心，是孟子所說的夜氣。此處的「良心」是純正的道德本體之心的用語，而天命流行、生生不已之機、天理本眞、夜氣等詞語則是貫通宇宙本體論而言，這些用語既是宇宙創造實體的用語，也是道德創造實體的用語。

朱熹在與張栻的另一書中，把心置於「浩浩大化之中」，稱心爲「一家自有一個安宅」，他說：「而今而後，乃知浩浩大化之中，一家自有一個安宅，正是自家安身立命、主宰知覺處，所以立大本、行達道之樞要。所謂體用一源，顯微無間者乃在此。」心不是被空頭的懸置在宇宙大化之中，它是立大本、行達道之樞要，是每個人的安宅，這些都足以證明心兼具宇宙本體與道德本體的二重性的。「復見天地心之說，熹則以爲天地以生物爲心者。雖氣有闔闢，物有盈虛，而天地之心則亙古亙今未始有毫釐之間斷也。故陽極於外而復生於內，聖人以爲於此可以見天地之心焉。蓋其復者氣也，其所以復者則有自來矣。向非天地之心生生不息，則陽之極也一絕而不復續矣。尚何以復生於內而爲闔闢無窮乎？此則所論動之端者，乃一陽之所以動，非徒指夫一陽之已動者而爲言也。夜氣固未可謂之天地心然正是氣之復處」〔註51〕。此處，朱熹解「天地之心」爲「天地以生物爲心者。」天地有心實際是把宇宙本體論心性論化。〔註52〕

天地有心的說法與《易經》有密切的關係。朱熹在《答林澤之》書中說：「未發只是思慮事物之未接時，於此便可見性之體段，故可謂之中，而不可謂之性也。發而中節是思慮事物已交之際，皆得其理，故可謂之和而不可謂之心，心則貫乎已發未發之間，乃大易生生流行、一動一靜之全體也」〔註53〕。就是說，心之所以貫乎已發未發之間，是因爲未發是心之未發，已發是心之

頁。
〔註51〕《晦庵先生朱文公文集》卷32《答張敬夫》，《朱子全書》，第21冊，第1393頁。
〔註52〕錢穆先生說：「後人言程朱主『性即理』，陸王主『心即理』，因分別程朱爲理學，陸王爲心學，此一分別亦非不是，然最能發揮心與理之異同分合及其相互間之密切關係者蓋莫如朱子。故縱謂朱子之學徹頭徹尾乃是一項圓密宏大之心學，亦無不可。」《朱子新學案》，第2冊，第89頁。
〔註53〕《晦庵先生朱文公文集》卷43《答林澤之》，《朱子全書》，第22冊，第1967頁。

已發，此人心之貫乎已發未發之間也可上擬於大易流行、天地生生不已之心之已發未發，即天地之心也有已發未發。人心之已發未發是有道德本心統貫，此道德本心即心之體，此心之體即天命之性在人心者，同理，天地的心體即天命之性在天心者。

朱熹在《中和舊說》中繼承程頤指心爲已發，性爲未發的說法。在《中和新說》中指性爲未發，情爲已發。就天地之心而言，天地之心即天命流行之體，此天命流行之體即其未發，明道所謂「上天之載，無聲無臭，其體則謂之易，其理則謂之道，其用則謂之神」即是。其已發即是指元亨利貞、春夏秋冬而言。朱熹在《仁說》中說：

> 天地以生物爲心者也。而人物之生又各得夫天地之心以爲心者也。故語心之德，雖其總攝貫通，無所不備，然一言以蔽之，則曰仁而已矣。

> 請試詳之。蓋天地之心，其德有四，曰元亨利貞，而元無不統。其運行焉，則爲春夏秋冬之序。而春生之氣無所不通。故人之爲心，其德亦有四，曰仁義禮智，而仁無不包。其發用焉，則爲愛、恭、宜、別之情，而惻隱之心無所不貫。故論天地之心者，則曰乾元坤元，而四德之體用不待悉數而足。論人心之妙者，則曰仁人心也，則四德之體用亦不遍舉而賅。

> 蓋仁之爲道，乃天地生物之心即物而在。情之未發，而此體已具，情之即發，而其用不窮。誠能體而存之，則眾善之源，百行之本，莫不在是。此孔門之教所以必使學者汲汲於求仁也。

> 其言有曰：「克己復禮爲仁。」言能克去己私，復乎天理，則此心之體無不在，而此心之用無不行也。又曰：「居處恭，執事敬，與人忠。」則亦所以存此心也。又曰：「求仁得仁。」則以讓國而逃，諫伐而餓，爲能不失乎此心也。又曰：「殺身成仁。」則以欲甚於生，惡甚於死，而能不害乎此心也。此心何心也？在天地，則塊然生物之心，在人，則溫然愛人利物之心，包四德而貫四端者也。〔註54〕

朱熹論述「天地之心」是「以生物爲心者也」，而「人物之生又各得夫天地之

〔註54〕《晦庵先生朱文公文集》卷67《仁說》，《朱子全書》，第 23 冊，第 3279～3280頁。

心以爲心者也」，「人物之心」是從「天地之心」的源頭來，「天地之心」與「人物之心有共同之處，即「語心之德，雖其總攝貫通，無所不備，然一言以蔽之，則曰仁而已矣。」仁是通天地、人物之心而言。就天地之心與人物之心都具有「仁」的特點來看，天地之心與人物之心是相同的，這是從宇宙本體論的層面來看。但在朱熹的論述中，有時也不能堅持這一看法，因爲他看到天地似乎沒有生死，而具體的人物卻有生死；天地沒有生死則天地之心也沒有生死，具體的人物有生死則人物之心也有生死。然而，朱熹沒能看出，具體的人物雖有生死，然而每一個或生或死、或死或生之心仍是相同的，仍然具有「仁」的特點。從這個意義上說，天地之心與人物之心並無不同之處。但這點卻不能爲朱熹所承認。朱熹在《知言疑義》中說：

> 天地生物，人得其秀而最靈。所謂心者乃虛靈知覺之性，猶耳目之有見聞也。在天地，則通古今而無成壞；在人物，則隨形氣而有始終。知其理一而分殊，則又何必爲是心無生死之說以駭學者之聽聞乎？〔註55〕

朱熹此處是針對胡宏（五峰）「心無死生」之說而發。胡五峰是從「子無以形觀心，而以心觀心，則知之矣」的角度強調心無死生〔註56〕。胡五峰雖也承認有形之心有死生，但人物既得天地之心爲其心，此天地之心無生死，古往今來都是相同的，所以也可說人物之心無死生。朱熹也承認天地之心「則通古今而無成壞」，實際是天地之心無死生，雖天地之心無死生，然並不妨礙有形之心的生死。朱熹是在以具體人物之心的生死來否認胡五峰認可的具體人物之心雖生死實無生死。

　　朱熹之所以人物具體人物之心有生死，因爲他認爲具體人物之心所秉承的是分殊之理，而天地之心是理一分殊的理一。如果具體人物之心無生死，則也變成了理一分殊的理一，不在有分殊之理。這與李延平所強調的重視分殊的思想有衝突，難以爲朱熹所接受。

　　天地之心是先驗的，但可以從以下方面體現出來。首先是《周易》的《復卦》，朱熹在《周易本義‧象上傳》說：「復其見天地之心乎？積陰之下一陽復生，天地生物之心幾於滅息，而至此乃復可見。在人則爲靜極而動，惡極而善，本心幾息而復見之端也。程子論之詳矣，而邵子之詩亦曰：『冬至子之

〔註55〕胡宏《胡宏集》，吳仁華點校，北京：中華書局，1987年，第333頁。
〔註56〕《胡宏集》，第333頁。

半，天心無改移。一陽初動處，萬物未生時。玄酒味方淡，大音聲正希。此言如不信，更請問包羲。』至哉言也，學者宜盡心焉」〔註57〕。朱熹認爲當陰達到極盛時，天地的生機（陽）幾於滅息，爲何會有一陽來復而使天地重新充滿生機呢？這就是天地之心的體現。伊川認爲「動之端見天地之心」與邵子的詩《冬至吟》都是最好的證明。〔註58〕這種陰達到極盛的情況是陰盛於內，陽極於外，如果不是天地有生物之心，則一陽就會絕之於外，積陰之

〔註57〕 《周易本義·周易象上傳第一》，《朱子全書》，第1冊，第95頁。

〔註58〕 程頤對「復其見天地之心乎？」的解釋是：「（天地之）道反覆往來，迭消迭息，七日而來復者，天地之道運行如是也。相長相因，天之理也。陽剛君子之道長，故利有攸往。一陽復於下，乃天地生物之心也。先儒皆以靜爲天地之心，蓋不知動之端乃天地之心也。」伊川批評漢儒以靜爲天地之心的舊說，提出動之端才是天地之心的新說，朱子繼承了伊川的這一說法並有所發展。《周易程氏傳》卷2，《二程集》下冊第819頁。張載對此句話也有解釋：「復言『天地之心』，咸、恒、大壯言『天地之情』。心，內也；其原在內時，則有形見。情則見於事也，故可得而名狀。自姤而剝，至於上九，其數六也。剝之與復，不可容線，須臾不復，則乾坤之道息也，故適盡即生，更無先後之次也。此義最大。臨卦『至於八月有凶』，此言『七日來復』，何也？剛長之時，豫戒以陰長之事，故言『至於八月有凶』：若復則不可須臾斷，故言『七日』。七日者，晝夜相繼，元無斷續之時也。大抵言『天地之心』者，天地之大德曰生，則以生物爲本者，乃天地之心也。地雷見天地之心者，天地之心惟是生物，天地之大德曰生也。《象》曰：『終則有始，天行也。』天行何嘗有息？正以靜，有何期程？此動是靜中之動，靜中之動，動而不窮，又有甚首尾起滅？自有天地以來以迄於今，蓋爲靜而動。天則無心無爲，無所主宰，恒然如此，有何休歇。人之德性亦與此合，乃是己有。苟心中造作安排而靜，則安能久？然必從此去。蓋靜者，進德之基也。」張載此處的「天則無心無爲，無所主宰」，並不是否認天地有心，而是說「心中」不「造作安排」罷了。張載也把天地之心與復見天地之心聯繫在一起。《橫渠易說》卷1，第113頁。張載另有著名的四句教「爲天地立心，爲生民立命，爲往聖繼絕學，爲萬世開太平」，其中第一句即是「爲天地立心」，如果天地無心的話，則不會有「七日來復」之說，沒有「七日來復」，就不會有天地生物，沒有天地生物，則天地也就不會存在了。林樂昌先生認爲：「『天地之心』意指宇宙的創生根源，爲宇宙所固有，無需人來「立」，否則將過分誇大人的力量。但是，既然張載肯定天地有心，爲何他又說『爲天地立心』？因爲在張載看來，『天地之心』有別於『爲天地立心』之『心』。『天地之心』是客觀存有的，而『爲天地立心』之『心』則只有通過人的主觀努力才得以彰顯。張載『爲天地立心』之『心』，既不是指人的思維，也不是指天地的生物之心，而是指人的道德精神價值。……『爲天地立心』就是要爲天下建立一套以仁、孝、禮爲核心的價值系統和文化秩序。」其明確分「天地之心」與「爲天地立心」爲二，確有獨到的見解。參見《「爲天地立心」——張載「四爲句」新釋》，《哲學研究》2009年第5期，第60頁。

下的一陽也就不會復生。朱熹說「復見天地心之說，熹則以爲天地以生物爲心者。雖氣有闔闢，物有盈虛，而天地之心則亙古亙今未始有毫釐之間斷也。故陽極於外而復生於內，聖人以爲於此可以見天地之心焉。蓋其復者氣也，其所以復者則有自來矣。向非天地之心生生不息，則陽之極也，一絕而不復續矣。尙何以復生於內而爲闔闢無窮乎？此則所論動之端者，乃一陽之所以動，非徒指夫一陽之已動者而爲言也。夜氣固未可謂之天地心，然正是氣之復處」〔註59〕。一陽之氣復生，正是有天地之心爲之主宰。

其次，還可以從宇宙萬物的生生不息體驗天地之心。《朱子語類》記載：

> 道夫言：「向者先生敎思量天地有心無心。近思之，竊謂天地無心，仁便是天地之心。若使其有心，必有思慮，有營爲。天地曷嘗有思慮來！然其所以四時行，百物生者，蓋以其合當如此便如此，不待思惟，此所以爲天地之道。」曰：「如此則《易》所謂復其見天地之心，正大而天地之情可見，又如何？如公所說，只說得他無心處爾。若果無心，則須牛生出馬，桃樹上發李花，他又卻自定。程子曰：『以主宰謂之帝，以性情謂之乾。』他這名義自定，心便是他個主宰處。所以謂天地以生物爲心。〔註60〕

生物活動有天地之心爲之主宰，才能保證牛不生出馬，桃樹上不發李花。這些都可證明天地之心的主宰作用。

朱熹說：「故語心之德，雖其總攝貫通，無所不備，然一言以蔽之，則曰仁而已矣。」此「仁」字不僅指人之德，而且是就天地之心而言。朱熹又說：「又謂仁之爲道無所不體，而不本諸天地生物之心，則是但知仁之無所不體而不知仁之所以無所不體也。」〔註61〕「仁之無所不體」是指仁無不遍及，「體物而不遺」，以天地萬物爲一體之仁；「仁之所以無所不體」是指仁之所以爲人的原因，是從宇宙本體論的高度而言的，歸根結底是就「天地生物之心」而言。因此，易之四德元亨利貞就是天地之心，與人之四德仁義禮智爲人之心一樣。朱熹在《答何叔京》一文中說：

> 來敎云：「天地之心不可測識，惟於一陽來復，乃見其生生不窮

〔註59〕　《晦庵先生朱文公文集》卷32《答張敬夫》，《朱子全書》，第21冊，第1393頁。

〔註60〕　《朱子語類》卷1，第4頁。

〔註61〕　《晦庵先生朱文公文集》卷32《答張敬夫論仁說》，《朱子全書》，第21冊，第1412頁。

之意，所以爲仁也。」熹謂若果如此說，則是一陽未復已前，別有一截天地之心，漠然無生物之意，直到一陽之復，見其生生不窮，然後謂之仁也。如此則體用乖離，首尾衡決，成何道理？王弼之說便是如此，所以見闢於程子也。須知元亨利貞便是天地之心，而元爲之長，故曰「大哉乾元，萬物資始」，便是有此乾元，然後萬物資之以始，非因萬物資始然後得元之名也。〔註62〕

元亨利貞便是天地之心，而元爲之長，元無不統。元亨利貞的運行（發用），則爲春夏秋冬之序，而春生之氣無所不通。這樣，春夏秋冬的運行之所以有序，是因爲元亨利貞爲其超越的本體，在起作用；元亨利貞也要借春夏秋冬的運行來體現其生生之德。這樣，在朱熹的心學系統中，即使是表面看來純自然天道運行的春夏秋冬，也無不是天地之心的流行發用，哪裏還有什麼自然界的春夏秋冬，分明是天地之心所具有的元亨利貞、仁義禮智罷了。

如上所述，天地本來就具有天地之心，他既是其自身又自己創造其自身，又自可以爲其自身的主體。天的道德意義不是人賦予的，而是其自身本有的。思孟學派的「知天知性」說，強調「人性本於天道」，是一種事實的陳述。董仲舒的「天人相類，人副天數」、「人之爲人本於天，天亦人之曾祖父也，此人之所以乃上類天也」〔註63〕的論述，強調了「天」爲人的本源。朱熹部分繼承了董仲舒的思想，人的道德意義本來就是天所原有的。朱熹說：「此心何心也？在天地，則块然生物之心，在人，則溫然愛人利物之心，包四德而貫四端者也。」此心直接可以從天地處說，也可以從人說。牟宗三先生從「知性爲自然立法」以及「實踐理性爲行動立法」的層面來解讀康德哲學及宋明理學，他說「瞭解了『知性爲自然立法』這一步以後，就可以進到第二批判，瞭解『實踐理性』（意志自由）爲行動立法。康德系統是兩重立法。實踐理性立法的問題，在孟子就是『仁義內在』，仁義內在於『心』。⋯⋯『知性爲自然立法』與『自由意志爲行爲立法』，這兩重立法如能透徹明白，就能比對著中國從先秦儒家以後經過道家、佛家和宋明理學之發展來對看，看看中國智慧表現在哪裏，康德哲學所代表的西方智慧表現在哪裏，並將如何消化之。〔註64〕

〔註62〕　《晦庵先生朱文公文集》卷40《答何叔京》，《朱子全書》，第22冊，第1829頁。

〔註63〕　《春秋繁校釋露》卷11《爲人者天》，下冊，第702頁。

〔註64〕　牟宗生《哲學之路──我的學思進程》，《牟宗三先生全集》第24卷，臺北：聯經出版事業公司，2003年，第409頁。

其實，牟宗三先生所理解的康德的實踐理性本來就存在於朱熹的「天地之心」裏。倒是牟宗三先生對宋明理學宇宙秩序與道德秩序的判斷非常準確，他說：「宋明儒之將《論》《孟》《中庸》《易傳》通而一之，其主要目的是在豁醒先秦儒家之「成德之教」，是要說明吾人之自覺的道德實踐所以可能之超越的根據。此超越的根據直接地是吾人之性體，同時即通「於穆不已」之實體而爲一，由之以開道德行爲之純一不已，以洞徹宇宙生化之不息。性體無外，宇宙秩序即是道德秩序，道德秩序即是宇宙秩序」〔註65〕。所不同的是，牟宗三先生所謂的關於人的眞實生命的「道德秩序」可以直接就客觀的天道本體說，因爲這是朱熹所論述的天地之心本來就具有的。

　　朱熹有關天地之心所具有的特徵，恰恰具有牟宗三先生所判定的縱貫系統的特點，即從客觀方面說屬於本體宇宙論的存有系統，天地之心是即存有即活動的宇宙創生實體和道德創生實體。而牟先生關於朱熹的「天地生物之心」是假說虛託之詞、沒有任何實質意義的說法，僅是從朱熹有關理氣和人心推出來的，對於「天地之心」則是不起作用的。〔註66〕

〔註65〕　《心體與性體》上冊，第32頁。

〔註66〕　牟宗三說：「《朱子語類》卷第一，理氣上，論天地之心處，朱子申明『無心』是化之自然義，『有心』是理之定然義。無心有心兩面以觀，『天地生物之心』，被融解而爲理氣，其自身遂成虛脫，是即成虛說之心。「天地生物之心」，若從正面『有心』而觀之，心只是理之定然義，心被吞沒於理（此非『心即理』義）。『天地無心而成化』，若從反面『無心』之義而觀之，心只成氣化之自然義，心被吞沒於氣（此不是本心呈用之自然）。」《心體與性體》下冊，第216頁。如果把朱子的天地有心無心之說用其理氣論衡量，則朱子之說與牟宗三先生之說均成立，但朱子自有其關於天地之心的說法，天地之心是客觀存在的，有心無心只是一種比喻的說法。因此，其理氣論下有關天地之心有心無心的說法恰成虛說，恰成假說虛託之詞。杜保瑞認爲：「並不存在一套朱熹的橫攝系統之如牟先生所言者一般，而牟先生所說的縱貫系統則是所有儒者的共法，朱熹亦具備之。至於牟先生所說之橫攝系統的朱熹哲學觀點，朱熹確實有這些觀點，但是它們或者可以彙入牟先生所說的縱貫系統中，或者可以與縱貫系統有一外在但有意義的關聯，它們並不在牟先生定位的橫攝系統中形成系統，那是牟先生自己過度詮釋的錯誤鏈接所形成的系統。」《對牟宗三先生詮釋朱熹以〈大學〉爲規模的方法論反省》，《湖南大學學報》（社會科學版），2011年第1期，第28頁。杜保瑞所說的牟先生所說的縱貫系統則是所有儒者的共法，朱熹亦具備之，實際是朱子只在論天地之心時具備之。至於牟先生所說之橫攝系統的朱熹哲學觀點，朱熹確實有這些觀點，應該是指朱子關於理氣論的觀點。至於朱子的橫攝系統能不能彙入牟先生所說的縱貫系統則是另一問題。

朱熹所謂的天地之心，與其心性論中的心不同，不能納入其關於「心」論的心性情三分的格局。在朱熹的心性論中，朱熹最讚賞張載的「心統性情」之說：

> 人多說性方說心，看來當先說心。古人製字，亦先製得「心」字，「性」與「情」皆從「心」。以人之生言之，固是先得這道理。然才生這許多道理，卻都具在心裏。且如仁義自是性，孟子則曰「仁義之心」；惻隱、羞惡自是情，孟子則曰「惻隱之心，羞惡之心。」蓋性即心之理，情即性之用。今先說一個心，便教人識得個情性底總腦，教人知得個道理存著處。若先說性，卻似性中別有一個心，橫渠「心統性情」語極好。又曰：「合性與知覺有心之名，」則恐不能無病，便似性外別有一個知覺了！〔註67〕

> 孟子言：「惻隱之心，仁之端也。」仁，性也；惻隱，情也，此是情上見得心。又曰：「仁義禮智根於心」，此是性上見得心。蓋心便是包得那性情，性是體，情是用。「心」字只一個字母，故「性」、「情」字皆從心。〔註68〕

以上《語錄》所論的心統性情、心包性情之說，均從心與性、情的關係而言，而天地之心則從易、理、神處言。

朱熹關於道心與人心之分中的道心與天地之心有相似之處，或者說道心即是天地之心。僞《古文尚書・大禹謨》有「人心惟危，道心惟微，惟精惟一，允執厥中」之說，被宋明理學家稱爲十六字傳心訣，朱熹對道心人心的論述是：

> 蓋自上古聖神繼天立極，而道統之傳有自來矣。其見於經，則「允執厥中」者，堯之所以授舜也。「人心惟危，道心惟微，惟精惟一，允執厥中」者，舜之所以授禹也。……蓋嘗論之，心之虛靈知覺，一而已矣，而以爲有人心道心之異者，則以其或生於形氣之私，或原於性命之正，而所以爲知覺者不同，是以或危殆而不安，或微妙而難見耳。然人莫不有是形，故雖上智不能無人心；亦莫不有是性，故雖下愚不能無道心。二者雜於方寸之間，而不知所以治之，則危者愈危，微者愈微，而天理之公，卒無以勝夫人欲之私矣。精

〔註67〕《朱子語類》卷5，第92頁。
〔註68〕《朱子語類》卷5，第91頁。

則察夫二者之間而不雜也，一則守其本心之正而不離也。從事於斯，
無少間斷，必使道心常爲一身之主，而人心每聽命焉，則危者安，
微者著，而動靜云爲自無過不及之差矣。〔註69〕

人心生於形氣之私，而道心卻是原於性命之正，因此要使道心惟精惟一，爲
人心之主宰。《語錄》又說：

因鄭子上書來問人心、道心，先生曰：「此心之靈，其覺於理者，
道心也；其覺於欲者，人心也。」……大雅云：「前輩多云，道心是
天性之心，人心是人欲之心。今如此交互取之，當否？」曰：「既是
人心如此不好，則須絕滅此身，而後道心始明。且舜何不先說道心，
後說人？」……故當使人心每聽道心之區處方可。然此道心卻雜
出於人心之間，微而難見，故必須精之一之，而後可執，然此又非
有兩心也，只是義理與人欲之辨爾。〔註70〕

朱熹雖認爲心有人心道心之別，但人心道心卻是一心，只不過道心爲義理之
心，原於性命之正，是人得天地之心以爲心者。

朱熹既從天地之心處論述宇宙的形成、現象等，無疑充滿了神秘性和宗
教性。

三、萬物一體論

萬物一體的概念，莊子及孟子已有論述。莊子說：「天地與我並生，萬物
與我爲一」〔註71〕。又說：「自其異者視之，肝膽楚越也；自其同者視之，萬
物皆一也」〔註72〕。孟子說：「萬物皆備於我」。至北宋理學五子，萬物一體
的觀念幾乎爲各家所共識。〔註73〕如邵雍的環中說，周敦頤的《太極圖說》、

〔註69〕　《晦庵先生朱文公文集》卷76《中庸章句解》，《朱子全書》第24冊，第3673
　　　　　頁。
〔註70〕　《朱子語類》卷62，第1487頁。
〔註71〕　《莊子·齊物論》。
〔註72〕　《莊子·德充符》。
〔註73〕　陳立勝《王陽明「萬物一體」論》認爲整個宋明儒家討論萬物一體與仁說時
　　　　　所營造的「話語空間」，有四個特點：「第一，『一體』的觀念是與易之『生生』
　　　　　的觀念聯繫在一起，從而奠定了仁說的宇宙論向度。第二，『一體』的觀念是
　　　　　與孟子『盡心』的觀念、『萬物皆備於我，反身而誠樂莫大焉』的觀念聯繫在一
　　　　　起，此可以說是仁說的心性論向度。第三，『一體』觀念的表達是與佛老的
　　　　　區別觀聯繫在一起，從而奠定了宋儒仁說的『儒家』品格。第四，『一體』觀
　　　　　念與踐履的觀念聯繫在一起，帶有強烈的體知色彩，從而奠定了仁說的工夫

張載的大心說及《西銘》、程顥的《仁說》及程頤的「體用一源、顯微無間」等都是萬物一體的說法，朱熹對這些說法都有繼承和批判。

邵雍的宇宙本體論爲「先天」本體論，先天與太極、心、道、中等意思一致，都是對同一本體的稱謂。那麼，就《先天圖》所揭示的宇宙圖像來說，邵雍無疑是認爲萬物一體的，如邵雍《觀易吟》詩云：

> 一物其來有一身，一身還有一乾坤。能知萬物備於我，肯把三才別立根。

> 天向一中分體用，人於心上起經綸。天人焉有兩般義，道不虛行只在人〔註74〕。

人身與乾坤、心、道等分明就是同一物罷了。邵雍的環中說則較爲形象的說明這一點。邵雍說：

> 先天圖者，環中也。自下而上謂之升，自下而上謂之降。升者，生也；降者，消也。故陽生於下，陰生於上，是以萬物皆反生，陰生陽，陽生陰；陰復生陽，陽復生陰，是以循環而無窮。〔註75〕

《先天圖》即邵雍的《伏羲六十四卦方圖和圓圖》，此圖的核心是環中，六十四卦圍繞「環中」而上下陞降，上下升降即陰陽消長，陰陽消長即是萬物一體之陰陽消長。探究此萬物一體陰陽消長的原因是：「先天之學，心法也。故圖皆自中起。萬化萬事生乎心也。圖雖無文，吾終日言而未嘗離乎是。蓋天地萬物之理，盡在其中矣」〔註76〕。此「中」字不僅僅是先天圖中的位置之中，而且是指天地萬物之理。《先天圖》既是對宇宙萬象的模型展示，也是天地萬物之理的形象化說明。〔註77〕

朱熹在《周易本義》中對此「環中說」解釋說：「此圖圓布者，乾盡午中，坤盡子中，離盡卯中，坎盡酉中。陽生於子中，極於午中；陰生於午中，極

論向度。」此說可謂全面，但還僅傾向於「仁」說下的「萬物一體」。上海：華東師範大學出版社，2008年，第39頁。

〔註74〕《伊川擊壤集》卷15《觀易吟》，第416頁。

〔註75〕《皇極經世書》卷14《觀物外篇》下，第523頁。

〔註76〕《皇極經世書》卷13《觀物外篇》上，第518頁。

〔註77〕宋錫同《邵雍易學與新儒學思想研究》認爲：「此處之『中』（『皆自中起』之『中』）乃在於強調陰陽消長之理的發顯處，再結合他提出的『先天之學，心也；後天之學，跡也』之論，邵雍言心、言道，在先天象數學中多次以『中』爲著眼點。此『中』也即對『心法』的彰顯，即邵雍所說的先天而在地理。」上海：華東師範大學出版社，2011年，第199頁。

於子中。其陽在南，其陰在北。方布者，乾始於西北，坤盡於東南；其陽在北，其陰在南。此二者，陰陽對待之數：圓於外者爲陽，方於中者爲陰。圓者動而爲天，方者靜而爲地者也」〔註78〕。此圖圓者肖天，方者肖地，天地萬物在此環中原則下流行對待。

邵雍的「環中說」，「中」字本身就是宇宙本體太極、理、道及心。其《伏羲六十四卦圓圖和方圖》通過環中的形式形象的闡釋了萬物一體的思想。

周敦頤的萬物一體的思想主要體現在《太極圖說》中，至朱熹則從理一分殊的角度論萬物一體，朱熹在解釋《太極圖說》中「乾道成男，坤道成女，二氣交感，化生萬物」時說：

> 自男女而觀之，則男女各以其性，而男女一太極也；自萬物而觀之，則萬物各以其性，而萬物一太極也。蓋合而言之，萬物統體一太極也；分而言之，一物各具一太極也。〔註79〕

「萬物統體一太極」是多麼鮮明的「萬物一體」論，無怪乎錢穆先生認爲周敦頤的《太極圖說》是理學家所依據的最早的萬物一體之本。朱熹的「理一分殊」視域下的萬物一體則是周敦頤「萬物統體一太極」視域下的萬物一體論的同義表達，都是以太極或理作爲其宇宙本體的概念。

張載的「大心說」認爲：「大其心則能體天下之物。物有本末，則心爲有外。世人之心，止於聞見之狹。聖人盡性，不以見聞梏其心，其視天下無一物非我，孟子爲盡心則知性知天以此。天大無外，故有外之心不足以合天心。見聞之知，乃物交而知，非德性所知；德性之知，不萌於見聞」〔註80〕。張載的「大其心」即是孟子的「盡心」，「大其心」與「天心」合，則「天下無一物非我」，這是張載從「大其心」的角度論證孟子的「萬物皆備於我」，從而論證天地萬物爲一體。張載還從「性」的角度論證萬物一體，他說：「性者萬物之一源，非有我之得私也。惟大人爲能盡其道，是故立必俱立，知必週知，愛必兼愛，成不獨成」〔註81〕。但張載最爲人樂道的萬物一體的思想是他在《西銘》中表達的「民胞物與」的思想：

> 乾稱父，坤稱母，予兹藐焉，乃混然中處，故天地之塞，吾其

〔註78〕《周易本義・易圖》，《朱子全書》，第1冊，第20頁至21頁間《伏羲六十四卦方位圖》注文。
〔註79〕《周敦頤集》卷1，第5頁。
〔註80〕《張載集》，第24頁。
〔註81〕《張載集》，第21頁。

體；天地之帥，吾其性。民吾同胞，物吾與也。大君者，吾父母宗子；其大臣，宗子之家相也。尊高年，所以長其長；慈孤弱，所以幼其（吾）幼。聖其合德，賢其秀也。凡天下疲癃殘疾、煢獨鰥寡，皆吾兄弟之顛連而無告者也。於時保之，子之翼也。〔註82〕

朱熹從理一分殊的角度闡釋《西銘》，他說：

天地之間，理一而已。然『乾道成男，坤道成女，二氣交感，化生萬物』，則其大小之分，親疏之等，至於十百千萬而不能齊也。不有聖賢者出，孰能合其異而反其同哉！《西銘》之作，意蓋如此。程子以爲明理一而分殊，可謂一言以蔽之矣。蓋以乾爲父，以坤爲母，有生之類無物不然，所謂理一也。而人物之生，血脈之屬，各親其親，各子其子，則其分亦安得而不殊哉！一統而萬殊，則雖天下一家，中國一人，而不流于兼愛之弊；萬殊而一貫，則雖親疎異情，貴賤異等，而不梏於爲我之私。此《西銘》之大指也。〔註83〕

值得注意的是，朱熹此處雖是秉承伊川關於《西銘》是理一分殊的說法，同時也是引用周敦頤「乾道成男，坤道成女，二氣交感，化生萬物」之說來解《西銘》，但與《太極圖說解》「蓋合而言之，萬物統體一太極也；分而言之，一物各具一太極也」不同的是，朱熹更重視萬物一體下「而人物之生，血脈之屬，各親其親，各子其子，則其分亦安得而不殊哉」的等差（分殊）。朱熹強調等差（分殊）思想則更多的是來自李延平。〔註84〕這種一體觀下的等差

〔註82〕《張載集》，第62頁。

〔註83〕朱熹《西銘解》，《朱子全書》第13冊，第145頁。

〔註84〕《延平答問》庚辰七月與朱熹書：「所云見《語錄》中有『仁者渾然與物同體』一句，即認得《西銘》意旨。所見路脈甚正，宜以是推廣求之。然要見一視同仁氣象，卻不難。須是理會分殊，雖毫髮不可失，方是儒者氣象」（《延平答問》，《朱子全書》第13冊，第324頁）。《朱子語類》載：「沈元用問尹和靖：『伊川《易傳》何處是切要？』尹云：『體用一源，顯微無間，此是最切要處。』後舉以問李先生，先生曰：『尹說固好，但須是看得六十四卦、三百八十四爻都有下落，方始說得此話』」（《朱子語類》卷11，第192頁）。另趙師夏《延平答問跋》載：「文公先生嘗語師夏云：『余之始學，亦務爲籠統宏闊之言，好同而惡異，喜大而恥於小，於延平之言，則以爲何爲多事若是，天下之理一而已，心疑而不服。同安官餘，以延平之言反覆思之，始知其不我欺矣。蓋延平之言曰：『吾儒之學所以異於異端者，理一分殊也。理不患其不一，所難者分殊耳。』此其要也」（趙師夏《延平答問跋》，《朱子全書》第13冊，第354頁）。以上三條都說明朱子不僅強調萬物一體，同時也強調萬物的等差。

思想正是儒家哲學的特色所在，也是李延平所一再強調的。朱熹對《西銘》
中「民吾同胞，物吾與也」的解釋更加有力的說明了這一點。朱熹說：

> 人、物並生於天地之間，其所資以爲體者，皆天地之塞；其所
> 得以爲性者，皆天地之帥也。然體有偏正之殊，故其於性也，不無
> 明暗之異。惟人也得其形氣之正，是以其心最靈，而有以通乎性命
> 之全體，於並生之中，又爲同類而最貴焉，故曰「同胞」。則其視之
> 也，皆如己之兄弟矣。物則得夫形氣之偏，而不能通乎性命之全，
> 故與我不同類，而不若人之貴。然原其體性之所自，是亦本之天地
> 而未嘗不同也，故曰「吾與」。則其視之也，亦如己之儕輩矣。惟「同
> 胞」也，故以天下爲一家，中國爲一人，如下文所云。惟「吾與」
> 也，故凡有形於天地之間者，若動若植，有情無情，莫不有以若其
> 性、遂其宜焉。此儒者之道，所以必至於參天地、贊化育，然後爲
> 功用之全，而非有所強於外也。〔註85〕

朱熹認爲人物之別僅僅是由於所稟形氣有偏正明暗，但因人物的體性都本之
於天，所以人物的體性未嘗有所不同，即使是枯槁（無情）之物也是如此，
但其偏正明暗的差別還是存在的。

程顥是從仁者與物同體的角度明確提出「萬物一體」的概念，他首先由
醫者把脈體會到「仁」，他說：「醫書言手足痿痹爲不仁，此言最善名狀。仁
者，以天地萬物爲一體，莫非己也。認得爲己，何所不至？若不有諸己，自
與己不相干。如手足不仁，氣已不貫，皆不屬己」〔註86〕。程顥由人的有四
肢之仁推及天地的四肢百體之仁，他進一步說：「若夫至仁，則天地爲一身，
而天地之間，品物萬形爲四肢百體。夫人豈有視四肢百體而不愛者哉？聖人，
仁之至也，獨能體是心而已，曷嘗支離多端而求之自外乎……醫書有以手足
風頑謂之四體不仁，爲其疾痛不以累其心故也。夫手足在我，而疾痛不與知
焉，非不仁而何？」〔註87〕程顥又從仁統「義禮智信」的角度論仁爲萬物之
統體，他在《識仁篇》裏說：

> 學者須先識仁。仁者，渾然與物同體。義、禮、智、信皆仁也。
> 識得此理，以誠敬存之而已，不須防檢，不須窮索。若心懈則有防，

〔註85〕《西銘解》，《朱子全書》第 13 冊，第 141 頁。
〔註86〕《河南程氏遺書》卷 2 上，《二程集》上冊，第 15 頁。
〔註87〕《河南程氏遺書》卷 4，《二程集》上冊，第 74 頁。

心苟不懈，何防之有？理有未得，故須窮索。存久自明，安待窮索？此道與物無對，大不足以名之。天地之用皆我之用。孟子言「萬物皆備於我」，須反身而誠，乃爲大樂。若反身未誠，則猶是二物有對，以己合彼，終未有之，又安得樂？《訂頑》意思，乃備言此體。以此意存之，更有何事？「必有事焉而勿正，心勿忘，勿助長」，未嘗致纖毫之力，此其存之之道。若存得，便合有得。蓋良知良能元不喪失，以昔日習心未除，卻須存習此心，久則可奪舊習。此理至約，惟患不能守。既能體之而樂，亦不患不能守也。〔註88〕

《訂頑》即《西銘》，此處可見程顥對《西銘》所表達的萬物一體觀念的贊同，程顥在承認天地爲一體，承認孟子言「萬物皆備於我」的基礎上，進而言仁統「義禮智信」，仁爲萬物之統體。但程顥至此並沒有徹底完成其萬物一體的理論，因爲在明道，「天理」二字才是其自家體貼出來的東西，因此，明道萬物一體之仁一定要與天理貫通起來才是圓融、圓滿。明道說：「『天地之大德曰生』，『天地絪縕，萬物化醇』，生之謂性。萬物之生意最可觀，此元者善之長也，斯所謂仁也，與天地一物也」〔註89〕。此處程顥將仁與天地化生之德聯繫在一起，使仁具有了宇宙本體論的意味，此化生之大德即「天理」、即「道」。程顥說：「『生生之謂易』，是天之所以爲道也。天只是以生爲道。繼此生理者，即是善也。善便有一個『元』底意思。『元者善之長』。萬物皆有春意，便是『繼之者善』也」〔註90〕。此生理即道、即「天理」，所以程顥仁者以萬物爲一體的思想實際上是由其宇宙本體論作爲背景的，而王新春先生認爲程顥的天理與仁體可以合稱爲「天理——仁體」，「天理——仁體」的合稱模式可以看作是對明道萬物一體觀的一種合理詮釋。〔註91〕

程頤也有自己的萬物一體觀，他認爲人在天地之中猶魚在水中，他說：「天地安有內外？言天地之外，便是不識天地也。人之在天地，如魚在水，不知

〔註88〕《河南程氏遺書》卷2上，《二程集》，上冊，第16～17頁。
〔註89〕《河南程氏遺書》卷11，《二程集》，上冊，第200頁。
〔註90〕《河南程氏遺書》卷2上，《二程集》，上冊，第29頁。此處未標明爲程顥語，但《宋元學案》卷13《明道語錄》，第1冊第564頁，斷爲程顥語。
〔註91〕王新春認爲：「天理爲體，乃先於天地以及萬物而爲其所以然的共同終極根基、根據者，爲一終極的絕對仁善之體，簡稱仁體。由是在體的層面上天理與仁二而爲一，天理即仁」。參見《仁與天理通而爲一視域下的程顥易學》，《周易研究》，2006年，第6期。此處對天理與仁之間的關係的闡發可謂獨到。

有水，直待出水，方知動不得」〔註92〕。還說「人者，位乎天地之間，立乎萬物之上；天地與吾同體，萬物與吾同氣」〔註93〕。其實，最能表現程頤的萬物一體觀的思想是其「體用一源，顯微無間」之說，「體用一源，顯微無間」從本體與現象不可分割，融爲一體的角度證實了萬物一體。朱熹說：

> 至於體用一原、顯微無間之語，則近嘗思之。前此看得大段鹵莽，子細玩味，方知此序無一字無下落，無一語無次序。其曰「至微者，理也；至著者，象也。體用一原，顯微無間」，蓋自理而言，則即體而用在其中，所謂一原也。自象而言，則即顯而微不能外，所謂無間也。其文理密察，有條不紊乃如此。若於此看得分明，則即《西銘》之書，而所謂一原無間之實已了然心目之間矣，亦何俟於《東銘》而後足耶？〔註94〕

體即理，用即象，本體與現象本無間隔，所以是「體用一源，顯微無間」。朱熹還用「體用一源，顯微無間」的思想解釋周敦頤的《太極圖說》，他說：

> 所謂體用一源者，程子之言蓋已密矣。其曰「體用一源」者，以至微之理言之，則沖漠無朕，而萬象昭然已具也。其曰「顯微無間」者，以至著之象言之，則即事即物，而此理無乎不在也。言理則先體而後用，蓋舉體而用之理已具，是所以爲一源也。言事則先顯而後微，蓋即事而理之體可見，是所以爲無間也。〔註95〕

朱熹自己發揮程頤的「體用一源，顯微無間」的思想說：「『體用一源』，體雖無跡，中已有用。『顯微無間』者，顯中便具微。天地未有，萬物已具，此是體中有用；天地既立，此理亦存，此是顯中有微」〔註96〕。此是用理本論的思想來解釋程頤的萬物一體，朱熹在注重一體的同時仍然強調萬物的差別。

以上是北宋五子的萬物一體觀的大致觀點及朱熹對他們的繼承，然而，朱熹也有與北宋五子不同的觀點，特別是在《仁說》中反對楊時的「物我爲一」及謝良佐的「以覺訓仁」之說。牟宗三先生認爲，朱熹其實是在間接的辯駁程顥「醫書言手足痿痹爲不仁，此言最善名狀。仁者，以天地萬物爲一

〔註92〕《河南程氏遺書》卷2上，《二程集》，上冊，第43頁。
〔註93〕《河南程氏文集》遺文，《二程集》，上冊，668頁。
〔註94〕《晦庵先生朱文公文集》卷30《答汪尚書》，《朱子全書》，第21冊，第1306～1307頁。
〔註95〕《周敦頤集》卷1，第9頁。
〔註96〕《朱子語類》卷67，第1654頁。

體，莫非己也」之說。〔註97〕朱熹在《仁說》中說：

> 或曰：程氏之徒言仁多矣。蓋有謂愛非仁，而以「萬物與我爲一」爲仁之體者矣。亦有謂愛非仁，而以「心有知覺」釋仁之名者矣。今子之言若是，然則彼皆非與？

> 曰：彼謂「物我爲一」者，可以見仁之無不愛矣，而非仁之所以爲體之眞也。彼謂「心有知覺」者，可以見仁之包乎智矣，而非仁之所以得名之實也。觀孔子答子貢博施濟眾之問，與程子（伊川）所謂「覺不可以訓仁」者，則可見矣。子尚安得復以此而論仁哉？

> 抑泛言「同體」者，使人含糊昏緩，而無警切之功，其弊或至於認物爲己者有之矣。專言「知覺」者，使人張皇迫躁，而無沉潛之味，其弊或至於認欲爲理者有之矣。一忘一助，二者蓋胥失之。而知覺之云者，於聖門所示樂山能守之氣象，尤不相似，子尚安得復以此而論仁哉？因並記其語作《仁說》。〔註98〕

此處且不論朱熹批評「以覺訓仁」，其實「以覺訓仁」也可以證成萬物一體之說。〔註99〕從「泛言同體」來說，朱熹認爲其有「認物爲己」之弊，使人含

〔註97〕牟宗三先生說：「其辯駁『物我爲一』與『一覺訓仁』之說，前者直接指龜山說，後者直接指上蔡說，而此兩說皆來自明道，故間接是辯駁明道。在明道，此兩說實即一義。」《心體與心體》下冊，第226頁。

〔註98〕《晦庵先生》卷67《仁說》，《朱子全書》，第23冊，第3280頁。

〔註99〕朱子駁上蔡以覺訓仁大致有（1）上蔡之病，患在以覺爲仁。但以覺爲仁，只將針來刺股，才覺得痛，亦可謂之仁矣。此大不然也！《朱子語類》，第479頁。（2）或問：「謝上蔡以覺言仁，是如何？」曰：「覺者，是要覺得個道理。須是分毫不差，方能全得此心之德，這便是仁。若但知得個痛癢，則凡人皆覺得，豈盡是仁者耶？醫者以頑痺爲不仁，以其不覺，故謂之『不仁』。不覺固是不仁，然便謂覺是仁，則不可。」《朱子語類》，第2562頁。第（2）條可以解釋第（1）條。牟宗三先生認爲朱子是從生理層面的知覺釋「覺」，這與明道釋覺根本不相應，牟宗三先生說：「覺是『惻然有所覺』之覺，是不安不忍之覺，是道德眞情之覺，是寂感一如之覺，是仁心之惻然之事，而非智之事，是相當於『Feeling』，而非『Perception』之意。（當然仁心惻然不昧，是非在前自能明之。）盡朱子以智之事解之，而謂『心有知覺，可以見仁之包乎智，而非仁之所以得名之實』，此則差繆太甚。以朱子之明，何至如此之乖違！不麻木而惻然有所覺正是仁體所以得名之實。今乃一見『覺』字，便向『知覺運用』之知覺處想，不知覺有道德眞情寂感一如之覺與認知的知覺運用之覺之不同，遂只准於智字言覺，不准於仁心言覺矣」（《心體與性體》下冊，第229頁）。劉述先先生承牟宗三先生之說，認爲：「上蔡所謂知覺，知是知此仁體，覺是覺此仁體，這裏已預設一逆覺體證的工夫，朱子將之誤

糊昏緩，而忘記警切之功，不符合儒家「勿忘勿助長」之義。但這並不是說，朱熹不贊成明道萬物一體的說法，他說：

> 明道「醫書手足不仁」止「可以得仁之體」一段，以意推之，蓋謂仁者，天地生物之心，而人物所得以爲心，則是天地人物莫不同有是心，而心德未嘗不貫通也。雖其爲天地，爲人物，各有不同，然其實則有一條脈絡相貫。故體認得此心，而有以存養之，則心理無所不到，而自然無不愛矣。才少有私欲蔽之，則便間斷，發出來愛，便有不到處。故世之忍心無恩者，只是私欲蔽錮。不曾認得我與天地萬物心相貫通之理。故求仁之切要，只在不失其本心而已。〔註100〕

朱熹認爲「我與天地萬物心相貫通」才是萬物一體之理，此萬物一體之理即是仁，仁即爲萬物一體貫通之理，這樣說，似乎有點同義反覆，其實也是如此，萬物一體即是仁的呈現，仁呈現而爲萬物一體。所以，朱熹說：「明道曰『學者須先識仁。仁者，渾然與物同體，義禮智信皆仁也』云云，極好，當添入《近思錄》中」〔註101〕。但朱熹又說：「伊川語錄中說『仁者以天地萬物爲一體』說得太深，無捉摸處」〔註102〕。這只能說，朱熹雖然贊成程顥的萬物一體之說，並不等於朱熹的萬物一體說與程顥的完全相同。那麼，朱熹的萬物一體說有何獨特之處呢？

　　前文在論述各家萬物一體說時，已經隨時闡明了朱熹對各家萬物一體說的贊同，這些只能說是朱熹對各家的繼承，朱熹在繼承各家的同時，也有自

解爲順逆之感官知覺，甚不相應，事至顯然。」《朱子哲學思想的發展與完成》，臺北：臺灣學生書局，1982年，第155頁。其實，朱子未必僅僅把「覺」當成「知覺運用」之覺，從智之事說覺；對「覺」的道德情感寂感一如，從仁心的角度言覺，沒有眞切的體會。從上面第（2）段話來看，如果僅看後面的話，朱子確實是從智上說覺，但前面一句話，則是大有深意，所謂「覺者，是要覺得個道理。須是分毫不差，方能全此心之德，這便是仁。」如果說「知覺運用」之覺是從形而下的角度說覺，此句話則說明，朱子也理解如何從形而上的角度說覺。因爲覺要覺得分毫不差，要能覺全此心之德。怎樣才能使覺得分毫不差，覺全此心之德，這是朱子所追求的，朱子雖然沒有言明如何能全部呈現覺得內容，但「醫者以頑痹爲不仁，以其不覺，故謂之『不仁』。」顯然是容易讓人認爲僅僅是知得個痛癢而已，而對於仁體之與萬物之貫通，猶如人身之手足百體，痛癢相關的道德眞情之覺沒有體會而已。

〔註100〕《朱子語類》卷95，第2424～2425頁。
〔註101〕《朱子語類》卷95，第2447頁。
〔註102〕《朱子語類》卷95，第2425頁。

得之處，這就是他從「心統性情」的角度論述萬物一體說。

　　「心統性情」說來自張載，但張載對「心統性情」說並無解釋，朱熹對此四字卻很欣賞。他說：「舊看五峰說，只將心對性說，一個情字都無下落。後來看橫渠『心統性情』之說，乃知此話有大功，始尋得個情字著落」〔註103〕。《朱子語類》還有一段記載問答的話，也是朱熹讚揚張載關於「心統性情」的，「問：性情心仁。曰：『橫渠說得最好，言心統性情者也」〔註104〕。「心、性、情」本來是只有人才具有的範疇，但朱熹認爲天地（宇宙）也有心、性、情，人的心、性、情來自天地（宇宙萬物），人的心、性、情是對天地（宇宙）的模仿（呈現）。朱熹的《元亨利貞說》就把人的心、性、情與天地（宇宙）的心、性、情有機的結合在一起。〔註105〕他說：

　　　　元亨利貞，性也；生長收藏，情也；以元生，以亨長，以利收，以貞藏者，心也。仁義禮智，性也；惻隱、羞惡、辭讓、是非，情也；以仁愛，以義惡，以禮讓，以智知者，心也。性者，心之理也；情者，心之用也；心者，性情之主也。程子曰：「其體則謂之易，其理則謂之道，其用則謂之神」，正謂此也。又曰：「言天之自然者謂之天道，言天之付與萬物者謂之天命。」又曰：「天地以生物爲心」，亦謂此也。〔註106〕

「元亨利貞」原爲乾卦的卦辭，坤卦則說「元亨利牝馬之貞」。程頤解釋「元亨利貞」說：「元者萬物之始，亨者萬物之長，利者萬物之遂，貞者萬物之成。惟乾坤有此四德，在他卦則隨事而變。故元專爲善大，利主於正固，亨貞之體，各稱其事。四德之義，廣矣大矣」〔註107〕。朱熹則認爲元亨利貞與仁義禮智都是天地之性，元亨利貞即是仁義禮智，仁義禮智即是元亨利貞，而所以元亨利貞及仁義禮智則是天地之心。乾卦的元亨利貞是性，生長收藏是情，之所以元生、亨長、利收、貞藏則是心，此心顯然是天地之心，是萬物之所以有元亨利貞之性及有生長收藏之情的根本原因。仁義禮智是性，惻隱、羞

〔註103〕《朱子語類》卷5，第91頁。

〔註104〕《朱子語類》卷5，第92頁。

〔註105〕李約瑟認爲朱熹理學是「現代有機自然主義的先導」。《中國科學技術史》第2卷《科學思想史》，北京：科學出版社、上海：上海古籍出版社，1990年，第2頁。本文有意借用「有機」一詞，但其含義不同。

〔註106〕《晦庵先生朱文公文集》卷67《元亨利貞說》，《朱子全書》，第23冊，第3254頁。

〔註107〕《周易程氏傳》卷1，《二程集》，下冊，第695頁。

惡、辭讓、是非是情，之所以仁愛、義惡、禮讓、智知則是心，此心也顯然是天地之心，是萬物之所以有仁義禮智之性及惻隱、羞惡、辭讓、是非之情的根本原因。其實，元亨利貞與仁義禮智的貫通在《文言》裏就存在了，《文言》又云：「元者善之長，亨者嘉之會，利者義之和，貞者事之幹。君子體仁足以長人，嘉會足以合禮，利物足以和義，貞固足以幹事。」顯然是以元為仁，以亨為禮，以利為義，而貞所言不明。後來發展為以貞為智。〔註108〕

元亨利貞與仁義禮智同為性，通而為一，宇宙秩序與道德秩序本來就是二者為一，所以程顥說：「天人本無二，不必言合」，〔註109〕實際這也為朱熹所承認，所以在朱熹的思想中不存在宇宙本體論與心性論的對立，言心性即

〔註108〕李鼎祚主張貞為智，他說：「元為善長，故能體仁。仁主春生，東方木也。通為嘉會，足以合禮。禮主夏養，南方火也。利為物宜，足以和宜。義主秋成，西方金也。貞為事幹，以配於智。智主冬藏，北方水也。故孔子曰『仁者樂山，智者樂水』，則智之明證矣。不言信者，信主土而統屬於君。」《周易集解》，上海：上海古籍出版社，1989年，第1頁。朱熹也主張貞為智。
〔註109〕《河南程氏遺書》卷6，《二程集》，上冊，第81頁。

合宇宙（天地）與人物而言，宇宙之心性即人物之心性。然而，程頤說性即理，並且爲朱熹所遵循，但朱熹在這裏又說：「以元生，以亨長，以利收，以貞藏者，心也」；「以仁愛，以義惡，以禮讓，以智知者，心也。性者，心之理也；情者，心之用也；心者，性情之主也」。此處的心爲性情之主與張載的「心統性情」是一致的，也就是說，朱熹又認爲心爲理之主宰，萬物一體正是在心的主宰下的一體。這與程顥所說的「其體則謂之易，其理則謂之道，其用則謂之神」有殊途同歸，異曲同工之妙。

朱熹的「元亨利貞」與太極陰陽的義理架構是一致的。朱熹說看《文言》「元者善之長也」一段，「須與《太極圖》通看」〔註110〕。朱熹認爲元亨利貞就是渾然未分的太極，太極動靜而生陰陽，元亨利貞（渾然未分的元亨利貞）動靜而生元亨利貞（分陰分陽的元亨利貞），元亨是陽，利貞是陰，元亨是創生性力量，利貞是凝成性力量。陰陽變合而生五行，則元是木，亨是火，利是金，貞是水。所以，朱熹說：「太極陰陽五行只將元亨利貞看甚好。太極是元亨利貞都在上面；陰陽是利貞是陰，元亨是陽；五行是元是木，亨是火，利是金，貞是水」〔註111〕。但，元亨利貞之體也是仁義禮智之體，五行與五常相匹配，則元是仁，亨是禮，利是義，貞是智。另外，五行還要補上土，五常需要補上信。因爲李鼎祚說「不言信者，信主土而統屬於君」，朱熹也贊同這種說法，因爲信主土而統屬於君，故不需明言。又因爲「五者，數之祖也……是以於五行爲土，於五常爲信。水、火、木、金不得土，不能各成一氣；仁、義、禮、智不實有之，亦不能各爲一德」〔註112〕。所以太極即是元亨利貞，即是仁義禮智。天地萬物爲一太極，太極是萬物渾然之一體。那麼，從這些角度看，仁義禮智也是表示萬物渾然一體的。又因爲仁爲義禮智信的統體，就像元爲元亨利貞的統體一樣。仁可以兼四者而言，所以可以天地萬物本來就是一個仁體，仁者以天地萬物爲一體本來就是分內之事了。

朱熹顯然是從性理上說萬物一體（同體），他認爲仁義禮智本來就如太極、元亨利貞一樣，都爲宇宙的本體。萬物本來都是一體所有，只有認清同體是怎樣的同體，才能理解諸如『愛』等概念的意義，他說：

〔註110〕《朱子語類》卷68，第1690頁。
〔註111〕《朱子語類》卷94，第2378頁。
〔註112〕《晦庵先生朱文公文集》卷51《答董叔重》，《朱子全書》，第22冊，第2363
　　　　～2364頁。

　　林安卿問：「『仁者以天地萬物爲一體』，此即人物初生時驗之可見。人物均受天地之氣而生，所以同一體，如人兄弟異形，而皆出父母胞胎，所以皆當愛。故推老老之心，則及人之老；推幼幼之心，則及人之幼。惟仁者其心公溥，實見此理，故能以天地萬物爲一體否？」曰：「不須問他從初時，只今便是一體。若必用從初說起，則煞費思量矣。猶之水然，江河池沼溝渠皆是此水。如以兩碗盛得水來，不必教去尋討這一碗是那裏酌來，那一碗是那裏酌來。既都是水，便是同體，更何待尋問所從來。如昨夜莊仲說人與萬物均受此氣，均得此理，所以皆當愛，便是不如此。『愛』字不在同體上說，自不屬同體事。他那物事自是愛。這個是說那無所不愛了，方能得同體。若愛，則是自然愛，不是同體了方愛。惟其同體，所以無所不愛。所以愛者，以其有此心也；所以無所不愛者，以其同體也。」〔註113〕

同體是萬物本來同體，所以一碗水與一江水都「同」爲說，不能從量上說，而只能從性上說。同體則無所不愛，愛之充其極，則爲萬物一體。

　　朱熹是從萬物的性理相同來論證萬物一體。明道的「其體則謂之易，其理則謂之道，其用則謂之神」一句話，爲朱熹所激賞。萬物生生，變化無窮，就如滾滾而逝的江水，這就是易之體；之所以生生，變化無窮，這就是道之理；能生所生，所生能生，這就是神之用。心學家們認爲良知就是道德的當體呈現，用道德實踐，逆覺體證來證成良知仁體心體的存在，不願把良知推到那遙遠的混沌中去。所謂「惟人也得其秀而最靈」，此「秀」與「不秀」（或者非秀）應該如同一碗水與一江水、「一月」如同「一江月」一樣，性理相同。這就是從程頤開始追問然與其後面的所以然，朱熹接過程頤的接力棒，他進而追問然與其後面的所以然之所以然。萬物由氣化而成，所謂「天地氤氳，萬物化醇；男女構精，萬物化生」，由是氣則由是理，然何以有是理，這可能沒法再追問下去，會形成無意義的同義反覆，然而，朱熹是往下追問了，他認爲，之所以有是理是因爲有是心存在。所以，朱熹思想的最後支撐點是神秘的天地之心。萬物一體是天地之心支配下的萬物一體。天地之心是神秘的，充滿宗教意味。〔註114〕

〔註113〕《朱子語類》卷33，第852頁。
〔註114〕金春峰認爲：「和世界上許多大德哲學家一樣，朱熹哲學在追究自然宇宙何以如此和諧有序、欣欣向榮，宇宙何所自來？本心何以爲萬善之源、百行之本

四、辯佛論

朱熹與其它理學家如張載、二程一樣，也有出入佛老的經歷，這使他更能明晰儒與佛老之別。朱熹不僅從倫理本位上辨別儒與佛老之別，還從宇宙本體論的高度闡述他們的分別。

朱熹對於道家只是否定其「有生於無」之說，朱熹說：「易不言有無，老子言有生於無，便不是」〔註115〕。而對於佛教則主要否定其「空」的理論。佛教認爲儒家的綱常倫理、仁義道德、民生彝倫等都爲都是「虛空」。朱熹說：

> 釋老稱其有見，只是見得個空虛寂滅。眞是虛，眞是寂無處，不知他所謂見者見個甚底？莫親於父子，卻棄了父子：莫重於君臣，卻絕了君臣；以至民生彝倫之間不可闕者，它一皆去之。所謂見者見個甚物？且如聖人『親親而仁民，仁民而愛物』；他卻不親親，而劃地要仁民愛物。愛物時，也則是食之有時，用之有節；見生不忍見死，聞聲不忍食肉：如仲春之月，犧牲無用牝，不麛，不卵，不殺胎，不覆巢之類，如此而已。他則不食肉，不茹葷，以至投身施虎！此是何理？〔註116〕

與儒家的愛惜身體，視三綱五常爲實理不同，佛教可以投身施虎，視三綱五常爲虛空。佛教不僅認爲人類社會的倫理綱常爲虛空，而且眼前的宇宙萬物都是虛空，朱熹明顯反對這種說法，據《朱子語類》記載：

> 謙之問：「今皆以佛之說爲（無）〔空〕，老之說爲（空）〔無〕，空與無不同如何？」曰：「空是兼有無之名。道家說半截有，半截無，已前都是無，如今眼下卻是有，故謂之（空）〔無〕。若佛家之說都是無，已前也是無，如今眼下也是無。『色即是空，空即是色』。大而萬事萬物，細而百骸九竅，一齊都歸於無。終日吃飯，卻道不曾咬著一粒米；滿身著衣，卻道不曾掛著一條絲。」〔註117〕

等根本問題上，理性超出自己而進入了信仰的領域，其所提供的答案，實際上既是對自己的限定，又是理性對自己的逾越。所以如此，歸根結底是因爲人的本性是理性的，同時又是信仰的」(《朱熹哲學思想》，第37頁)。他把朱熹的「理」、「心」解釋不了的問題歸入信仰的範疇。

〔註115〕《朱子語類》卷125，第2998頁。
〔註116〕《朱子語類》卷126，第3014頁。
〔註117〕《朱子語類》卷126，第3012頁。

　　　　彼見得心空而無理，此見得心雖空而萬理咸備也。〔註118〕

朱熹認爲佛教的虛空是離開人倫日用的眞「空」，而儒家所見到的「虛空」卻萬理咸備，這是儒佛眞正的區別所在。〔註119〕

　　　　朱熹除承認宇宙本體及宇宙萬物爲眞實的存在，以與佛教區別開外，還繼承康節之說，認爲天地萬物能循環（有成壞），此種循環論其實也是對世界的一種肯定。《朱子語類》記載：「太極之前，須有世界來；正如昨日之夜，今日之盡耳。陰陽亦一大闔闢也。但當其初開時須昏暗，漸漸乃明，故有此節次，其實已一齊在其中。又問：『今推太極以前如此，後去又須如此。』曰：『固然』」〔註120〕。此處認爲太極之前有太極，還有他處認爲天地有成壞，如《朱子語類》記載：「問『動靜無端，陰陽無始。』曰：『這不可說道有個始；他那有始之前，畢竟是個什麼？他自是做一番天地了，壞了後，又恁地做起來。那個有甚窮盡？」〔註121〕太極有前後之說顯然與朱熹的太極理論有矛盾，勞思光先生發現了這個問題，但他試圖對此進行補救，他解釋說：「蓋依朱氏自身之說，『太極』不在時空中，本身不能講前後，且不能說成壞，所謂『理之一字，不可以有無論』。今所謂『太極之前』，當解作『太極發用之前』，蓋『太極』發用或運行，即生二氣五行，以構成世界；世界即壞，『太極』又從頭生起，所謂『壞了又恁地做起來』是也」〔註122〕。勞先生之說近是，這樣解釋確實能使朱熹的太極概念保持一致。但結合上文所引《朱子語類》一條，「道家說半截有，半截無，已前都是無，如今眼下卻是有，故謂之（空）〔無〕。

〔註118〕《朱子語類》卷126，第3015頁。
〔註119〕勞思光認爲：「朱氏之反佛教，以佛教言『空』不能肯定『理』爲主；而其理論並非針對佛教如何證『空』，及何故以世界爲虛妄等理論說，只就其『捨離』一主張說。譬如，萬有生於『無明』是佛教視世界爲虛妄之理據，因緣及識變等說，即爲其理論內容。『空』在般若宗言，通過『中論』之論證而建立。此皆是佛教所以得此結論之理論基礎。朱氏成日反佛教，心目中只有禪宗語錄，對此種種理論全未深究；故其反佛教只表示以『肯定世界』之態度反『捨離世界』之態度而已」（《新編中國哲學史》第3冊上，第239頁）。勞思光先生得出的結論是朱子僅僅以其儒家「肯定世界」的態度反對佛教「捨離世界」之態度而已。牟宗三先生認爲宋明儒判儒佛之別，明道達到最高點，而「至朱子即視『以心爲性』者爲禪，此則眞成只『本天』而不敢『本心』矣。是故伊川、朱子只繼承明道義之一半也。」《心體與性體》上，第66～69頁。
〔註120〕《朱子語類》卷94，第2368頁。
〔註121〕《朱子語類》卷94，第2377頁。
〔註122〕勞思光《新編中國哲學史》第3冊上，第219頁。

若佛家之說都是無，已前也是無，如今眼下也是無。」朱熹確實將佛道的時空概念分「已前」、「如今眼下」的說法。爲何儒家不能有這樣的分法呢？其實，這就可以看到朱熹最終是將宇宙本體追溯到他在《元亨利貞說》中闡述的「天地之心」說。

第二節　朱熹的《易》學宇宙本體論

朱熹最主要的易學著作是《易學啓蒙》和《周易本義》，《易學啓蒙》成書於淳熙十三年（1186），《周易本義》成書於淳熙十五年（1188）秋。〔註123〕

朱熹認爲「《易》爲卜筮之書」。朱熹之所以認爲堅持認爲《易》爲卜筮之書，關鍵是他認爲：「《易》之所言，卻是說天人相接處」〔註124〕。《易》乃是通天人之際之學。《周易》作爲五經之一，與其它經書有本質的不同之處，朱熹說：「如他書則元有這事，方說出這個道理，《易》則未曾有此事，先假託都說在這裏。如《書》便有個堯、舜，有個禹、湯、文、武、周公，出來做許多事，便說許多事。今《易》則元未曾有。聖人預先說出，待人占考，大事小事，無一能外於此」〔註125〕。未有這些事時，卻能先把這些事都說在那裏，這是易經最偉大之處。怎麼樣才能把這些事都先說在那裏，這是易經的方法論問題，但這種方法又是由內容所決定。此內容即是對宇宙人生的探討，換言之，易學是對宇宙本體的探討最爲深刻的一門學問。

從朱熹的易學著作看，如果說《周易本義》是對《周易》的經文進行注釋的話，《易學啓蒙》則是一部反映朱熹對《易經》究爲何物進行深刻反思的書。朱熹曾宣稱：某一生只看得《大學》、《啓蒙》「這兩件文字透，見得前賢所未到處」〔註126〕。通過這句話可以看出，朱熹認爲自己在學術上的創新之處，所看到的前賢未能看到之處，正表現在他所注的《大學》及與蔡元定合寫的《易學啓蒙》裏。朱熹最喜歡追問事物的本質。他認爲，應該嚴格區分伏羲之易、文王之易與孔子之易的不同。朱熹說：

〔註123〕參見束景南《朱熹年譜長編》，上海：華東師範大學出版社，2001 年版，第911～913 頁；王鐵《宋代易學》認爲《周易本義》的最後成書在慶元二年（1196）或稍後，上海：上海古籍出版社，2005 年版，第 209 頁。
〔註124〕《朱子語類》卷 68，第 1698 頁。
〔註125〕《朱子語類》卷 65，第 1606～1067 頁。
〔註126〕《朱子語類》卷 14，第 258 頁。

　　今人讀《易》，當分爲三等，伏羲自是伏羲之易，文王自是文王之易，孔子自是孔子之易。讀伏羲之易，如未有許多《彖》、《象》、《文言》說話，方見得易之本意只是要作卜筮用也。如伏羲畫八卦，那裏有許多文字言語？只是說八個卦，有某象乾，有乾之象而已。其大要不出於陰陽剛柔吉凶消長之理，然未嘗說破，只是使人知占得此卦如此者吉，彼卦如此者凶。今人未曾明得乾坤之象，便說乾坤之理，所以說得都無情理。及文王、周公分爲六十四卦，添入「乾元亨利貞」、「坤元亨利牝馬之貞」，早不是伏羲之意也，已是文王、周公自說他一般道理了。然猶是就人占處說，如占得乾卦則大亨而利於正耳。及孔子繫《易》作《彖》、《象》、《文言》，則以元亨利貞爲乾之四德，又非文王之易矣。到得孔子盡是說道理，然猶就卜筮上發出許多道理，欲人曉得所以凶，所以吉。卦爻好則吉，卦爻不好則凶。若卦爻太好而己德相當則吉；卦爻雖吉而己德不足以勝之，則雖吉亦凶；卦爻雖凶而己德足以勝之，則雖凶猶吉。反覆都就占筮上發明誨人底道理。〔註127〕

朱熹之所以要嚴格區分三「易」的不同，是因爲他認爲自《易傳》以來對《周易》的義理闡釋有違伏羲畫卦的原意。他說：「今學者諱言《易》本爲占筮作，須要說做爲義理作。若果爲義理作時，何不直述一件文字，如《中庸》、《大學》之書，言義理以曉人？須得畫八卦則甚？」〔註128〕朱熹認爲《周易》有義理之學是從孔子開始，「到孔子，方始說從義理去」〔註129〕，然而義理實爲易學的第二義。孔子雖重視義理之學，但卻沒有拋開占筮，朱熹說：「《易》當來只是爲占顯而作。《文言》、《彖》、《象》卻是推說義理上去，觀乾坤二卦便可見。孔子曰：『聖人設卦觀象，繫辭焉而明吉凶。』若不是占顯，若何說『明吉凶』？且如需九三：「需於泥，致寇至。」以其逼近坎險，有致寇之象。《象》曰：「需於泥，災在外也；自我致寇，敬慎不敗也。」孔子雖說推明義理，這般所在，又變例推明占顯之意。「需於泥，災在外」，占得此象，雖若不吉，然能敬慎則不敗，又能堅韌以需待，處之得其道，所以不凶。或失其剛健之德，又無堅韌之志，則不能不敗矣」〔註130〕。但朱熹也並不反對對《易》

〔註127〕《朱子語類》卷66，第1629～1630頁。
〔註128〕《朱子語類》卷66，第1622頁。
〔註129〕《朱子語類》卷66，第1622頁。
〔註130〕《朱子語類》卷，第1628頁。

作義理的解釋，他說：「聖人因做《易》，教他占，吉則爲，凶則否，所謂「通天下之志，定天下之業，斷天下之疑」者，即此也。及後來理義明，有事則便斷以理義。如舜傳禹曰：「朕志先定，鬼神其必依，龜筮必協從。」已自吉了，更不用重去卜吉也」〔註131〕。又說：「且如《易》之作，本只是爲卜筮，……聖人恐人一向只把做占筮看，便以義理說出來」〔註132〕。朱熹認爲《易》的卜筮與義理並非沒有關係。朱熹之所以認爲《易》本卜筮之書，一方面有從《易》學的歷史觀出發，追溯《易》的形成過程；〔註133〕另一方面，作爲「卜筮之書」的易學階段，實際內容應是伏羲之易，伏羲之易即爲先天之易，先天之易不是沒有哲學思想，而是較後天易學有更爲深刻的哲理所在。

後世《易學》有象數與義理之分。朱熹視《易》爲卜筮之書，自然重視《易學》的象數之學；但他也重視義理之學。所以就朱熹究竟爲象數派或義理派這一點，引起了很廣泛的爭論。朱伯崑先生認爲：「朱子的易學，對筮法的解釋雖然吸收了河洛圖式和邵雍的先天《易》學，但仍然屬於義理學派；或者說，站在義理的立場上吸收象數學派的某些觀點，以補其不足」〔註134〕。蔡方鹿先生說：「朱子以義理思想爲指導，重本義，重象數，將義理、卜筮、象數相結合，把宋易之義理派與象數派包括圖書學統一起來的易學思想的提出，是對中國易學史上先前思想及思想資料的吸取、借鑒、繼承、揚棄和發展，亦是對宋代易學的總結和發展，而集其大成」〔註135〕。然而，對朱熹的

〔註131〕《朱子語類》卷66，第1620頁。

〔註132〕《朱子語類》卷66，第1621頁。

〔註133〕強調《易》爲卜筮之書，似乎削弱了朱熹易學的思想色彩，如高懷民認爲：「朱子對《易經》『爲卜筮之書』的看法，其堅信的情形使人感到意外，古代易學家如漢象數易家，十九精於筮占，但並不否認《易經》之哲思，朱子則全然不承認其有哲學思想，令人不能不疑心於朱子本人實爲欠缺哲理思考之人」（《宋元明易學史》，第121頁）。然而，正是朱子承認爲「卜筮之書」的伏羲之易，卻爲朱子一再強調的先天之易，先天之易不是沒有哲學思想，而是較後天易學有更爲深刻的哲理所在。

〔註134〕朱伯崑《易學哲學史》，第2冊，第466頁。朱伯崑先生還認爲，朱子「易本卜筮之書」這一論斷，有兩層涵義：「其一，不贊成以義理注解卦爻辭的文義和名物，要求從卜筮的角度，注明其原意；其二，認爲此卜筮之書中存在著天下事物之理，需要後人揭示和闡發。朱熹認爲，這兩層涵義並不矛盾。這種對待《周易》的態度，表明朱熹既是一個歷史學家，又是一個哲學家。」（同書第480頁。）這也指出了朱子易學與「理」的聯繫，當然，此「理」與「義理之學的義理」爲不同的概念。

〔註135〕蔡方鹿《朱熹經學與中國經學》，北京：人民出版社，2004年，第290頁。

易學的解釋，最強勁的觀點是，朱熹的易學是理學下的易學，或者說是理化的易學。如朱伯崑先生認爲朱熹是「理學派易學哲學的完成者」〔註 136〕。高懷民先生認爲朱熹「是將易學納入他的『理氣』的思想結構中，以他的理氣說論易，而非以易本身的思想論易，我且名之爲『理學的易學』」〔註 137〕。雷喜斌認爲：「朱子對易學與理學關係之看法可以從此獲得啓發，即如以分言朱子的易學、理學，則他的理學顯然處於主導地位，易學乃是一種證成之『論據』，將兩者強行分隔定位實屬艱難且不妥當。……那麼朱子的易學或許應該稱爲『理化象數派』」〔註 138〕。史少博進而認爲朱熹的「『太極』與『理』具有同等的意義，都爲本體。故而朱子說：『太極，理也。』他認爲，『太極即理』，也由此溝通了易學與理學，使得易學和理學難解難分，形成了易學和理學互釋互融的關係。」〔註 139〕這些見解深刻，特別是「太極，理也」是溝通朱熹易學與理學的關鍵，可謂抓住了朱熹易學的精髓。然而，朱熹是怎樣把以邵雍爲代表的先天易學納入自己的學說中，還是應該深入探討的問題。

朱熹的易學觀點與《四庫提要易類》的觀點不同，《四庫提要易類》說：「漢儒言象數，去古未遠也，一變而爲京、焦，入於機祥；再變而爲陳、邵，務窮造化，易遂不切於民用。王弼盡黜象數，說以老莊，一變而胡瑗、程子，始闡明儒理；再變而李光、楊萬里又參證史事，易遂日啓其論端。此兩派六宗，已互相攻駁」〔註 140〕。《四庫提要》指出易學的義理學派由王弼開端，至北宋的胡瑗、程頤，始於儒理結合。象數派則從漢代發端，由京房、焦延壽演變至北宋的陳摶、邵雍。朱熹所說的象數與此不同，他的象數指的是伏羲易學的先天象數，而《四庫提要》提到的卻是漢唐以來的象數學，與伏羲先天易學的象數學不同。而朱熹是對漢唐以來的象數學派不滿。他批評朱震

〔註 136〕朱伯崑《易學哲學史》，第 2 冊，第 490 頁。

〔註 137〕高懷民《宋元明易學史》，桂林：廣西師範大學出版社，2007 年，第 122 頁。

〔註 138〕雷喜斌《朱熹易學思想研究》，福建師範大學博士學位論文，2009 年，第 57 頁。

〔註 139〕史少博《「太極，理也」溝通朱熹易學和理學》，《嘉應學院學報》（哲學社會科學），2007 年第 1 期，第 31 頁。史少博認爲「太極」爲易學的根源。朱伯崑先生說：「朱熹的太極說，有兩層內容：就筮法說，太極指卦畫的根源；就哲學說，太極指世界的本原。這兩層涵義又是一致的。」（《易學哲學史》，第 2 冊，第 517 頁。）

〔註 140〕司馬朝軍編《四庫全書總目精華錄》，武漢：武漢大學出版社，2008 年，第 5 頁。

（1072～1138）和林栗（1122～1190）的象數學說：「朱震又多用伏卦互體說明陰陽，說陽便及陰，說陰便及陽，乾可爲坤，坤可爲乾，太走作。近來林黃中又撰出一翻筋斗互體，一卦可變作八卦，也是好笑」〔註141〕。朱熹對象數學有獨特的認識，他在《易象說》中說：

> 《易》之有象，其取之有所從，其推之有所用，非苟爲寓言也。
> 然兩漢諸儒，必欲究其所從，則既滯泥而不通，王弼以來，直欲推其所用，則又疏略而無據，二者皆失之一偏而不能闕其所疑之過也。且以一端論之，乾之爲馬，坤之爲牛，《說卦》有明文矣。馬之爲健，牛之爲順，在物有常理矣。至於案文責卦，若屯之有馬而無乾，離之有牛而無坤，乾之六龍則或疑於震，坤之牝馬則當反爲乾，是皆有不可曉者。是以漢儒求之《說卦》而不得，則遂相與創爲互體、變卦、五行、納甲、飛伏之法，參互以求而幸其偶合。其說雖詳，然其不可通者，終不可通，其可通者，又皆傅會穿鑿，而非有自然之勢。惟其一二之適然而無待於巧說者爲若可信，然上無所關於義理之本原，下無所資於人事之訓戒，則又何必苦心極力以求於此而欲必得之哉！故王弼曰：義苟應健，何必乾乃爲馬？爻苟合順，何必坤乃爲牛？而程子亦曰：理無形也，故假象以顯義。此其所以破先儒膠固支離之失，而開後學玩辭玩占之方，則至矣。然觀其意，又似直以《易》之取象無復有所自來，但如《詩》之比興、孟子之譬喻而已，如此則是《說卦》之作爲無所與《易》，而近取諸身遠取諸物者，亦剩語矣。故疑其說亦若有未盡者。因竊論之，以爲《易》之取象固必有所自來，而其爲說必已具於太卜之官。顧今不可復考，則姑闕之。而直據辭中之象以求象中之意，使足以爲訓戒而決吉凶，如王氏、程子與吾《本義》之云者，其亦可矣；固不必深求其象之所自來，然亦不可直謂假設而遽欲忘之也。〔註142〕

此處「互體、變卦、五行、納甲、飛伏之法」等都是漢代以來所創立的象數之法，這些爲朱熹所不取，而朱熹重視的象數是伏羲先天易學的象數學，此乃爲《易》之根源，而自文王以下的象數學乃是在伏羲畫卦之後的象數學，

〔註141〕《朱子語類》卷67，第1651～1652頁。
〔註142〕《晦庵先生朱文公文集》卷67《易象說》，《朱子全書》，第23冊，第3255頁。

乃是後天之學，此乃爲《易》之源流。朱熹說：

> 伏羲之易初無文字，只有一圖以寓其象數，而天地萬物之理、陰陽始終之變具焉。文王之《易》，即今之《周易》，而孔子所爲作傳者是也。孔子既因文王之《易》以作傳，則其所論固當專以文王之《易》爲主。然不推本伏羲作《易》畫卦之所由，則學者必將誤認文王所演之《易》便爲伏羲始畫之《易》，只從中半說起，不識向上根原矣。故《十翼》之中，如八卦成列、因而重之，太極、兩儀、四象、八卦，而天地、山澤、雷風、水火之類，皆本伏羲畫卦之意。而今新書《原卦畫》一篇，亦分兩儀，伏羲在前，文王在後。必欲知聖人作《易》之本，則當考伏羲之畫，若只欲知今《易》書文義，則但求之文王之經、孔子之傳足矣。〔註143〕

朱熹在其它地方大多強調下學的重要性，而此處是朱熹文章中很少見的的強調要認識「向上根源」的文字──伏羲的先天易學雖然沒有文字，卻具有天地萬物之理，此天地萬物之理即是伏羲作《易》畫卦之所由。而文王之易僅是從「中半」說起，孔子之傳又是接著文王之易說下來，是義理之學的源頭。王弼、程頤等則推闡義理又走得太遠，有違義理之學的初衷。故而均遭到朱熹的質疑。所以說，朱熹所重視的象數之學是伏羲的先天易學的象數學，〔註144〕其

〔註143〕《晦庵先生朱文公文集》卷38《答袁機仲》，《朱子全書》第21冊，第1665頁。

〔註144〕「先天」一詞，首見於《周易・文言・乾》：「夫大人者，與天地合其德，與日月合其明，與四時合其序，與鬼神合其吉凶，先天而天弗違，後天而奉天時。」但此處並沒有分《易》有先、後天之別。晉人干寶注《周禮》「太卜掌三易之法」說「伏羲之《易》小成，爲先天；神農之《易》中成，爲中天；黃帝之《易》大成，爲後天。」（楊慎《丹鉛餘錄・續錄・經說》，叢書集成初編本，北京：中華書局，1985年，第41頁），此說與伏羲易、文王易、孔子易爲不同的系統，且此處的伏羲易爲小成，與陳摶、邵雍的「先天易爲本體，後天易爲用」的立意與目的均不同。簡單的說先天學就是以伏羲的先天八卦方位爲基礎構築的一系列符號組合方式及文字闡釋的學說。先天學的起源主要來自先天圖，朱震的《漢上易傳表》記述了先天圖在北宋早期的傳承情形：「漢上陳摶以《先天圖》傳種放，放傳穆修，修傳李之才，之才傳邵雍；放以《河圖》、《洛書》傳李溉，溉傳許堅，堅傳范諤昌，諤昌傳劉牧；修以《太極圖》傳周敦頤，敦頤傳程頤、程顥。是時張載講學於二程、邵雍之間，故雍著《皇極經世》之書，牧陳天地五十有五之數，敦頤作《通書》，程頤述《易傳》，載造《太和》《三兩》等篇，或明其象，或論其數，或傳其辭，或兼而明之，更唱疊和，相爲表裏。」（四庫易學叢刊，上海：上海古籍出版社，1989年，第5頁）按此說，則先天學來自陳摶。朱子則把陳摶之學上溯到《參

所排斥的是後天易學的象數學及義理學。

　　先天易學在宋代得到長足的發展，孔穎達在注釋《周易・文言・乾》「先天而天弗違，後天而奉天時」一句時說：「『先天而天弗違』者，若在天時之先行事，天乃在後不違，是天合大人也。『後天而奉天時』者，若在天時之後行事，能奉順上天，是大人合天也。『天且弗違，而況於人乎，況於鬼神乎』者，夫子以天且不違，遂明大人之德，言尊而遠者尚不違，況小而近者可有違乎？況於人乎？況於神乎？」〔註145〕孔穎達把「先天「解釋爲「天時之先」，

同契》，朱子説：「《先天圖》直是精微，不起於康節。希夷以前元有，只是秘而不傳。次第是方士輩所相傳授底。《參同契》中亦有些意思相似，與曆不相應。」《朱子語類》卷65，第1617頁。又説：「邵子『天地定位，否泰反類』一詩，正是發明先天方圖之義。《先天圖》傳自希夷，希夷又自有傳。蓋方士技術用以修煉，《參同契》所言是也。」（《朱子語類》卷100，第2552頁。）這樣，《先天圖》就是由《參同契》發展而來的。實際上，《先天圖》受《參同契》的影響是很明顯的，如《參同契》説：「乾坤者，易之門戶，眾卦之父母。坎離匡廓，運轂正軸。牝牡四卦，以爲槖籥，冒覆陰陽之道；猶工御者，準繩墨，正規矩，隨軌轍，處中以制外，數載律曆紀」（《周易參同契考異》，《朱子全書》，第13冊第533頁）。邵雍説：「乾坤定上下之位，離坎列左右之門，天地之所闔闢，日月之所出入。是以春夏秋冬，晦朔弦望，晝夜長短，行度盈縮，莫不由乎此也。」（《皇極經世書》卷13《觀物外篇》上，第515頁。）這樣看來《先天圖》以「乾坤坎離」爲四正卦，明顯受到《參同契》的影響。朱子不可能看不到這一點，所以，詹石窗先生指出：「朱熹關於先天學源於《參同契》的觀點是『一以貫之』的。他之所以如此重視先天學的淵源問題，是因爲這個問題乃是朱熹易學的理論基礎之一。唯有搞清楚先天八卦的發端與理趣，才能明白整個易學體系的豐富內涵，故而朱熹數十年如一日，『窮理盡性，以至於命』，孜孜不倦地追索伏羲大《易》之本旨，體現了由源及流的崇本思想。」（詹石窗、楊燕《朱熹與〈周易〉先天學關係考論》，《中國社會科學》2007年，第5期，第188頁）朱子也明確討論過《先天圖》如何出自《參同契》的問題，這在胡渭的《易圖明辨》中有記載：「或問：朱子謂希夷之學源出《參同契》，何以知其然乎？曰：即其陰陽盛衰之數，以推晦、朔、弦、望之氣而知，其理有若合符節者矣。陽氣生於東北，而盛於正南，震、離、兑、乾在焉，即望前三候，陽息陰消之月象也。陰氣生於西南，而盛於正北，巽、坎、艮、坤在焉，即望後三候，陽消陰息之月象也。陰極於北，而陽起薄之，陰避陽，故回入中宮，而黑中復有一點之白。陽極於南，而陰來迎之，陽避陰，故回入中宮，而白中復有一點之黑。蓋望夕月東日西，坎、離易位，其黑中白點，即是陽光；白中黑點，即是陰魄。東西正對，交注於中，此二用之氣，所以納戊巳也。舉《參同》千言萬語之玄妙，而括之以一圖，微而著，約而賅，丹家安得不私之爲秘寶，而肯輕易示人耶！」（《易圖明辨》卷3《先天太極》，王易等整理，成都：巴蜀書社，1991年，第87～88頁）。

〔註145〕孔穎達疏《周易正義》卷1，上冊，第65頁。

「後天」解釋爲「天時之後」。朱熹在注釋這句話時顯然已經受到邵雍先天易學的影響，而超越了對此句話的注釋。朱熹說：「大人無私，以道爲體，曾何彼此先後之可言哉。先天不違，謂意之所爲，默與道契。後天奉天，謂知理如是，奉而行之」〔註146〕。朱熹認爲「先天」的含義是指存在於天地之先的太極之理，先於天地而存在，「後天之理」則是指有天地之後，天地萬物奉理而行之的理氣不分的狀態。

關於朱熹的先天易學，其直接地來源則是邵雍的先天之學。按照詹石窗先生的考察，朱熹的先天學有三部分構成：

> 第一，指伏羲氏作爲「畫卦根據」的天地自然之象，即卦畫之前的「河圖」。邵雍說：「蓋圓者，河圖之數」，伏羲氏「因之而造《易》」，這種不假智力的「畫前之易」是純自然的，故而有「無字天書」之稱。第二，准其自然法則確立的相關圖式，即《伏羲先天八卦次序》、《伏羲先天八卦方位》、《伏羲六十四卦次序》、《伏羲六十四卦方位》，簡稱「先天四圖」。第三，由「先天」諸圖所延伸的易學象數詮釋理論，邵雍將之稱作「心法」，也就是以誠爲本的一種精神感悟和思想解讀。〔註147〕

其實，如果詹石窗先生的分類可以成立的話，朱熹先天學的第一部分除《河圖》之外，還應該包括《洛書》。朱熹《周易本義》書首九圖《河圖》、《洛書》即在「伏羲先天四圖」之前，《易學啓蒙》也有《原圖書》專論《河圖》與《洛書》，所以，《河圖》與《洛書》是密切相連、不可分割的學說。

朱熹的《河圖》、《洛書》之學主要是對北宋劉牧、邵雍河洛之學的繼承和修正。〔註148〕他在《易學啓蒙・本圖書》中說：「古今傳記，自孔安國，劉

〔註146〕《周易本義・周易文言傳第七》，《朱子全書》，第 1 冊，第 150 頁。

〔註147〕詹石窗、楊燕《朱熹與〈周易〉先天學關係考論》，《中國社會科學》2007 年第 5 期，第 182 頁。

〔註148〕今天能看到的《河圖》、《洛書》是兩個奇妙的數陣，《尚書・顧命》首次提到《河圖》云：「大玉、夷玉、天球、河圖在東序。」《論語・子罕》云：「子曰：鳳鳥不至，河不出圖，吾已矣夫。」《易・繫辭傳》說：「是故天生神物，聖人則之；天地變化，聖人傚之；天垂象，見吉凶，聖人象之；河出圖，洛出書，聖人則之。易有四象，所以示也。」但《河圖》、《洛書》的實質及其形成過程始終是一個難以解開的密，但這並不影響學者對《河圖》、《洛書》所承載的文化及哲學意義的探討，尤其是宋代，黑白點數的《河圖》、《洛書》從道教傳出，迅速形成圖書派易學。《河圖》、《洛書》之學從嶄新的角度對中國古代「天圓地方」的宇宙觀概念進行了哲理性的反思，從而使易學的探討

向父子、班固皆以河圖授羲，洛書錫禹，關子明、邵康節皆以十爲河圖，九爲洛書。蓋《大傳》既陳天地五十有五之數，《洪範》又明言天乃錫禹洪範九疇，而九宮之數，戴九履一，左三右七，二四爲肩，六八爲足，正龜背之象也。惟劉牧臆見，以九爲河圖，十爲洛書，託言出於希夷，既與諸儒舊說不合，又引大傳認爲二者皆出於伏羲之世，易置圖書，並無明驗」〔註149〕。此處，朱熹糾正了劉牧以九爲河圖，以十爲洛書的錯誤，而以十爲河圖，以九爲洛書既有《易傳》、孔安國、劉向父子及班固等記載的文獻依據，又有關子明、邵雍等易家的論證，所以可以爲定論。〔註150〕《河圖》之數即是《易傳》

深入宇宙本體論層面——《河圖》、《洛書》之數是從先天易學的層面體現了天地自然之理，是聖人作《易》的根本，乃象數之源。宋代河圖洛書的傳承如前所引，出自陳摶，所以受到歐陽修等人的懷疑，但朱子堅信《河圖》、《洛書》是存在的。他說：「夫以《河圖》、《洛書》爲不足信，自歐陽公以來已有此說。然終無奈《顧命》、《係詞》、《論語》皆有是言，而諸儒所傳二圖之數，雖有交互，而無乖戾，順數逆推，縱橫曲直，皆有明法，不可得而破除也。至如《河圖》與《易》之天一至地十者合而載天地五十有五之數，則固《易》之所自出也。《洛書》與《洪範》之初一至次九者合而具九疇之數，則固《洪範》之所自出也。《繫辭》雖不言伏羲受《河圖》以作《易》，然所謂仰觀俯察，近取遠取，安知《河圖》非其中之一事耶？大抵聖人製作所由，初非一端，然其法象之規模，必有最親切處。如洪荒之世，天地之間，陰陽之氣，雖各有象，然初未嘗有數也。至於《河圖》之出，然後五十有五之數，粲然可見。此其所以發聖人之獨智，又非泛然氣象之所可得而擬也。是以仰觀俯察，遠求近取，至此而後，兩儀四象八卦之陰陽奇偶可得而言。雖《繫辭》所論聖人作《易》之由者非一，而不害其得此而後決也。」（《晦庵先生朱文公文集》卷38《答袁機仲》，《朱子全書》，第21冊，第1677頁）因此，朱子認爲《河圖》乃是聖人作《易》的來源，其義理可以得到驗證，他說「熹竊謂生於今世而讀古人之書，所以能別其眞僞者，一則以其義理之所當否而知之，二則以其左驗之矣同而質之，未有捨此兩塗而能直以臆度懸斷之者也。熹於世傳河圖、洛書之舊所以不敢不信者，正以其義理不悖而證驗不差爾。來必以爲僞，則未見有以指其義理之繆、證驗之差也。而直欲以臆度懸斷之，此熹之所以未敢曲從而不得不辨也。」（《晦庵先生朱文公文集》卷38《答袁機仲》，《朱子全書》，第21冊，第1677頁）

〔註149〕《易學啓蒙》卷1《本圖書》，《朱子全書》，第1冊第211頁。

〔註150〕宋代圖書易學的興起，特別是黑白點子的十數的河圖及九數的洛書乃宋人自造，這一點黃宗羲的《易學象數論》（黃宗羲著、鄭萬耕點校《易學象數論》卷1《圖書》，北京：中華書局，2010年，第13～21頁）、毛奇齡的《河圖洛書原舛編》（四庫全書存目叢書本，濟南：齊魯書社，1997年，經部第32冊，第599頁）及胡渭的《易圖明辨》已辨之較詳，但這並不妨礙河圖洛書之學的價值和地位。實際上是漢唐以來的太極陰陽學說與五行學說在宋代的結合，是河圖洛書之學產生的契機。唐代孔穎達在爲《尚書正義・洪範》作疏

的天地之數，河圖之數五十有五，《易傳》天地之數亦五十有五。《係詞》關於天地之數的說法是：「天一、地二、天三、地四、天五、地六、天七、地八、天九、地十，天數五、地數五、五位相得而各有合。天數二十有五，地數三十。凡天地之數五十有五，此所以成變化而行鬼神也。」朱熹對此段話的注釋是：

　　此一節，夫子所以發明《河圖》之數也。天地之間，一氣而已。分而爲二，則爲陰陽，而五行造化，萬物始終，無不管於是焉。故《河圖》之位一與六共宗而居乎北，二與七爲朋而居乎南，三與八同道而居乎東，四與九爲友而居乎西，五與十相守而居乎中。蓋其所以爲數者，不過一陰一陽，一奇一偶，以兩其五行而已。所謂天

時，這種結合已有明顯的趨勢，孔穎達云：「數之所起，起於陰陽。陰陽往來，在於日道。十一月冬至，日南極，陽來而陰往，冬，水位也，以一陽生爲水數。五月夏至，日北極，陰進而陽退，夏，火位也，當以一陰生爲火數，但陰不名奇數，必以偶，故以六月二陰生爲火數也。是故《易》說稱乾貞於十一月子，坤貞於六月未，而皆左行，由此也。冬至以及於夏至當爲陽來，正月爲春，木位也，三陽已生，故三，爲木數。夏至以及冬至當爲陰進，八月爲秋，金位也，四陰已生，故四爲金數。三月春之季，四季土位也，五陽已生，故五爲土數。此其生數之由也。又萬物之本，有生於無，著生於微，及其成形，亦以微著爲漸，五行先後亦以微著爲次。五行之體，水最微爲一，火漸著爲二，木形實爲三，金體固爲四，土質大爲五，亦是次之宜」（《尚書正義》卷12《洪範》，第166頁）。邵雍在論「河圖天地全數」云：「天數五，地數五，合而爲十，數之全也。天以一而變四，地以一而變四，四者有體也，而其一者無體也，是謂有無之極也。天之體數四而用者三，不用者一也；地之體數四而用者三，不用者一也。是故無體之一以況自然也，不用之一以況道也，用之者三以況天地人也。」（《皇極經世書》卷13《觀物外篇》上，第507頁。）天地之數各五，即天數（奇數）二十五，地數（偶數）三十，合爲五十有五，此即河圖之黑白點數五十有五。邵雍又云：「圓者，星也，曆記之數，其肇於此乎！方者，土也，畫州並地之法，其仿於此乎！蓋圓者，河圖之數；方者，洛書之文。故羲、文因之而造《易》，禹、箕敘之而作《範》也。」《皇極經世書》卷13《觀物外篇》上，第511頁。邵雍明顯的承繼了前人伏羲則河圖而畫八卦、大禹準洛書而作範的看法。但邵雍以爲圓者爲河圖，方者爲洛書，並未指出十數圖與九數圖何者爲圓何者爲方。朱子認爲十數圖即爲圓圖爲河圖，九數圖爲方圖爲洛書。朱子認識到十數圖爲河圖，九數圖爲洛書，有一個過程，朱子的圖書易學明顯受到蔡元定的影響，蔡元定（字季通）既爲朱子門人，又在師友之間。《易學啓蒙》即是由蔡元定起稿，《易學啓蒙》中的觀點可視爲兩人的共同觀點。朱子圖書之學觀點的變化，可以參看溫海明《朱熹河圖洛書說的演變》，《周易研究》，2004年第4期，第52～57頁。

者，陽之輕清而位乎上者也；所謂地者，陰之重濁而位乎下者也。陽數奇，故一、三、五、七、九，皆屬乎天，所謂天數五也。陰數偶，故二、四、六、八、十，皆屬乎地，所謂地數五也。天數地數，各以類而相求，所謂五位之相得者然也。天以一生水，而地以六成之。地以二生火，而天以七成之。天以三生木，而地以八成之。地以四生金，而天以九成之。天以五生土，而地以十成之，此又其所謂各有合焉者也。積五奇而爲二十五，積五偶而爲三十，合是二者而爲五十有五，此《河圖》之全數，皆夫子之意，而諸儒之説也。至於《洛書》則雖夫子之所未言，然其象其説，已具於前，有以通之，則劉歆所謂經緯表裏者可見矣。或曰：《河圖》、《洛書》之位與數，其所以不同何也？曰：《河圖》以五生數統五成數，而同處其方，蓋揭其全以示人，而道其常數之體也。《洛書》以五奇數統四偶數，而各居其所，蓋主於陽以統陰，而肇其變數之用也。〔註151〕

這段話，朱熹是說孔子《易傳》的天地之數均來自《河圖》之數，且與四時、五行、天地方位等結合在一起，構築了一個嚴謹而完整的宇宙運行模式。就《河圖》與《洛書》的關係來看，《河圖》以五生數統五成數爲體，《洛書》以五奇數統四偶數爲用，這樣《河圖》與《洛書》實際上是可以相同的。《河圖》、《洛書》之數既是《易傳》天地之數之根本，則河洛之數也是兩儀、四象、八卦的來源。朱熹說：

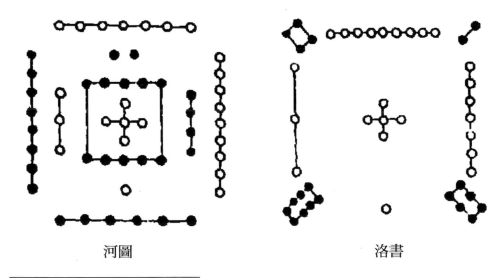

河圖　　　　　　　　　　　　洛書

〔註151〕《易學啓蒙》卷1《本圖書》，《朱子全書》，第1冊，第212～213頁。

　　曰：然則聖人之則之者，奈何？曰：則《河圖》者，虛其中，則《洛書》者，總其實也。《河圖》之虛五十者，太極也。奇數二十，偶數二十者，兩儀也。以一、二、三、四爲六、七、八、九者，四象也。析四方之合，以爲乾、坤、離、坎，補四隅之空，以爲兌、震、巽、艮者，八卦也。《洛書》之實，其一爲五行，其二爲五事，其三爲八政，其四爲五紀，其五爲皇極，其六爲三德，其七爲稽疑，其八爲庶徵，其九爲福極，其位與數尤曉然矣。曰：洛書而虛其中，則亦太極也。奇偶各居二十，則亦兩儀也。一、二、三、四而含九、八、七、六，縱橫十五而互爲七八九六，則亦四象也。四方之正，以爲乾、坤、離、坎，四隅之偏，以爲兌震巽艮，則亦八卦也。《河圖》之一六爲水，二七爲火，三八爲木，四九爲金，五十爲土，則固《洪範》之五行，而五十有五者，又九疇之目也。是則《洛書》固可以爲易，而《河圖》又可以爲範矣。且又安知圖之不爲書，書之不爲圖也邪？〔註152〕

《河圖》以五、十爲虛，《洛書》以五爲虛，均是太極之象；《河圖》奇數一三七九、偶數二四六八，《洛書》奇數亦一三七九、偶數亦二四六八，其和均各爲二十，陰陽抗衡，此皆爲陰陽兩儀之象；《河圖》生數一二三四，由五而得成數六七八九，與《洛書》的一二三四而含九八七六，縱橫十五而互爲七八九六，則均爲老陰、少陽、少陰、老陽四象。《河圖》「析四方之合以爲乾、坤、離、坎，補四隅之空以爲兌、震、巽、艮者，八卦也」與《洛書》「四方之正，以爲乾、坤、離、坎，四隅之偏，以爲兌、震、巽、艮，則亦八卦也」，都是八卦之象。這裏應該注意的問題有三個，其一是既然《河圖》、《洛書》的道理是相通（同）的，也就是朱熹所謂的義理得當，那麼可以解決《河圖》與《洛書》孰先孰後的問題，所謂道理相通，其實也就無所謂再爭論其先後的問題，因爲無論是伏羲默契於天地自然之理，先見《河圖》，不必見《洛書》也可作《易》；大禹亦默契於天地自然之理，先見《洛書》，不必見《河圖》也可作《洪範》。〔註153〕其二是伏羲依據《河圖》所畫之卦序，爲先天八卦之

〔註152〕《易學啓蒙》卷1《本圖書》，《朱子全書》，第1冊第215頁。

〔註153〕《河圖》、《洛書》之數與《繫詞》的「大衍之數」五十也是相通的，朱子說：「且以《河圖》而虛十，則《洛書》四十有五之數也；虛五則大衍五十之數也；積五與十，則《洛書》縱橫十五之數也；以五乘十，以十乘五則，又皆大衍之數也。《洛書》之五，又自含五而得十，而通爲大衍之數矣；積五與十，

序，又稱《伏羲先天八卦方位圖》，不是後來文王八卦之序。其三是《河圖》、《洛書》中間所虛之五（或十），或稱為「中」，均為太極。朱熹又稱五為數之祖。他在《易學啓蒙》中說：

> 曰：「中央之五既為五，數之象矣。然其為數也，奈何？」曰：「以數言之通乎一圖，由內及外，固各有積實可紀之數矣。然《河圖》之一二三四各居其五象本方之外，而六七八九十者又各因五而得數，以附於其生數之外，《洛書》之一三七九亦各居其五象本方之外，而二四六八者又各因其類以附於奇數之側。蓋中者為主，而外者為客。正者為君，而側者為臣，亦各有條而不紊也。〔註154〕

> 曰：「其皆以五居中者，何也？」曰：「凡數之始，一陰一陽而已矣。陽之象圓，圓者徑一而圍三。陰之象方，方者徑一而圍四。圍三者以一為一，故參其一陽而為三。圍四者以二為一，故兩其一陰而為二，是所謂參天兩地者也。三二之合則為五矣，此《河圖》之數，所以皆以五為中也。〔註155〕

朱熹認為「太極」在《河圖》、《洛書》中為「虛中之象」，所謂「蓋以河圖洛書論之太極者，虛中之象也」〔註156〕。又說：「太極者，象數未形而其理已具之稱。形器已具，而其理無朕之目。在河圖洛書，皆虛中之象也。周子曰無極而太極；邵子曰道為太極，又曰心為太極，此之謂也」〔註157〕。這與朱熹理學中的理（太極）在天地之先是一致的。

則得十五，而通為《河圖》之數矣。苟明乎此，則橫斜曲直無所不通，而《河圖》《洛書》又豈有先後彼此之間哉！」（《易學啓蒙》卷1《本圖書》，《朱子全書》，第1冊，第216頁）。在朱子看來，這種橫斜曲直無所不通的《河圖》之數、《洛書》之數、大衍之數，就是不可言說的先天之理，不僅如此，它們與律呂、干支、著策之數也無不相通，所以朱子對反對其認為天地之數即是河圖之數時說：「數之為數，雖各主於一義，然其參伍錯綜，無所不通，則有非人之所能為者。其所不合，固不容以強合，其所必合，則縱橫反覆，如合符契，亦非人之能強離也。若於此見得自然契合，不假安排底道理，方知造化工夫，神妙巧密，直是好笑，說不得也。」《晦庵先生朱文公文集》卷38卷《答袁機仲》，《朱子全書》，第21冊，第1660頁。

〔註154〕《易學啓蒙》卷1《本圖書》，《朱子全書》，第1冊，第214頁。
〔註155〕《易學啓蒙》卷1《本圖書》，《朱子全書》，第1冊，第213頁。
〔註156〕《晦庵先生朱文公文集》卷37《與郭沖晦》，《朱子全書》，第21冊，第1637頁。
〔註157〕《易學啓蒙》卷2《原卦畫》，《朱子全書》，第1冊，第218頁。

不僅如此，朱熹還認為先天四圖中的太極也是「虛中之象」，先天圖的「環中」思想乃是虛的。為此，朱熹專門把《先天圖》中的方圖移出，〔註158〕這樣更能顯示出先天圖環中之虛為太極的思想。先天圖中的太極思想在卦爻未畫之前已存在，朱熹說：

> 看《易》，須是看他卦爻未畫以前是怎模樣，卻就這上見得他許多卦爻象數是自然如此，不是杜撰。且《詩》則因風俗世變而作，《書》則因帝王政事而作。《易》初未有物，只是懸空說出。當其未有卦畫，則渾然一太極，在人則是喜怒哀樂未發之中。一旦發出來，則陰陽吉凶事事都有在裏面。人須是就至虛靜中見得這道理周遍通瓏方好，若先靠定一事說，則滯泥不通了。此所謂「潔靜精微，易之教也」。〔註159〕

此渾然一太極之理無所不包，許多卦爻象數是自然如此，粲然於太極之中，非人力所能杜撰，朱熹說：

> 六十四卦全是天理自然挨排出來，聖人只是見得分明，便只依本畫出，元不曾用一毫智力添助。〔註160〕

> 是皆自然而生，噴湧而出，不假智力，不犯手勢，而天地之文、萬事之理莫不畢具。乃不謂之畫前之易，乃謂未畫之前已有此理，而特假手聰明神武之人以發其秘，非謂畫前已有此圖，畫後方有八卦也。此是易中第一義〔註161〕。

> 問：「先生說：『伏羲畫卦皆是自然，不曾用些子心思智慮，只是借伏羲手畫出爾。』唯其出於自然，故以之占筮則靈驗否？」曰：「然。自『太極生兩儀』，只管畫去，到得後來，更畫不迭。正如磨麥相似，四下都怎地自然撒出來。」〔註162〕

> 所問先天圖曲折，細詳圖意，若自乾一橫排至坤八，此則全是

〔註158〕對此，詹石窗先生進行了認真的考證，參見《朱熹與〈周易〉先天學關係考論》，《中國社會科學》，2007年第5期，第188頁。
〔註159〕《朱子語類》卷67，第1660頁。
〔註160〕《晦庵先生朱文公文集》卷38《答袁機仲》，《朱子全書》，第21冊，第1663頁。
〔註161〕《晦庵先生朱文公文集》卷38《答袁機仲》，《朱子全書》，第21冊，第1677頁。
〔註162〕《朱子語類》卷65，第1612頁。

自然。若如圓圖，則須如此，方見得陰陽消長次第。雖似稍涉安排，
然亦莫非自然之理。〔註163〕

此太極之理即爲天地自然之理，自然而生，噴湧而出，不假智力，只是借伏
羲手畫出，所以六十四卦全是天理自然挨排出來。六十四卦怎樣挨排出來呢？
這就是朱熹對太極之理新的解釋，太極又是伏羲畫卦之法，也就是太極爲畫
卦的根源，朱熹說：

> 問：「易有太極，是生兩儀，兩儀生四象，四象生八卦。」曰：
> 「此太極卻是爲畫卦說。當未畫卦前，太極只是一個渾淪的道理，
> 裏面包含陰陽、剛柔、奇偶、無所不有。及畫一奇一偶，便是生
> 兩儀。」〔註164〕

太極既是畫卦的原理，也是畫卦的依據，他說：「太極、兩儀、四象、八卦者，
伏羲畫卦之法也」〔註165〕。朱熹此一認識明顯受邵雍與程顥的影響，他在強
調上述思想時說：「熹竊謂此一節乃孔子發明伏羲畫卦自然之形體，次第最爲
切要。古今說者，惟康節、明道二先生爲能知之」〔註166〕。然而細觀邵雍與
程顥所云，似乎與朱熹所說不同，邵雍說：

> 太極既分，兩儀立矣。陽上交於陰，陰下交於陽，四象生矣。
> 陽交於陰，陰交於陽而生天之四象；剛交於柔，柔交於剛，而生地
> 之四象，於是八卦成矣。八卦相錯，然後萬物生焉。是故一分爲二，
> 二分爲四，四分爲八，八分爲十六，十六分爲三十二，三十二分爲
> 六十四。故曰：分陰分陽，迭用柔剛，故易六位而成章也，十分爲
> 百，百分爲千，千分爲萬，猶根之有乾，乾之有枝，枝之有葉。愈
> 大則愈少，愈細則愈繁，合之斯爲一，衍之斯爲萬。〔註167〕

程顥稱這種方法爲「加一倍法」，他說：「堯夫之數，只是加一倍法」〔註168〕。
然而，此處邵雍所云還僅僅是從宇宙生成論的角度闡述的太極之理，與周敦
頤的《太極圖說》的宇宙生成論的方向相同。很顯然，朱熹對太極的解釋有

〔註163〕《朱子語類》卷65，第1613頁。
〔註164〕《朱子語類》卷75，第1929頁。
〔註165〕《晦庵先生朱文公文集》卷54《答王伯禮》，《朱子全書》，第23冊，第2570
頁。
〔註166〕《晦庵先生朱文公文集》卷37《與郭沖晦》，《朱子全書》，第21冊，第1637
頁。
〔註167〕《皇極經世書》卷13《觀物外篇》上，第515頁。
〔註168〕《河南程氏外書》卷12，《二程集》，上冊，第428頁。

兩個方向系統，一個是由太極到兩儀、到四象、到八卦的太極畫卦方向系統，一個是由太極到兩儀、到四象、到八卦的太極理論生成方向系統；前者爲象數系統，後者爲義理系統，二者有根本的區別。但由於二者都是按「一分爲二」的模式展開的，所以後人在論述時，便絞纏在了一起，以致以爲這種說法來自邵雍和程顥。其實，朱熹受邵雍和程顥的影響是明顯的，但也應該看到朱熹對二人學說的發展之處。從太極畫出兩儀、四象、八卦的過程是：

> 易有太極，便有個陰陽出來。陰陽便是兩儀，儀，匹也。兩儀生四象，便是一個陰又生出一個陽，是一象也；一個陽又生一個陰，是一象也；一個陰又生一個陰，是一象也；一個陽又生一個陽，是一象也；此謂四象。四象生八卦，是這四個象生四陰時，便成坎、震、坤、兌四卦；生四個陽時，便成巽、離、艮、乾四卦。〔註169〕

由太極之理，一分爲二，生出兩儀、四象、八卦的過程是：

> 「《易》有太極，是生兩儀」者，一理之判，始生一奇一偶，而爲一畫者二也。「兩儀生四象」者，兩儀之上各生一奇一偶，而爲二畫者四也。「四象生八卦」者，四象之上各生一奇一偶，而爲三畫者八也。爻之所以有奇有偶，卦之所以三畫而成者，以此而已。是皆自然流出，不假安排，聖人又已分明說破，亦不待更著言語別立議論而後明也。此乃《易》學綱領，開卷第一義，然古今未有見識之者。至康節先生，始傳先天之學而得其說，且以此爲伏羲之《易》也。《說卦》「天地定位」一章，《先天圖》乾一、兌二、離三、震四、巽五、坎六、艮七、坤八之序，皆本於此。若自八卦之上，又放此而生之，至於六畫，則八卦相重而成六十四卦矣。〔註170〕

朱熹還把大衍之數中的「不用之一」視爲太極，他說：

> 示喻虛一之說甚善，此本聖人所不言，今著一句便成贅語。來喻推說其理甚當，但以四十九著握而未分爲太極之象，則恐亦未穩當。蓋太極，形而上者也。兩三四五，形而下者也。若四十九著可合而命之曰太極之象，則二三四五合而命之曰太極之體矣。蓋太極雖不外乎陰陽五行，而體亦有不離乎陰陽五行者。熹於周子之圖書

〔註169〕《朱子語類》卷75，第1929頁。
〔註170〕《晦庵先生朱文公文集》卷45《答虞士朋》，《朱子全書》，第22冊，第2057頁。

之首固已發此意矣。若必其所象毫髮之不差，則形而上下終不容強於匹配。若曰各隨所指而言，則與其以握而未分者象太極，反不若以一策不用者象之之爲無病也。明者試復思之，如何？〔註171〕

由太極之理，聖人不假思慮即自然而然畫出八卦及六十四卦圖來，朱熹說：「蓋自初未有畫時說到六畫滿處者，邵子所謂先天之學也。卦成之後，各因一義推說，邵子所謂後天之學也」〔註172〕。先天之學的天地自然之理在《先天圖》中表露無遺，朱熹說：

> 蓋一圖之內，太極兩儀、四象、八卦生出次第，位置行列不待安排而粲然有序。以至於第四分而爲十六，第五分而爲三十二，第六分而爲六十四，則其因而重之，亦不待用意推移而與前之三分焉者未嘗不吻合也。比之並累三陽以爲乾，連迭三陰以爲坤，然後以意交錯而成六子，又先畫八卦於內，復畫八卦於外，以旋相加而後得爲六十四卦者，其出於天理之自然與人爲之造作蓋不同矣。況其高深閎闊、精密微妙，又有非某之所能言者。〔註173〕

這是說《先天圖》卦位之自然，朱熹又說：

> 《先天圖》一邊本都是陽，一邊本都是陰，陽中有陰，陰中有陽；便是陽往交易陰，陰來交易陽，兩邊各各相對。其實非此往彼來，只是其象如此。然聖人當初亦不恁地思量，只是畫一個陽，一個陰，每個便生兩個。就一個陽上，又生一個陽，一個陰；就一個陰上，又生一個陰，一個陽。只管恁地去。自一爲二，二爲四，四爲八，八爲十六，十六爲三十二，三十二爲六十四。既成個物事，便自然如此齊整。皆是天地本然之妙，元如此，但略假聖人手畫出來。〔註174〕

朱熹又稱《先天圖》的這種思想爲「陰陽互相博易」之義，他說：「易是互相博易之義，觀《先天圖》便可見。東邊一畫陰，便對西邊一畫陽。蓋東一邊

〔註171〕《晦庵先生朱文公文集》卷56《答趙子欽》，《朱子全書》，第 23 冊，第 2644 頁。

〔註172〕《晦庵先生朱文公文集》卷38《答袁機仲》，《朱子全書》，第 21 冊，第 1664 頁。

〔註173〕《晦庵先生朱文公文集》卷37《答林黃中》，《朱子全書》，第 21 冊，第 1634 頁。

〔註174〕《朱子語類》卷65，第 1605 頁。

本皆是陽，西一邊本皆是陰。東邊陰畫，皆是自西邊來；西邊陽畫，都是自東邊來。姤在西，是自東邊五畫陽過；復在東，是西邊五畫陰過，互相博易而成。《易》之變雖多，然此是第一變」〔註175〕。朱熹把《先天圖》中體現出來的陽下交於陰，陰上交於陽的思想稱爲「互相博易」。邵雍認爲《先天圖》所體現的陰陽思想是：「無極之前，陰含陽也；有象之後，陽分陰也。陰爲陽之母，陽爲陰之父」〔註176〕。這句話包含的陰陽思想非常複雜，與老子的以陰柔爲主的思想密不可分，朱熹對此句話的解釋是：「此爲邵子就圖上說循環之意。自姤至坤，是陰含陽；自復至乾是陽分陰。復坤之間乃無極，自坤反姤，是無極之前」〔註177〕。這與我們通常所理解的易學的陰陽均衡的思想有較大區別。

　　《先天圖》體現了「圖皆自中起」的思想。有人問：「『先天圖，心法也。圖皆自中起，萬化萬事生乎心』，何也？」朱熹回答說：「其中白處者太極也。三十二陰、三十二陽者，兩儀也。十六陰、十六陽者，四象也；八陰、八陽者，八卦也」〔註178〕。「圖皆自中起」來源於邵雍「《先天圖》者環中也」的思想，他說：「先天學，心法也。故圖皆自中起，萬化萬事生於心也」〔註179〕。與《河圖》、《洛書》皆以虛中之象爲太極一樣，朱熹認爲《先天圖》也是圍繞中間的太極而展開其方圓圖的卦位安排。〔註180〕

〔註175〕《朱子語類》卷65，第1614頁。

〔註176〕《易學啓蒙》卷2《原卦畫》，《朱子全書》，第1冊，第239頁。

〔註177〕《朱子語類》卷65，第1615頁。

〔註178〕《朱子語類》卷65，第1616頁。

〔註179〕《皇極經世書》13《觀物外篇》上，第518頁。

〔註180〕考現行的《皇極經世書》「先天圖者，環中也」一句與「自下而上謂之升，自上而下謂之降。升者，生也；降者，消也。故陽生於下，而陰生於上，是以萬物皆反生，陰生陽，陽生陰；陰復生陽，陽復生陰，是以循環而無窮也。」兩句話，原本不相連，至清代王植《皇極經世書解》始將二者合而爲一，並引補注鮑氏發微曰：「以上下觀之，乾南爲天，坤北爲地。以左右觀之，震至乾，左爲天；巽至坤，右爲地，天包地外，陰陽一氣，循環無端，所以名環中也。」（王植《皇極經世書解》卷10，第266冊，第683頁。）邵子又說：「先天學，心法也。故圖皆自中起。萬化萬事生乎心也。」又說：「圖雖無文，吾終日言而未嘗離乎是。蓋天地萬物之理，盡在其中矣。」在《擊壤集》中，邵雍作《閒行吟》中曾提到「環中」，詩曰：「長憶當年掃敝廬，未嘗三徑草荒蕪。欲爲天下屠龍手，肯讀人間非聖書。否泰悟來知進退，乾坤見了識親疏。自從會得環中意，閒氣胸中一點無」。《伊川擊壤集》卷7《閒行吟》，第276頁。朱子把邵雍的「環中」解釋爲「太極」，他認爲《先天圖》中間虛者爲太極，爲此，朱子還特意把方圖從圓圖中移出。而南宋末年的程直方解釋

　　朱熹認爲《先天圖》的圓圖和方圖的方位和次序，都是按照太極思想自然安排而成的。文王八卦，乃後天之學。《文王八卦》之卦位與《先天圖》不同，[註181] 《說卦傳》云：

　　　　帝出乎震，齊乎巽，相見乎離，致役乎坤，說言乎兌，戰乎乾，勞乎坎，成言乎艮。萬物出乎震，震，東方也。齊乎巽，巽，東南也。齊也者，言萬物之潔齊也。離也者，明也，萬物皆相見，南方

「環中」之意云：「邵子云：『先天圖，心法也』。圖皆自中起。曰皆者，其故何也？兼方、圓圖而言也。天地定位，『圓圖』之從中起也。雷以動之，風以散之，『方圖』之從中起也，皆五與十所寄之位也。故圓圖左旋起於六十四之坤，右轉起於一之乾，是中起於天地之定位也。方圖西北與東南之交也，起於震、巽；東北與西南之交也，起於恒、益；南北相直也，則起於恒、震、巽、益；東西相直也，則起於震、益、恒、巽，是中起於雷風之動散也。由此而論，圓者動，以定位爲本；方者靜，以動散爲用，故動而無動，靜而無靜，固先天之心法歟？是不可不皆求之圖也」（胡渭《易圖明辨》卷7《先天古易》，第175～176頁）。這樣來看，環中思想又與邵雍有關《先天圖》的順逆思想連在了一起，邵雍說：「八卦相錯者，相交錯而成六十四卦也。數往者順，若順天而行，是左旋也，皆已生之卦也，故云數往也。知來者逆，若逆天而行，是右行也，皆未生之卦也，故云知來也。夫《易》之數，由逆而成矣。」（《皇極經世書》卷13《觀物外篇》上，第515頁。）朱子解釋曰：「若自乾一橫排至坤八，此則全是自然，故說卦云：『易逆數也。』皆自已生以得未生之卦也。若如圓圖，則須如此，方見陰陽消長次第。震一陽，離、兌二陽，乾三陽；巽一陰，坎艮二陰，坤三陰；雖似稍涉安排，然亦莫非自然之理。自冬至至夏至爲順，皆自未生而反得已生之卦，蓋與前逆數者相反。自夏至至冬至爲逆，蓋與前逆數者同。其曰左右與今天文家說左右不同，蓋從中而分，自北而東爲左，自南而西爲右，其初若有左右之勢耳。」（朱熹《晦庵先生朱文公別集）卷6《黃商伯》，《朱子全書》，第25冊，第4963頁）。又載：「安卿問：『先天圖說曰：陽在陰中，陽逆行；陰在陽中，陰逆行；陽在陽中，陰在陰中，皆順行；何謂也？』曰：『圖左一邊屬陽，右一邊屬陰，左自震一陽，離兌二陽，乾三陽爲陽，在陽中順行；右自巽一陰，坎艮二陰，坤三陰爲陰，在陰中順行；坤無陽，艮坎一陽，巽二陽爲陽在陰中逆行；乾無陰，兌離一陰，震二陰爲陰在陽中逆行。』問：『圖雖無文，終日言之不離乎是，何也？』曰：『一日有一日之運，一月有一月之運，一歲有一歲之運，大而天地之終始，小而人物之生死，遠而古今之世變，皆不外乎此，只是一個盈虛消息之理。』」（《朱子語類》卷65，第1616頁。）儘管其順逆有不同，但對環中之意的肯定他們認識問題的共同基礎。

〔註181〕　朱子說：「《說卦》『天地定位』至『坤以藏之』以前，伏羲所畫八卦之位也。『帝出乎震』以下，文王即伏羲已成之卦而推其義類之詞也。」（《晦庵先生朱文公文集》卷54《答王伯禮》，《朱子全書》，第23冊，第2570頁）這是在闡明先天卦位與後天卦位的不同。

之卦也。聖人南面而聽天下，嚮明而治，蓋取諸此也。坤也者，地也，萬物皆致養焉，故曰致役乎坤。兌，正秋也，萬物之所說也，故曰說言乎兌。戰乎乾，乾，西北之卦也，言陰陽相薄也。坎者，水也，正北方之卦也，勞卦也，萬物之所歸也，故曰勞乎坎。艮，東北之卦也，萬物之所成終而所成始也，故曰成言乎艮。神也者，妙萬物而爲言者也。動萬物者，莫疾乎雷，撓萬物者莫疾乎風，燥萬物者莫熯乎火，說萬物者莫說乎澤，潤萬物者莫潤乎水，終萬物始萬物者莫盛乎艮。故水火相逮，雷風不相悖，山澤通氣，然後能變化既成萬物也。

但這並不妨礙後天易學也是圍繞著太極之理而展開。朱熹非常重視先天易學，對先天易學的體會很深刻，有自己獨到的見解，但他對後天易學的卦位卻始終有不理解之處，他說：

> 按文王、孔子皆以乾爲西北之卦，艮爲東北之卦，顧雖未能洞曉其所以然，然經有明文，不可移易，則審已。〔註182〕

> 欲改文王八卦邵子說『應天時、應地方』說下注腳，令覆檢之，不得其說。恐前說有誤……細詳此圖，若以卦畫言之，則震以一陽居下，兌以一陰居上而相對；坎以一陽居中，離以一陰居中，故相對；巽以一陰居下，艮以一陽居上，故相對；乾純陽，坤純陰，故相對。但不知何故四隅之卦卻如此相對耳，此圖是說不得也。〔註183〕

所以，他最後得出的結論是「後天之學，方恨求其說而不得」〔註184〕。朱熹

〔註182〕《晦庵先生朱文公文集》卷38《答袁機仲》，《朱子全書》，第21冊，第1680頁。

〔註183〕《晦庵先生朱文公文集》卷44《答蔡季通》，《朱子全書》，第22冊，第2001頁。

〔註184〕朱子說：「至於文王八卦，則熹常以卦畫求，縱橫反覆，竟不能得其所以安排之意，是以畏懼，不敢妄爲之說，非以爲文王後天之學而忽之也。夫文王性與天合，乃生知之大聖，而後天之學方恨求其說而不得，熹雖至愚，亦安敢有忽視之之心耶？」（《晦庵先生朱文公文集》卷38《答袁機仲》書，《朱子全書》第21冊，第1676頁）。但朱子也有另外的看法，如他說：「蓋自乾南坤北而交，則乾北坤南而爲泰矣。自離東坎西而交，則離西坎東而爲既濟矣。乾、坤之交者，自其所已成而反其所由生也，故再變則乾退乎西北，坤退乎西南也。坎、離之變者，東自上而西，西自下而東也。故乾、坤既退，則離得乾位而坎得坤位也。震用事者，發生於東方。巽代母者，長養於東南也」（《易學啓蒙》卷2《原卦畫》，《朱子全書》，第1冊第243頁）。又說：「嘗

非常重視對周敦頤《太極圖說》的注解，其對《太極圖》的注解說：「此所謂無極而太極也，所以動而陽、靜而陰之本體也。然非有以離乎陰陽也，即陰陽而指其本體不離乎陰陽而爲言耳。……五行一陰陽，五殊二實，無餘欠也。陰陽一太極，精粗本末，無彼此也」〔註185〕。朱熹曾把周敦頤的《太極圖》與邵雍的《先天圖》進行比較，認爲《太極圖》與《先天圖》的格局與規模不同，「《太極》卻是濂溪自作，發明《易》中大概綱領意思而已」這句話來看，朱熹顯然認爲周敦頤的《太極圖》及《太極圖說》是發明文王、孔子後天義理易學之意而創作的，與文王、孔子之易一樣，同屬後天易學的範疇。〔註186〕既然周敦頤的《太極圖》及《太極圖說》屬於後天易學的範疇，與先天易學相比，「故論其格局，則《太極》不如《先天》之大而詳；論其義理，則《先天》不如《太極》之精而約。蓋合下規模不同，而《太極》終在《先天》範圍之內」的說法也就容易理解了，實際還是後天易學與先天易學的格局與規模相比而已。所以，既然《太極》包含在先天學範圍之內，則《太極圖》及《太極圖說》所代表的後天易學所依據的物理與象數則與先天學相同。

朱熹的《卦變圖》也建立在後天易學的基礎上，他在《周易本義》卷首

考此圖而更爲之說曰：震東、兌西者，陽主進，故以長爲先而位乎左；陰主退，故以少爲貴而位乎右也。坎北者，進之中也。離南者，退之中也。男北而女南者，互藏其宅也。四者皆當四方之正位，而爲用事之卦。然震、兌始而坎、離終，震、兌輕而坎、離重也。乾西北、坤西南者，父母既老而退居不用之地也。然母親而父尊，故坤猶半用，而乾全不用也。艮東北、巽東南者，少男進之後，而長女退之先，故亦皆不用也。然男未就傅，女將有行，故巽稍嚮用，而艮全未用也。四者皆居四隅不正之位，然居東者未用，而居西者不復用也，故下文歷舉六子而不數乾、坤。至其水火、雷風、山澤之相偶，則又用伏羲卦云。」（《易學啓蒙》卷2《原卦畫》，《朱子全書》，第1冊，第244頁）這是朱子所理解的文王改移伏羲易卦位的義理所在。

〔註185〕《周敦頤集》卷1，第1～2頁。

〔註186〕朱子《答楊子直》云：「聖人謂之太極者，所以指夫天地萬物之根也。周子因之而又謂之『無極』者，所以著夫無聲無臭之妙也。然曰無極而太極，太極本無極，則非無極之後別生太極，而太極之上先有無極也。又曰五行陰陽，陰陽太極，則非太極之後別生二五，而二五之上先有太極也。以至於成男成女，化生萬物，而無極之妙蓋未始不在是焉。此一圖之綱領，大易之遺意，與老子所謂物生於有，有生於無，而以造化爲眞有始終者，正南北矣。」（《晦庵先生朱文公文集》卷45《答楊子直》，《朱子全書》，第22冊第2071頁.）「此一圖之綱領」是對《太極圖說》內容的總結，「大易之遺意」中的大易顯然是指《周易》經文，即文王、孔子的後天易學。此也可作爲朱子認爲周敦頤易學爲後天易學的又一例證。

《卦變圖》下注說：「《彖傳》或以卦變爲說，今作圖以明之。蓋《易》中之一義，非畫卦作《易》之本旨也」。他指出卦變說是畫卦以後的事，非畫卦作《易》之本旨，自孔子後，發明《易》學義理之學，利用卦變以理解經文的主旨，湧現出很多卦變的名家，如京房、虞翻等，北宋李之才的卦變說對朱熹的影響也較大。但朱熹獨對自己的卦變說較爲滿意，他說：

> 伊川不取卦變之說，至「柔來而文剛」、「剛自外來而爲主於內」諸處，皆牽強說了。王輔嗣卦變又變得不自然，某之說卻覺得有自然氣象，只是換了一爻，非是聖人合下作卦如此，自是卦成了，自然有此象。〔註187〕

> 《漢上易》卦變，以變到三爻爲止，於卦辭多有不通之處。某更推盡去，方通。如無妄「剛自外來而爲主於內」，只是初剛自訟二移下來；晉「柔進而上行」，只是五柔自觀四挨上去。此等類，按《漢上》卦變則通不得。〔註188〕

但其卦變說囿於卦變屬於「後天之學乃有卦之後，其見象如此」的觀點，僅編成了「上下經卦變歌」，包括十八個卦的卦變而已。

朱熹是如何統一先天易學與後天易學爲一體呢？〔註189〕以前的討論可能偏重於朱熹易學是象數學爲主或義理學爲主，〔註190〕甚至討論朱熹是易學家

〔註187〕《朱子語類》卷67，第1666頁。
〔註188〕《朱子語類》卷67，第1666頁。
〔註189〕郭彧先生指出：「通過對《易學啓蒙》與邵雍《皇極經世・觀物外篇》之關係的分析，我們可以看到他們所闡述的先天學是本質上有明顯區別的兩種模式。邵雍的先天學是「O」型模式，而朱熹和蔡元定的先天學卻是「∞」型模式。在宇宙本體論方面，雖然都是從虛無的「道」起頭，但說到一分爲二時就有了分歧。邵雍認爲道生天，天生地，「兩儀」就是天地乾坤，而朱、蔡則只承認「兩儀」是一陰一陽。特別突出的是，朱熹所謂的「伏羲易」竟是「無有文字，只有一圖」的「易」，而且斷定《易》是一奇一偶畫出來的（通觀《周易》只有《說卦》中有一「畫」字，有的本子作「爻」字）等等許多觀點都不是邵雍原有的。所以，我們說是朱熹、蔡元定在邵雍先天學的基礎上闡發了自己的先天學，卻不是「表彰」了邵雍的先天學。」（《〈易學啓蒙・原卦畫〉與〈觀物外篇〉》，《中國哲學史》，1996年第1～2期合刊，第128～135頁）
〔註190〕史少博注意區別了朱子的「理」與「義理」的區別，她說：「朱熹理學上的『理』是萬事萬物的根源，是宇宙本體，雖然易學上的『義理』也體現了朱熹理學上的『理』，但在他那裏的『理』和『義理』是有區別的，不能等同。」又說：「朱熹理學上的『理』一般對應的是『氣』、『事』等概念，並深入論述了『理

還是儒學家。〔註191〕其實，有一個應該注意的事實是，自朱熹以後，「幾乎所有易學注疏名家都不在迴避先天學。在儒家傳承的易學系統中，學者以引述朱熹先天學言論爲博學。於道教以及民間術數學的眾多著述也都留下了朱熹《周易》先天學的烙印」〔註192〕。先天學成爲《易》學中重要的研究內容。錢穆先生對朱熹易學的論述較爲全面，他說：「抑且朱子論《易》，除《易》之本義外，大而至於無極太極，先天後天，又下而至於如世俗所流行之火珠林、靈棋課之類。蓋亦是分這三階序來治《易》：一是從象數方面，直從伏羲畫卦到康節先天圖爲一路；一是從卜筮方面，直從文王、周公爻辭到後世火珠林、靈棋課之類爲第二路；一是從孔子十翼到濂溪、橫渠、康節論陰陽爲第三路。其它如《參同契》言養生之類又在外，朱子皆各別注意。其分明而豁達，古今人乃鮮有知之者」〔註193〕。其實，就朱熹易學所論來看，朱熹將易學分爲先天易學與後天易學，先天易學是本是體，後天易學是末是用，先天易學與後天易學由太極陰陽之理一以貫之，這是朱熹易學的核心。就先天易學來說，朱熹引入《河圖》、《洛書》之學，並認爲《河圖》、《洛書》所代表的陰陽五行的數的法則，就是太極之理的一種表現形式。「《易》卦是宇宙間具體事物地符號，而八卦的方位、揲蓍過程都是被《圖》、《書》數所規定的，這正是理與天地萬物的關係在聖人心中的反映」〔註194〕。朱熹認爲畫前《易》爲作《易》的本源，畫卦之前有畫卦之理，就《易》本爲占筮之書來說，聖人也像今人一樣，如因「《火珠林》起課者，但用其爻而不用其辭，則

氣」、『理事』等的關係，他明確提出『理』是生物之『本』、『氣』是生物之『具』的命題來構建其宇宙本體論。把『理』作爲生命存在的本源、根源，正是他的哲學被稱爲理本論的原因。朱熹對『理』作了多方面、多層次的闡述。『理』首先是『所以然』者，就是萬物之所以爲萬物的存在根據，『理』是存在之源。同時，『理』又是『所以然』者，就是萬物存在的價值標準，『理』是價值之源。前者是『事實如此』，後者是『應當如此』。儘管有人認爲朱熹的理學是義理之學，但是在朱熹的整個理論體系中，其『義理』一般地說對應的是『象數』，因爲就易學的研究方法而言，學界一般劃分爲『象數』與『義理』兩派。」（《論朱熹易學與理學的溝通》，《濟南大學學報》，2007 年第 2 期，第 41～43 頁）這種區分是很有見地的。

〔註191〕如高懷民先生就認爲朱子的易學只是其儒學體系的一部分。見《宋元明易學史》，第 114 頁。

〔註192〕詹石窗 楊燕《朱熹與〈周易〉先天學關係考論》，《中國社會科學》，2007 年第 5 期，第 190 頁。

〔註193〕錢穆《朱子學提綱》，北京：三聯書店，2005 年版，第 171 頁。

〔註194〕王鐵《宋代易學》，第 223 頁。

知古者之占，往往不待辭而後見吉凶」〔註195〕。爻象本身就蘊含吉凶之理，不待辭即自明。因此「看《易》，須是看他卦爻未畫以前是怎模樣，卻就這上見得他許多卦爻象數是自然如此，不是杜撰。且《詩》則因風俗世變而作，《書》則因帝王政事而作。《易》初未有物，只是懸空說出。當其未有卦畫，則渾然一太極，在人則是喜怒哀樂未發之中。一旦發出來，則陰陽吉凶事事都有在裏面。人須是就至虛靜中見得這道理周遍通瓏方好，若先靠定一事說，則滯泥不通了。此所謂『潔靜精微，《易》之教也』」〔註196〕。未有卦畫之前的渾然一太極，既是畫卦的根據又是世界生成的本源。至文王、孔子始揭出《易》中義理，對伏羲畫出的六十四卦賦予新的意義，後天易學只是對先天易學的一種解釋，換言之，對先天易學的解讀還可以有其它方式方法，但無論哪種均須以先天易學爲根據，先天易學是後天易學等成立的根據與前提。朱熹說：

> 孔子既因文王之《易》以作傳，則其所論固當專以文王之《易》
> 爲主，然不推本伏羲作《易》畫卦之所由，則學者必將誤認文王所
> 演之《易》便爲伏羲始畫之《易》，只從中半說起，不識向上根原矣。
> 故十翼之中，如八卦成列、因而重之，太極、兩儀、四象、八卦，
> 而天地、山澤、雷風、水火之類，皆本伏羲畫卦之意。而今新書《原
> 卦畫》一篇，亦分兩儀，伏羲在前，文王在後。必欲知聖人作《易》
> 之本，則當考伏羲之畫，若只欲知今《易》書文義，則但求之文王
> 之經、孔子之傳足矣。兩者初不相妨，而亦不可以相雜。〔註197〕

這是朱熹指出後天易學與先天易學之不同，「初不相妨，而亦不可以相雜」，但朱熹也認爲後天之理與先天之理，也有相通之處，這在他將周敦頤的「太極之理」納入先天圖的詮釋之中就是一個很好的例證，如前所引：

> 《先天》乃伏羲本圖，非康節所自作，雖無言語，而所該甚廣。
> 凡今《易》中一字一義，無不自其中流出者。《太極》卻是濂溪自作，
> 發明《易》中大概綱領意思而已。故論其格局，則《太極》不如《先
> 天》之大而詳；論其義理，則《先天》不如《太極》之精而約。蓋
> 合下規模不同，而《太極》終在《先天》範圍之內，又不若彼之自

〔註195〕《朱子語類》卷70，第1768頁。
〔註196〕《朱子語類》卷67，第1660頁。
〔註197〕《晦庵先生朱文公文集》卷38《答袁機仲》，《朱子全書》，第21冊，第1665頁。

然、不假思慮安排也。若以數言之,則《先天》之數自一而二,自二而四,自四而八,以爲八卦;《太極》之數亦自一而二,自二而四,遂加其一,以爲五行,而遂下及於萬物。蓋物理本同而象數亦無二致,但推得有大小詳略耳。〔註198〕

這就將後天之學的太極之理與先天學統一起來,《先天圖》的規模較《太極圖》宏大,太極在其中,其所蘊含的天地自然之理也是自然湧出,也比《太極圖》更爲自然,但卻不如《太極圖》義理之精約。蔡元定也說:「或謂『先天乃模寫天地之所以然,純乎天理者也。後天乃整頓天地之所當然之理,參以人事』,此意固好。然先天豈非人事,後天亦是天理之自然。顧有明體致用之不同,二者不可相無」〔註199〕。這是說,不能用簡單的用天理和人事區分先天和後天,先天的天理也和人事有關,後天的人事以天理爲依據,二者有相通之處。

如果朱熹所說的「太極,理也」,是溝通其易學與理學的紐帶的話,太極就是理解其易學與理學思想的樞紐。太極與理均爲實理,而易學的空理並非是真正的空(虛),實是靠空(虛)來顯現其更爲實,連空(虛)也爲實,那麼實則更實。所謂虛(空)中有實一詞,確實是說明易學之理的一個很恰當的詞。這正如朱熹把易比作是一面鏡子一樣,他說:「《易》如一個鏡相似,看甚物來,都能照得。如所謂『潛龍』,只是有個潛龍之象。自天子至於庶人,看甚人來,都使得」〔註200〕。鏡子是空的,卻能照出很多事物;《易》也是一個空(虛)的物事,卻能包涵很多道理。所以朱熹說:

其它經,先因其事,方有其文。如《書》言堯舜禹湯伊尹武王周公之事,因有許多事業,方說到這裏。若無這事,亦不說到此。若《易》,則只是個空底物事,未有是事,預先說是理,故包括得盡許多道理,看人做甚事,皆撞著他。〔註201〕

這是朱熹把《易》看作是空理。但此處應注意的是,不能把朱熹說「《易》只

〔註198〕《晦庵先生朱文公文集》卷46《答黃直卿》,《朱子全書》,第2冊,第2155頁。

〔註199〕董楷《周易傳義附錄》卷首下,上海:上海古籍出版社,1990年,第53頁。

〔註200〕《朱子語類》卷67,第1647頁。陳立勝《宋明儒學中的「鏡喻」》一文首先考察先秦儒學鏡喻使用的範圍與思想背景,接著分別描述二程、朱熹、王陽明以鏡喻心的言說方式及其各自特點,就朱子而言,主要討論了其工夫論中鏡喻,但對朱子把易比喻爲鏡子則沒有探討。《孔子研究》,2009年第1期,第61頁。

〔註201〕《朱子語類》卷66,第1631頁。

是一個空的物事」、「空理」等同於佛教的「空」，道家的「無」。朱熹的「空理」是指有定象有定辭但無定事，如朱熹說：

> 蓋文王雖是有定象，有定辭，皆是虛說此個地頭，合是如此處置，初不黏著物上。故一卦一爻，足以包無窮之事，不可只以一事指定說。他裏面也有指一事說處，如「利建侯」、「利用祭祀」之類，其它皆不是指一事說。此所以見《易》之爲用，無所不該，無所不遍，但看人如何用之耳。到得夫子，方始純以理言，雖未必是羲文本意，而事上說理，亦是如此，但不可便以夫子之說爲文王之說。〔註202〕

既然有定理而無定事，則更不可執著於某一事。這方面，朱熹很贊成程頤的話，程頤說：「不要拘一，若執一事，則三百八十四爻，只作得三百八十四件事，便休也」〔註203〕。《易》的「定理」爲實理。朱熹在《易五贊》中說：「理定既實，事來尚虛。用應始有，體該本無。稽實待虛，存體應用。執古御今，由靜制動。潔靜精微，是之謂《易》。體之在我，動有常吉」〔註204〕。朱熹對「稽實待虛，存體應用」的解釋是「稽考實理，以待事物之來；存此理之體，以應無窮之用」〔註205〕。考查卦爻之理，此理一定，所以爲實理；以待方來之事，此事未來，所以爲虛事。此即朱熹所謂的「稽實待虛」，又因理雖實而無形跡，所以又可稱爲空理、靜理；事須來應方爲實事。這樣《易》所關聯的理與事即是以實待虛，以靜應動的關係。〔註206〕自然，此種實理（空理）與佛教的「緣起性空」及道家的「有生於無」有嚴格意義上的區別。

從朱熹對北宋五子易學的繼承與發展來看，朱熹對邵雍讚歎道曰：「邵子這道理，豈易及哉！他腹裏有這個學，能包括宇宙，終始古今，如何不做得大？放得下？今人卻恃個甚做，敢如此！」因誦其詩云：「『日月星辰高照耀，

〔註202〕《朱子語類》卷67，第1647頁。
〔註203〕《河南程氏遺書》卷19，《二程集》，上冊，第249頁。
〔註204〕《晦庵先生朱文公文集》卷85《警學》，《朱子全書》，第24冊，第4001頁。
〔註205〕《朱子語類》卷67，第1656頁。
〔註206〕朱伯崑先生對朱子易學的「稽實待虛」說有深入的論述，他說：「朱熹的『稽實待虛』說，在易學史上有重要的意義……也就是說，對卦爻象和卦爻辭的理解，愈空疏愈好，愈抽象則愈精微，其運用也就愈靈活。此種觀點，實際上是以卦爻象和卦爻辭爲表現一類事物之理的形式，視《周易》三百八十四條爻辭爲三百八十四條公式，可以代入一切有關事物，如今人所說《周易》乃一部代數學。這樣，便將《周易》一書的內容更加抽象化和公式化了。此正是義理系學派解易的一大特色。」《易學哲學史》第2冊，第485頁。

皇王帝伯大鋪舒。』可謂人豪矣！」〔註207〕還有如：「程子以『動之端』爲天地之心。動乃心之發處，何故云：『天地之心？』日：「此須就卦上看，上坤下震，坤是靜，震是動，十月純坤，當貞之，時萬物收斂，寂無蹤跡，到此一陽復生，便是動，然不直下動字，卻云動之端，端又從此起。雖動而物未生，未到大段動處，凡發生萬物，都從這裏起，豈不是天地之心！康節詩云：冬至子之半，天心無改移；一陽初動處，萬物未生時。玄酒味方淡，太音聲正稀。此言如不信，更請問包羲！『可謂振古豪傑！」〔註208〕朱熹稱邵雍爲「人豪」、「振古豪傑」。朱熹稱讚邵雍的先天之學說：「某看康節《易》了，都看別人底不得」〔註209〕。邵雍易學在朱熹心目中的地位是至高無上的。高懷民先生認爲，蔡元定曾受朱熹之託入蜀探尋古太極圖，但由於文獻記載缺失，並沒有證據證明蔡元定找到了古太極圖。倒是蔡元定本人研究邵雍的先天易圖有心得，曾製作出「天地自然之圖」，又叫「先天圖「、「太極圖」或「太極眞圖」，現載於元末明初趙撝謙《六書本義》，由於蔡元定早逝，朱熹沒能看到，後來爲其孫蔡杭秘藏。胡渭在《易圖明辨》中根據邵雍之言對此圖進行解說：「其環中爲太極，兩邊白黑回互。白爲陽，黑爲陰，陰盛於北，而陽起薄之。故邵子日：震始交陰而陽生，自震而離而兌，以至於乾，而陽斯盛焉。震東北，白一分黑二分，是爲一奇二偶。兌東南，白二分黑一分，是爲二奇一偶。乾正南，全白，是爲三奇，純陽。離正東，取西之白中黑點，爲二奇含一偶。故云對過陰在中也。陽盛於南，而陰來迎之，故邵子日：巽始消陽而陰生，自巽而坎而艮，以至於坤，而陰斯盛焉。巽西南，黑一分白二分，是爲一偶二奇。艮西北，黑二分白一分，是爲二偶一奇。坤正北，全黑，是爲三偶，純陰。坎正西，取東之黑中白點，爲二偶含一奇，故云對過陽在中也。坎離爲日月，陞降於乾坤之間，而無定位。納甲寄中宮之戊巳，故東西交易，與六卦異也。八方三畫之奇偶，與白黑之質，次第相應。天工乎？人巧乎？其自然而然之妙，非竊窺造化陰陽之秘者，亦不能爲也」〔註210〕。可能正是由於胡氏此一見解，使高先生堅信蔡元定因研究邵雍先天易而悟及製作黑白太極圖（即天地自然之圖），如僅觀察陰陽二性在太極中的消長流行之狀，當

〔註207〕《朱子語類》卷100，第2542頁。

〔註208〕《朱子語類》卷100，第2542頁。

〔註209〕《朱子語類》卷100，第2545頁。

〔註210〕胡渭《易圖明辨》卷3《先天太極》，第87頁。

然黑白二色的太極圖較邵雍的先天易圖更容易被辨識，這也正是太極圖在後世大行其道的理由。〔註211〕實際上，黑白太極圖是對邵雍先天易圖的簡化，先天易圖反映的具體信息還要在先天易圖中才能彰顯。朱熹贊周敦頤道：「自周衰，孟軻氏歿，而此道之傳不屬，更秦及漢，歷晉隋唐以至於我有宋受命，五星聚奎，實開文明之運，而周子出焉，不由師傳，默契道體，建圖著書，根極領要。當時見而知之，有程氏者，遂擴大而推明之，而周公、孔子之傳，煥然復明於時，非天所畀，孰能與於此！」朱熹稱周敦頤是默契道體。這裏面還有一個問題是，周敦頤的《太極圖》與先天學的關係問題，主要是朱震《漢上易傳》關於先天學譜系的傳承問題，就《太極圖》的來源來看，其與道教有密切的關係，束景南認為周氏《太極圖》是《太極先天之圖》與《無極圖》的合一。〔註212〕但從《太極圖說》的內容來看，其屬於儒家義理易學則是明顯的。朱熹曾就伊川之學與邵雍之學作比較，他說：「『伊川之學，於大體上瑩徹，於小節目上猶有疏處。康節能盡得事物之變，卻於大體上有未瑩處。』用之云：『康節善談《易》。』曰：『然。伊川又輕之，嘗有簡與橫渠云：『堯夫說《易》好聽，今夜試來聽他說看。』某嘗說，此便是伊川不及孔子處。只觀孔子便不如此」〔註213〕。朱熹《周易本義》與程頤《程氏易傳》的主要區別是《本義》從先天學的角度重視易之本義的闡述，而《程氏易傳》則從後天易學的立場闡明其義理所在。

綜上所述，朱熹接受和發展北宋五子的《易》學，建立起了自己的一套理論框架。這套理論首先是，他把易學分為先天易學與後天易學，先天易學為本，後天易學為末；先天易學為體，後天易學為用。其次是，他認為邵雍的易學屬於先天易學，而周敦頤的《太極圖》及《太極圖說》、程顥有關易學的論述、程頤的《程氏易傳》、張載的《橫渠易說》等均為後天易學。朱熹對邵雍的先天易學讚歎有加，多有繼承；對周敦頤、程顥、程頤、張載等的後天易學注重從義理上闡明其道理，更加充滿理學的色彩；朱熹認為後天易學包含在先天易學之中，這也是朱熹認為後天易學沒有先天易學格局與規模宏大的原因所在。同時也是朱熹易學與周敦頤易學、程顥易學、程頤易學、張載易學區別的根本點所在。這也使得朱熹的易學的宇宙本體論的內容較北宋

〔註211〕高懷民《宋元明易學史》，第183～190頁。
〔註212〕束景南《周敦頤太極圖說新考》，《中國社會科學》，1988年第2期，86頁。
〔註213〕《朱子語類》卷100，第2542頁。

五子更加豐富，即其理學的宇宙本體論呈現出先天之理比後天之理更爲自然的微妙差別。

第三節　天

　　程朱理學以「理」爲第一原則，陸王心學以「心」爲最高本體。無論是程朱的理學或陸王的心學，「天」的概念都不再是第一位的，然而這並不是說「天」的概念失去了其意義，不能像「理」與「心」一樣而在各自所表示的範疇內（外）充其極。「理」字涵容道德、囊括宇宙，充滿近世的理性主義色彩；「心」字虛靈明覺、盡是天理，強調良知的當下呈現。〔註214〕而「天」在朱熹的哲學中，仍有重要的地位，其宗教信仰的意義似乎更加突出。

　　在《朱子語類》中，朱熹說：「蒼蒼之謂天。運轉周流不已，便是那個。而今說天有個人在那裏批判罪惡，固不可；說道全無主之者，又不可⋯⋯間問經傳中『天』字。曰：『要人自看得分曉也，有說蒼蒼者也，有說主宰者也，有單訓理時」〔註215〕。這就是朱熹關於天的三種解說：「蒼蒼者」爲自然之天；「主宰者」爲人格神之天；「訓理時」爲義理之天。在朱熹的三種解釋中，自然之天與義理之天，經常爲學者所論述，人格神之天則少有人注意。下面試論述之。

　　就自然之天而言，天與萬物爲同一層次，天爲氣之清者，天象蛋殼一樣包裹著似蛋黃一樣的地。他說：「天地初間只是陰陽之氣。這一個氣運行，磨來磨去，磨得急了，便拶許多渣滓；裏面無處出，便結成個地在中央。氣之清者便爲天，爲日月，爲星辰，只在外，常周環運轉。地便只在中央不動，不是在下」〔註216〕。這是從氣化的角度說明天（地）的存在。從此氣化過程來看，天（地）先於萬物而存在，如與天地並立而爲三的人，在邏輯上，產生於天地之後，萬物之前。朱熹說：「天地之初，如何討個人種？自是氣蒸結

〔註214〕牟宗三先生說：「依陽明，天也，道也，理也，性也，皆是虛說，唯一本心才是實說。即使本心亦是虛說，唯良知才是實說。問題到此，只收縮成一知體，只是一知體之流行，知體之無所不在。欲說天，良知即是天；欲說道，良知即是道；欲說理，良知即是理；欲說性，良知即是性；欲說心，良知即是心（不但即是心，而且是本心）。」《從陸象山到劉蕺山》，上海：上海古籍出版社，2001年，第206頁。
〔註215〕《朱子語類》卷1，第5頁。
〔註216〕《朱子語類》卷1，第6頁。

成兩個人後，方生許多萬物。所以先說『乾道成男，坤道成女』，後方說『化生萬物』。當初若無那兩個人，如今如何有許多人？那兩個人便如而今人身上蝨，是自然變化出來」〔註217〕。至於其它的如「鬼神」之類，也是氣的產物，與人等處於同一層次。然而，就朱熹的理氣論來看，氣中自然含有理，氣不能離理，理也不能離氣，這是理氣不離說。然從邏輯上說，朱熹的理可以先於氣而存在，特別是朱熹秉承邵雍《先天圖》及《易傳》「先天而天弗違，後天而奉天時」之說，理（太極）在沒有天地之前既已存在，可以說理在天地之前，也可以存在於天地消逝之後，這是從義理之天的角度看。既然自然之天是從氣的層面說，理（太極）當然可以先於天地而存在。至於從後天角度上說天地存在之後，理與氣不能相離，無分先後。

　　自然之天向義理之天的轉變有一個過程，起初，「理」和「道」一樣有規律或理則意。韓非子《解老篇》說：「道者，萬物之所然也，萬理之所稽也。理者，成物之文也；道者，萬物之所以成也。故曰：道，理之者也。物有理，不可以相薄；物有理不可以相薄，故理之為物之制。萬物各異理。萬物各異理，而道盡稽萬物之理」〔註218〕。至程顥說「天者理也」〔註219〕。朱熹繼承了二程把「天」訓為理的說法，也把天釋為理。如朱熹說：

　　　　周問：「『獲罪於天』。《集注》曰：『天即理也』，此指獲罪於蒼蒼之天耶？抑得罪於此理也？」曰：「天之所以為天者，理而已。天非有此道理，不能為天。故蒼蒼者即此道理之天。故曰：『其體即謂之天，其主宰即謂之帝』。如『父子有親、君臣有義』，雖是理如此，亦須是上面有個道理教如此始得。但非如道家說，真有個『三清大帝』著衣服如此坐耳」〔註220〕。

─────────────

〔註217〕《朱子語類》卷94，第2380頁。

〔註218〕韓非子原著、張覺撰《韓非子校疏》，上海：上海古籍出版社，2010年，上冊第388頁。

〔註219〕《河南程氏遺書》卷11，《二程集》上冊，第132頁。

〔註220〕《朱子語類》卷25，第621頁。至朱子的弟子陳淳則說：「問天之所命果有物在上面安排分付之否？曰：天者，理而已矣。古人凡言天處，大概皆是以理言之。程子曰：夫天，專言之則道也。天且弗違是也。又曰：天也者，道也。《論語集注》『獲罪於天』曰天即理也。《易本義》先天弗違謂意之所為，默與道契，後天奉天謂知理如是，奉而行之。又嘗親炙文公說，上帝震怒也，只是其理如此。天下莫尊於理，故以帝名之。觀此亦可見矣。故上而蒼蒼者，天之體也；上天之體以氣言，上天之載以理言。」《北溪字義》卷上，第36頁。

在此例中，其實，蒼蒼之天即是道理之天，即是主宰之天，所以，也可以說朱熹對「天」的解說，並沒有嚴格的區別，「天」字之義可說分一爲此三者，也可以說涵此三者爲一。這也就難怪錢穆先生在對此段進行解釋時，認爲「其主宰謂之帝，則指理」，這就把朱熹人格神之天包含於其義理之天中了。〔註221〕其實錢穆對朱熹天的主宰義有更深入的探討，他說：「抑朱子直至晚年，其心中似不認爲此宇宙此自然界可以全憑一理字而更無主宰。因理之爲名，僅一靜辭，非動辭。只能限制一切，卻不能指導鼓舞一切。故在理之上，似仍須一主宰，始可彌此缺憾。然朱子於此，亦終不曾做一肯定語爲此問題做解答。若定要朱子爲此問題肯定作一解答，則朱子之意，實似謂天地並無主宰，乃須人來作爲天地之主宰」〔註222〕。但此說卻更偏離了朱熹人格神之天的主宰義。儘管如此，錢穆指出在「理」之上，仍需有一主宰的說法，卻頗引人深思。朱熹不僅認爲天即理，太極即理，道即理，而且認爲應該有一個得此道理的人，代代有一個出來作主，他說：「道者，古今共由之理，如父之慈，子之孝，君仁臣忠，是一個公共底道理。德便是得此道於身，則爲君必仁，爲臣必忠之類，皆是自有已，方解恁地。堯所以修此道而成堯之德，舜所以修此道而成舜之德。自天地以先，羲黃以降，都即是這一個道理，亙古今未嘗有異，只是代代有一個人出來做主，做主便即是得此道理於己。不是堯自是一個道理，舜又是一個道理，文王、周公、孔子又別是一個道理」〔註223〕。這是「江山代有聖人出」，而非人格神之天的主宰義。

當代新儒家如馮友蘭、牟宗三等都對「天」字有解說。馮友蘭宣稱自己是接著宋明理學講，他的「新理學」的概念如理、氣、道體、大全等雖然賦予了新的涵義，具有哲學原創的意味，但畢竟與宋明理學的原概念有千絲萬縷的關係，如他對大全的解說就更接近於朱熹對義理之天的解釋。他首先用邏輯分析的方法得出理、氣兩個概念，再用邏輯總括的方法得出道體、大全兩個概念。其中的「大全」概念即是天之名。〔註224〕天是萬有之總名，大全即包羅一切，也可以叫做萬有，也可以叫做天，因此，天或大全都是總括的概念。而理氣是邏輯分析的概念，大全中的萬有（一事物）之所以爲萬有（一

〔註221〕《朱子新學案》第 1 冊，第 405 頁。
〔註222〕《朱子新學案》第 1 冊，第 407 頁。
〔註223〕《朱子語類》卷 13，第 231 頁。
〔註224〕馮友蘭《貞元六書》，上冊，第 30 頁。

事物），即萬有所依照者就叫做理，這類似於柏拉圖的「理念」；大全中的萬有（一事物）所構成的終極材料，即萬有（一事物）所依據者就叫做氣，這類似於柏拉圖的「質料」。顯然，馮友蘭的大全（天）概念包含理與氣，理的概念是可以言說的，氣、道體、大全的概念是不可言說的，需用「負的方法」對充滿神秘色彩的大全概念進行直覺體悟。〔註 225〕但這並不能否定理與大全的相同之處，雖然馮友蘭也指出過理與大全的區別，如他用邏輯分析的方法推出的理具有「抽象的共相」的特點，而大全卻具有「具體的共相」的特點，無論是抽象的共性還是具體的共性（有），這種「共相」是理與大全的相同之處。

　　值得注意的是，馮友蘭還提出的天地境界之說。雖然他在此境界說中強調的是人對宇宙（大全）人生（社會）的覺解程度，但達到覺解這種最高境界的基礎──理與大全的相同之處也不無關係。「理」與「大全」的相同之處是「有」與「共相」，馮友蘭說「（大全）這個名的內涵是『有』。它的外延是『群有』。把它的內涵和外延統而言之，就是一個具體的共相。有了這個『名』，人就可以在思維中把握整個的宇宙，由此對於人和宇宙（特別是自然）的關係，有所瞭解，並對之持一種態度。這種理解和態度所構成的精神境界，就是《新原人》所說的『天地境界』」〔註 226〕。但馮友蘭的「天地境界」卻是一種超道德的境界，他對天地境界中的最高階段「同天」之境的闡釋為：

　　　　在天地境界中底人的最高造詣是，不但覺解其是大全的一部分，而且自同於大全。如莊子說：「天地者，萬物之所一也。得其所一而同焉，則死生終始，將如晝夜，而莫之能滑，而況得喪禍福之所介乎？」得其所一而同焉，即自同於大全也。一個人自同於大全，則「我」與「非我」的分別，對於他即不存在。道家說：

〔註 225〕馮友蘭對自己的哲學方法論曾進行解釋，他說：「真正形而上學的方法有兩種，一種是正底方法；一種是負底方法。」（《貞元六書》，下冊第 869 頁）。又說：「一個完整的形上學系統，應當始於正的方法，而終於負的方法。如果它不終於負的方法，就不能達到哲學的最後頂點。」（《中國哲學簡史》，北京：北京大學出版社，1996 年，第 295 頁）。他還說，負的方法「不是先說事物的性質是什麼，而是先說這樣事物的性質不是什麼」（《中國現代哲學史》，香港：中華書局（香港）有限公司，2006 年，第 207 頁）。馮友蘭認為「負的方法」（直覺體悟）高於「正的方法」，且充滿神秘主義。他的「負的方法」來自道家、玄學及禪學的直覺體悟的啟事。
〔註 226〕《馮友蘭自述》，第 206 頁。

「與物冥。」冥者，冥「我」與萬物間底分別也。儒家説:「萬物皆備於我。」大全是萬物之全體，「我」自同於大全，故「萬物皆備於我。」此等境界，我們謂之同天。此等境界，是在功利境界中底人的事功所不能達，在道德境界中底人的盡倫盡職所不能得底。得到此種境界者，不但是與天地參，而且是與天地一。得到此種境界，是天地境界中底人的最高底造詣。亦可以説，認爲得到此境界，方是眞的到天地境界。〔註227〕

此種境界完全超越了人己、內外、物我的對立，是一個絕對空闊潔靜的世界，達到了道家的「得道」之境與佛家的如如之境。但此種「理」與「大全」可以互釋的層面，雖然是接著朱熹的「理」、「氣」、「天」往下講，卻與朱熹以理釋天的意義完全不相應。原因是，馮友蘭用正的方法（邏輯分析法）所解釋的「理」與「大全」，完全是知識論的進路，〔註228〕對朱熹「天」、「理」中所涵的道德意蘊根本不能相及；用負的方法（直覺體悟）所覺解的「理」與「大全」，充滿了神秘主義的色彩，特別是其天地境界中的同天之境，直追佛家的「眞如」及道家的「虛無」之境，這似乎超過、拔高或者脱離了朱熹「天」、「理」中對現實人生社會的終極關懷。

　　牟宗三先生認爲宋明儒學的「天」只是宋明儒在講心性之學時的一個客觀的依據，他更強調的是仁、心、性、天爲一。如牟宗三先生在論述孔子的「仁」與「天」的關繫時説:「在孔子，踐仁知天，雖似仁與天有距離，仁不必即是天，孔子亦未説仁與天合一或爲一，然（一）因仁心之感通乃原則上不能劃定其界限者，此即涵其向絕對普遍性趨之伸展；（二）因踐仁知天，仁與天必有其『內容的意義』之相同處，始可有踐仁以知之、默識之、或遙契之。以是二故，仁與天雖表面有距離，而實最後無距離，故終可合而一之也」〔註229〕。這樣，在牟宗三先生看來，儒家從主觀上言的「仁」與從客觀上言

〔註227〕《貞元六書》，下冊，第635頁。

〔註228〕馮友蘭運用邏輯分析的方法推出「理」是一個「類」概念，對此，牟宗三先生則不以爲然，他説:「吾人必須知:就『氣之存在之然』推證其所以然之理以爲性，此『然』是單指『氣之存在之然』説，並不是指存在之然自身之『曲折內容之然』説，……經此簡別，則朱子所説的『所以然之理』方是存在之理，而此理是超越的整全之一，不是表象存在自身之曲折內容之理。如是此後者，則此理便成類名概念之抽象之理，此是定多之理，而不能是整全之一理，此則非朱子所説之理。」《心體與性體》下冊，第462頁。

〔註229〕《心體與性體》上冊，第19～20頁。

的「天」，從孔子那裏就有合而爲一的傾向了。他在論述孟子的「盡心知性知天」時說：「孟子從道德實踐上只表示本心即性，只說盡心知性則知天，未說心性與天爲一。然『萬物皆備於我矣，反身而誠，樂莫大焉』，則心即涵一無限的伸展，即具一『體物而不可遺』的絕對普遍性。是則心本可與天合一而爲一也。能盡其心，則即可知性，是則心之內容的意義與性之內容的意義全同，甚至本心即性。蓋性即吾人的『內在道德性』之性，亦即能起道德創造大用，能使道德行爲純亦不已之「性」也。由盡心（充分實現其本心）而知性，即知的這個『性』。同樣，若知了性，則即可知『天』，是則性之『內容的意義』亦必有其與天相同處，吾人始可即由知性而知天也。在孟子的語句上似表示心性與天尚有一點距離，本心即性，而心性似不必即天。然此一點距離，一因心之絕對普遍性，二因性或心性之內容的意義有同於天處，即可被撤銷。故明道云：『只心便是天，盡之便知性，知性便知天，當下便認取，更不可外求』〔註230〕。由此，牟宗三先生論證儒學的心、性、天爲一。他還得出了宋明儒之大宗的「天」是「實體」義的天，是「即存有即活動」者。但朱熹的「天」則不是「實體」意義的天，是「只存有不活動」者。據此，他把程頤及朱熹排除在宋明儒之大宗之外。他說：「所謂性之內容的意義有其與天相同處亦是從積極意義的『天』、『實體』意義的天說。此所謂『內容的意義』相同實則同一創生實體也。『天』是客觀地、宇宙本體論地言之，心性則是主觀地、道德實踐地言之。及心性顯其絕對普遍性，則即與天爲一矣。明道如此呼應，宋明儒之大宗亦無不如此呼應。惟伊川、朱子則轉成另一系統」〔註231〕。牟宗三先生此處所論所謂創生實體，即是他所強調的「心體與性體」，此心體與性體主觀地說即是道德實踐的創生實體，客觀地說即是本體宇宙論中的「天」。牟宗三先生認爲此「創生實體」中客觀地所說的「天」及宋明儒之大宗所說的「天」是從《詩·大雅·烝民》的「天生烝民，有物有則，民之秉彝，好是懿德」及《詩·周頌·維天之命》的「維天之命，於穆不已。於乎不顯，文王之德之純」兩句而來。孟子引「天生烝民，有物有則，民之秉彝，好是懿德」以證性善，《中庸》引「維天之命，於穆不已。於乎不顯，文王之德之純」以證天之所以爲天以及文王之所以爲文，純亦不已〔註232〕。

〔註230〕《心體與性體》上冊，第 23 頁。
〔註231〕《心體與性體》上，第 24 頁。
〔註232〕《心體與性體》上冊，第 31 頁。

所以此心體與性體的特點「必須是絕對的普遍者，是所謂『體物而不可遺者』之無外者，頓時即須普而爲『妙萬物而爲言』者，不但只是吾人道德實踐之本體（根據）；且亦須是宇宙生化之本體，一切存在之本體（根據）」〔註233〕。牟宗三先生認爲宋明儒之大宗（不含伊川、朱子）所論之「天」正是與先秦儒家《論》、《孟》、《中庸》、《易傳》相繼承與相呼應，並以此四部經典所論爲主。

然而，牟宗三先生所論《論語》、《孟子》、《中庸》均以「天」爲首出，自不成問題，而《易傳》並不僅僅只強調「乾道變化，各正性命」；周敦頤也並不僅僅只從誠體、神體、寂感眞幾處言妙運萬物之實體。《易傳·繫辭》更強調的是「易有太極，是生兩儀」及《易傳·象傳》的「先天而天弗違，後天而奉天時」。換句話說，《易傳》以「太極」爲首出，天在太極之後，且有先天與後天之分。這與《論》、《孟》、《中庸》以「天」爲首出顯然不同。《易傳》的這些思想分別爲周敦頤及邵雍所繼承，周敦頤創《太極圖說》，《邵雍》以伏羲《先天圖》爲主，至二程反而以「天」爲首出，體貼出「天理」二字，卻不言「太極」及「先天、後天」。朱熹關於「天」的思想明顯的繼承了周敦頤的「太極說」、邵雍的「先天後天說」及二程以「天」爲首出的「天理」說，但以太極說、先天後天說及理說爲主。

牟宗三先生認爲「天」是由人格神轉化而爲內在超越的創生實體，是即存有即活動者。就《論》、《孟》、《中庸》、《易傳》四部經典而言，《論》、《孟》偏重於超越意，而《中庸》、《易傳》偏重於內在意。〔註234〕所謂「即存有即活動」者是指：「客觀地自『於穆不已』之天命實體言性，其『心』義首先是形而上的，自誠體、神體、寂感眞幾而表示。若更爲形式地言之，此『心』義即爲『活動』義（Activity），是『動而無動』之動。此實體、性體、本是『即存有即活動』者，故能妙運萬物而起宇宙生化與道德創造之大用。〔註235〕。在牟宗三先生以此爲標準的分系中，象山、陽明系依據的經典是「以《論》、《孟》攝《易》、《庸》而以《論》、《孟》爲主者」，五峰與蕺山系是「客觀地講性體，以《中庸》、《易傳》爲主，主觀地講心體，以

〔註233〕《心體與性體》上冊，第7頁。
〔註234〕《中國哲學的特質》，第31～38頁。牟宗三先生對「對越在天」一詞的解釋也取「超越地對」與「內在地對」兩種路向。參見《心體與性體》中冊，第20頁。。
〔註235〕《心體與性體》上冊，第36頁。

《論》、《孟》爲主」〔註 236〕。這似乎與象山、陽明系偏重於將「天」的內在意而其所依據的經典卻偏重於超越意，五峰、蕺山系偏重於將「天」的超越意而其所依據的經典卻偏重於內在意。

　　牟宗三先生所討論的「天」，無論是由超越到內在，還是由內在到超越；無論是由《論》、《孟》滲透至《易》、《庸》，還是自《易》、《庸》回歸《論》、《孟》；似乎都與朱熹無關。這其中的原因是牟宗三先生判定朱熹不能像宋明儒大宗那樣與《論》、《孟》、《易傳》、《中庸》相呼應，宋明儒大宗是既內在又超越、即存有即活動的縱貫系統，而朱熹卻轉成了只超越而不內在、只存有而不活動的橫攝系統了。〔註237〕朱熹的「天」只能是以理言的天。

　　牟宗三先生所討論的「天」是基於其儒家道德實踐本體的進路而建構起來的，與朱熹從理性思辨（知識進路）的進路建構起來的「天」不同。牟宗三先生認爲朱熹是從「理爲心所攀企的對象」及「格物窮理」兩條思路來認知天道實體的，他認爲朱熹對「天道實體」的看法是：「充塞天地間無適而非普遍的存有之『實理』。『天下無實於理者』。而現象地反觀吾人之心所攀企的對象，客觀地平置於彼而爲心之所對，理益顯其只爲靜態的『存有』義。而通過格物致知以言理，並由此以把握理，則理益顯其爲認知心之所對。道體性體只成這個『存有』義與『所對』義之『理』字。此顯然已喪失原初言性體之實意。原初言道體性體是不能由格物窮理以知之者」〔註238〕。朱熹的「天」顯然只能以理言，而牟宗三先生的「天」是以「心」言，屬於其心學的縱貫系統，而朱熹的「天」只能屬於橫攝系統，二者顯然有很大的區別。

　　朱熹的「太極」、「道」、「理」等概念，都可以先於「天」而存在，其中「太極」、「道」更接近於老子的思想，「理」是儒家的思想。再看朱熹對「先天」一詞的解釋。先天思想與邵雍的先天學思想及周敦頤的太極思想都有關係，陳來對此有獨到的論述，他說：「象數易思想在哲學上屬於宇宙發生論，邵雍所謂畫前原有易即以爲天地萬物之前宇宙原理已存，由太極而派生一切事物。朱熹理在氣先思想正是在早年『本體論』思想基礎上進一步吸收了象

〔註236〕《心體與性體》上冊，第 42 頁。

〔註237〕吳倩認爲天道是既超越又內在的，它「自本自根、自動自化、無待於外，代表著整個世界的創造之本源，但亦不是一個離世而獨立的神明，而是永遠在世界之中、在眞實的生命活動中顯現其眞意。」參見《儒家超越之路的現代探尋》，南開大學博士學位論文，2010 年，導師：李翔海，第 92 頁。

〔註238〕《心體與性體》上冊，第 70 頁。

數派的宇宙論思想，而這一吸收是以對易學的象數研究爲橋梁的。後來，到更晚年朱熹又提出邏輯在先說，以避免宇宙論的種種困難，故朱熹死後，門人對理氣先後多含糊其辭，而惟西山蔡氏一支仍堅持理在氣先，太極始萬物，如蔡淵之《易意象言》、蔡沈之《洪範皇極內篇》皆可見，這也很能說明問題」〔註239〕。陳來先生指出了朱熹本體論思想與宇宙論的結合，認爲朱熹對邵雍畫前元有易的思想多有吸取，即認爲天地萬物之前宇宙原理已存的思想在朱熹的哲學思想中佔有重要的位置。但他對「先天」一詞在朱熹哲學中的意義沒有展開論述。

「先天」二字，以《周易·文言·乾》所提爲首出：「夫大人者，與天地合其德，與日月合其明，與四時合其序，與鬼神合其吉凶，先天而天弗違，後天而奉天時」。朱熹在注釋「先天而天弗違，後天而奉天時」時說：「《文言》之云『先天』『後天』，乃左右參贊之意，如《左傳》『實先後之』意思，即在中間正合天運，不差毫髮，所謂崒啄同時也」〔註240〕。朱熹又說：「大人無私，以道爲體，曾何彼此先後之可言哉。先天不違，謂意之所爲，默與道契。後天奉天，謂知理如是，奉而行之」〔註241〕。朱熹的意思既承認太極之道先於天地而存在，連天地都不能違背；有了天地之後，天地依然奉此道而行；朱熹又承認聖人（大人）「意之所爲，默與道契」，即聖人（大人）之意與此天地、日月、四時、鬼神無不合，此意可以先天地而存在，此道爲一以貫之，所謂「以道爲體，曾何彼此先後之可言哉。」很顯然，朱熹的「先天」概念也可以先於「天」而存在，與老子思想更爲接近。

從以上分析可以看出，朱熹以「理」所釋的「天」，與先秦儒家的「天」、「天命」思想有所不同，而更接近於老子的思想及宇宙生成論思想，所以爲牟宗三先生所不喜。〔註242〕

朱熹人格神的主宰之天，也是存在的，且這種主宰之天也是朱熹所多次強調的。如《朱子語類》記載：

〔註239〕陳來《朱熹哲學研究》，第88頁。

〔註240〕《晦庵先生朱文公文集》卷30《與張欽夫》，《朱子全書》，第21冊，第1318頁。

〔註241〕《周易本義·周易文言傳第七》，《朱子全書》，第1冊，第150頁。

〔註242〕與朱子的以理釋天不同，他的弟子陳淳卻多次提到「理」爲什麼被稱爲「天」，如他說：「理無形狀，以其自然而言，故謂之天。」《北溪字義》卷下，第38頁。

　　或問：「『天視自我民視，天聽自我民聽，』天便是理否？」曰：

「若全做理，又如何說自我民視聽？這裏有些主宰底意思。」〔註243〕

朱熹認為在宇宙生化過程中除理之外還有主宰，這個主宰即是秉承西周以來的人格神之天。他說：「而今說天有個人在那裏批判罪惡，固不可；說道全無主之者，又不可」〔註244〕。這個能主之者即是「帝」，當有人問「以主宰謂之帝，孰為主宰」時，他回答說：「自有主宰。蓋天是個至剛至陽之物，自然如此運轉不息。所以如此，必有為之主宰者。這樣處要人自見，非語言所能盡」〔註245〕。但這又強調了天的神秘性，突出了主宰天的人格神傾向。〔註246〕

〔註243〕《朱子語類》卷79，第2039頁。

〔註244〕《朱子語類》卷1，第5頁。

〔註245〕《朱子語類》卷68，第1684～1685頁。

〔註246〕桑靖宇認為朱子朱熹思想中雖確實具有人格神的上帝觀念，但並未發展出一套類似西方有神論的以上帝為核心的宗教信仰。參見《朱熹哲學中的天與上帝——兼評利瑪竇的以耶解儒》，《武漢大學學報》（人文科學版），2011年第2期，第24頁。

第三章 朱熹宇宙本體論對理學的影響

南宋儒學至宋孝宗起，大張其幟，學派林立。湖南的張栻（1133～1180），浙江的呂祖謙（1137～1181）與福建的朱熹，交往密切，相互講論，時稱「東南三賢」。但張栻中年而逝，呂祖謙盛年而卒，其後學均隨之而衰。倒是江西陸九淵揭櫫心學，與朱熹抗衡，形成所謂的朱陸之爭。朱陸之爭又以宇宙本體論的差異為主，朱熹曾對陸九淵的宇宙本體論展開辯論，且這種爭執一直持續到到明代的王陽明。朱熹弟子黃榦、陳淳為維護師門正統，護衛朱熹之說，特意發揮朱熹關於宇宙本體論的論述，尊師重道，以擴大朱熹的影響。

第一節 朱熹宇宙本體論在南宋的發展

朱熹的宇宙本體論在南宋的發展，嚴格來講，應該指朱門弟子及其後學對朱熹宇宙本體論的闡發與光大。但從廣義上來說，也應該包含與朱熹同時期的其它學派，如象山學派、湖湘學派、呂祖謙的婺學、浙東的事功學派等對朱熹宇宙本體論的吸收與發展。以下從這兩個方面講述朱熹宇宙本體論的發展，以考察朱熹宇宙本體論的影響。

一、朱熹宇宙本體論對其它學派的影響

朱熹的宇宙本體論主要對同時期的湖湘學派、呂祖謙的婺學、象山學派等有較大的影響，因象山學派要專節進行論述，此處主要考察朱熹對湖湘學派及呂祖謙兄弟婺學的影響。

　　「湖湘學」的開創者是胡安國（1074～1138），他是「私淑洛學而大成者」〔註1〕，其子胡宏（字仁仲，1102～1161）又承傳家學，「卒開湖湘之學統」〔註2〕，而最終發揚廣大湖湘學的則是胡宏晚年的弟子張栻（字欽夫，號南軒），《宋元學案》對張栻受學胡宏及其傳播湖湘之學的情況有記載：「南軒受教於五峰（胡宏）之日淺，然自一聞五峰之說，即默體實踐，孜孜勿釋。又其天資明敏，其所見解，初不歷階級而得之。五峰之門，得南軒而有耀。從遊南軒者甚眾，乃無一人得其傳。故道之明晦，不在人之眾寡耳」〔註3〕。朱熹曾於隆興二年（1164）、乾道三年（1167）等多次向張栻詢問湖湘之學，他們所討論的主要是圍繞胡宏的《知言》而展開的諸如心之未發已發，太極等問題，這些問題都與宇宙本體論密切相關。朱熹著名的詩「半畝方塘一鑒開，天光雲影共徘徊。問渠那得清如許？為有源頭活水來」，即是這一時期的對心體悟的作品。而「昔我抱冰炭，從君識乾坤。始知太極蘊，要眇難名論。謂有寧有跡，謂無復何存。惟應酬酢處，特達見本根。萬化自此流，千聖同茲源」〔註4〕。則是朱熹對太極的體會。但總的來說，朱熹對湖湘之學的思想是批判多於認可。朱熹對胡宏的《知言》進行總結，寫成《知言疑義》一書，與湖湘學派的論爭也就以此為總綱而展開。湖湘學派以性為宇宙本體，胡宏說：「非聖人能名道也，有是道則有是名也。聖人指明其體曰性，指明其用曰心。性不能不動，動則心矣」〔註5〕。朱熹認為胡宏的性體心用的觀點是忽略了「心」在未發時應該屬於性，現在湖湘學派把「心」的地位降低了；另外也沒有區分「心」在已發後屬於「情」，情也是不可與「心」混雜的。湖湘學者認為「性無善惡」，這在朱熹是不能接受的。朱熹因此將胡宏歸入告子、釋氏之列，連張栻也承認性無善惡是錯誤的。湖湘學派雖有彪居正（德美）、胡實（廣仲）、吳翌（晦叔）、胡大原（伯逢）等堅持胡宏之說，但因為張栻「隨著朱子腳跟轉」，其思想大多傾向於朱熹，湖湘學派的削弱於此也不無關係。

　　呂祖謙，字伯恭，因其祖籍為萊州，故稱其為東萊先生，因其伯祖呂本中也號東萊，故學者稱呂本中為「大東萊先生」，稱呂祖謙為「小東萊先生」。

〔註1〕　《宋元學案》卷34《武夷學案》，第1170頁。
〔註2〕　《宋元學案》卷42《五峰學案》，第1366頁。
〔註3〕　《宋元學案》卷50《南軒學案》，第1636頁。
〔註4〕　《晦庵先生朱文公文集》卷5《二詩奉酬敬夫贈言並以為別》，《朱子全書》，
　　　　　第20冊，第387頁。
〔註5〕　《胡宏集》，第36頁。

呂祖謙開創的學說則因其家居婺州而被稱爲「婺學」。全祖望曾分析南宋朱子學、婺學及象山心學的鼎立之勢：「宋乾、淳以後，學派分而爲三：朱學也，呂學也，陸學也。三家同時，皆不甚合。朱學以格物致知，陸學以明心，呂學則兼取其長，而復以中原文獻之統潤色之。門庭徑路雖別，要其歸宿於聖人則一也」〔註6〕。呂氏素有中原文獻之稱，家學源遠流長，因此，呂祖謙具有深厚的家學淵源。《宋明理學史》一書曾根據《宋元學案》記載，總結呂氏家學具有四大明顯的特點：一是不名一師、不私一說；二是受佛學影響頗深；三是呂氏家學雖然「博雜」，但仍以儒家思想爲宗；第四是多識前言往行以蓄德。〔註7〕呂祖謙的思想以理（天理）爲最高的哲學範疇，爲宇宙本體，與朱熹的「理」有相近之處。朱熹在宇宙本體論方面對呂祖謙學術最大的影響有三個方面，一是朱熹和呂祖謙共同編寫《近思錄》，尤其在《近思錄》的首卷《道體》章，二人都把周敦頤的《太極圖說》置於卷首，呂祖謙在序言中還專門對此舉的意義進行交待。二是朱熹、張栻、呂祖謙三人共同對《知言》進行修訂，寫成《知言疑義》一書，與其它的湖湘學者展開論爭，集中批評了湖湘學的一些思想。三是主持召開鵝湖之會，欲使朱、陸之異同彙歸於一。這些都體現了呂（婺）學的兼容性，也說明了朱熹的宇宙本體論對其有一定的影響。

二、朱熹門人及其後學的宇宙本體論

　　朱熹一生以講學和著述爲主，門生眾多。在《宋元學案》中，朱熹門人單獨立學案者，有蔡元定的《西山蔡氏學案》、蔡沈的《九峰學案》、黃榦的《勉齋學案》、陳淳的《北溪學案》、輔廣的《潛庵學案》、陳埴的《木鍾學案》、杜煜的《南湖學案》、李燔、張洽、廖德明、李方子等的《滄州諸儒學案》等。其後學眞德秀也有《西山眞氏學案》、魏了翁有《鶴山學案》等。但在朱熹的弟子中，以蔡元定、蔡沈、黃榦、陳淳等較多的論及宇宙本體論，其中蔡元定曾負責起草《易學啓蒙》，其宇宙本體論思想多表現於此書中，可以參看前面相關章節內容。黃榦、陳淳二人下面分專節論述。此處只討論朱熹其它弟子及其後學眞德秀的宇宙本體論思想。

〔註6〕　全祖望《鮚埼亭外編》卷16《同穀三先生書院記》，朱鑄禹彙校集注《全祖望集彙校集注》，上海：上海古籍出版社，2000年，第1046頁。

〔註7〕　《宋明理學史》，第341～343頁。

　　蔡沈（1169～1230）爲蔡元定季子，字仲默，曾隨蔡元定到謫所，至蔡元定死，他徒步護柩歸葬。後隱居九峰，學者稱九峰先生。蔡沈的思想與其父蔡元定的思想有密不可分的關係。蔡沈的著作主要是《書集傳》和《洪範皇極內外篇》二書。《書集傳》是受朱熹所託，花費十多年工夫而後寫成。而《洪範皇極內外篇》則是一部理學象數學的代表作。蔡沈的「理」與「太極」基本上是繼承朱熹的思想，並沒有太大的發展。蔡沈認爲儒家的「理」就是朱熹一再強調的「十六字心傳」，他在《書集傳》序言中說：「二帝三王之道之治本於道，二帝三王之道本於心。得其心則道與治國可得而言矣。何者？精一執中，堯舜相傳之心法也，建中建極，商湯周武相傳之心法也。曰德曰仁曰敬曰誠，言雖殊而理則一，無非所以明此心之妙也」〔註8〕。這是對朱熹理的繼承。如他論太極說：「太極，形而上之道也；陰陽，形而下之器也。自形而下者觀之，則動靜不同時，陰陽不同位，而太極無不在焉；自形而上者觀之，則沖漠無朕而動靜、陰陽之理已悉具於其中矣。雖然，推之於前而不見其始之合，引之於後而不見其終之離也」〔註9〕。這也沒有超出朱熹論太極的範疇。蔡沈的獨到之處是將理與數聯繫起來，蔡沈用「理數」來說明事物的規定性。〔註10〕他說：「事有其理，數者盡天下之事理也」〔註11〕。

　　蔡沈認爲《洪範》的九疇不能囊括盡天下的事物，於是將九疇發展爲九九八十一個疇數，這與八卦發展爲六十四卦是一個道理。《皇極內篇數》有八十一章六千五百六十一變。洪範九疇數的體系爲蔡氏父子所創，〔註12〕眞德秀認爲可與三聖之易同功，對這一體系的評價很高。

　　蔡沈的數是對邵雍、蔡元定理數思想的繼承。蔡沈認爲知數則可以知理，通過對數的理解和把握，即可以瞭解宇宙本體，「知理之數則幾矣」。他說：

　　　　有理斯有氣，有氣斯有形。形生氣化，而生生之理無窮焉。天
　　地絪縕，萬物化醇；男女構精，萬物化生。化生者，塞化醇者，賾
　　覆土之陵，積水之澤，草木魚蟲，孰形孰色？無極之眞，二五之精，

〔註8〕　蔡沈《書集傳》序言，《朱子全書外編》，第一冊，第1頁。
〔註9〕　蔡沈《洪範皇極內篇》卷1，影印文淵閣《四庫全書》本，第805冊，第705頁。
〔註10〕　參見簡明《邵雍蔡沈理數哲學芻議》，《華中師範大學學報》（哲社版），1994年，第5期，第76頁。
〔註11〕　蔡沈《洪範皇極內篇》卷2，影印文淵閣《四庫全書》本，第805冊，第711頁。
〔註12〕　蔡元定著有《皇極經世指要》一書，是對邵雍《皇極經世書》的理學闡發。

妙合而凝，化化生生，莫測其神，莫知其能。

> 有理斯有氣，氣著而理隱。有氣斯有形，形著而氣隱。人知形
> 之數，而不知氣之數。人知氣之數，而不知理之數。知理之數則幾
> 矣。動靜可求其端，陰陽可求其始，天地可求其初，萬物可求其紀，
> 鬼神知其所幽，禮樂知其所著。生知所來，死知所去，易曰「窮神
> 知化，德之盛也」。〔註13〕

蔡沈認為人只知道理氣所呈現的道理，而不知道理也可以通過數的方式來把握。人一旦瞭解了理之數，則可以極深研幾，生死存亡，盡在掌握之中了。蔡沈的理數還和「物之則」、禮、五行、干支等思想相聯繫，建立了以理數來解釋宇宙萬物的新模式，與朱熹的理氣、太極、理一分殊等思想緊密聯繫，是值得深入探討的學說。

　　朱熹的後學在宇宙本體論方面也深受朱熹的影響，如朱熹的二傳弟子眞德秀關於「理」、「太極」等思想既具有一定的代表性。眞德秀認為理、太極等宇宙本體論概念是超越的形而上者，是一定不可移的準則。他說：「所謂無極而太極者，豈太極之上別有所謂無極哉？特不過謂無形無象而至理存焉耳。蓋極者，至極之理也，窮天下之物可尊可貴，孰有加於此者，故曰太極也。世之人以北辰為天極，以屋脊為屋極，此皆有形而可見者。周子恐人亦以太極為一物，故以無極二字加於其上，猶言本無一物，只有此理也。自陰陽以下，則麗乎形氣矣，陰陽未動之前，只是此理，豈有物之可名耶？即吾一心而觀之，方喜怒哀樂之未發也。渾然一性而已，無形無象之中，萬理畢具。豈非所謂無極而太極乎？以是而言則思過半矣」〔註14〕。眞德秀將太極、理、心之未發等統一於一義之中，是對朱熹宇宙本體論的繼承。

第二節　黃榦的宇宙本體論

　　黃榦（1152～1221）字直卿，號勉齋，學者稱為「勉齋先生」，閩縣（今福建閩侯縣）人。黃榦是朱熹的女婿，朱熹逝世前曾以深衣贈黃榦，並手書

〔註13〕蔡沈《洪範皇極內篇》卷1，影印文淵閣《四庫全書》本，第805冊，第704頁。

〔註14〕眞德秀《西山先生眞文忠公文集》卷31《問太極中庸之義》，宋集珍本叢刊本，第76冊，第290頁。

黃榦說：「吾道之託在此者，吾無憾矣」〔註15〕。黃榦以護衛和傳播朱熹之學爲己任，在朱熹門下有很高的學術地位。對此，眞德秀曾說：「惟公之在考亭，猶顏、曾之在洙泗。發幽闡微，既有補於學者；繼志嗣事，又有功於師門」〔註16〕。朱門另一再傳弟子黃震指出黃榦講學精審不苟，他說：「乾、淳之盛，晦庵、南軒、東萊稱三先生。獨晦庵先生得年最高，講學最久，尤爲集大成。晦庵既没……獨勉齋先生，強毅自立，足任負荷。如輔漢卿疑惡亦不可不謂性；如李公晦疑喜怒哀樂由聲色臭味者爲人心、由仁義禮智者爲道心；如林正卿疑大易本爲垂教，而伏羲、文王特借之以卜筮；如眞公刊《近思》後，語先《近思》而後《四書》；先生皆一一辨明，不少恕。甚至晦庵謂《春秋》止是直書，勉齋則謂其間亦有曉然若出於微意者；晦庵論《近思》先太極說，勉齋則謂名近思反若遠思者；晦庵解『人不知而不慍』，惟成德者能之，勉齋提云、是君子然後能不慍，非不慍然後爲君子；晦庵解『敏於事而慎於言』，以愼爲不敢盡其所有餘，勉齋提愼字本無不敢盡之意，特以言易肆，故當謹耳。凡其於晦庵歿後，講學精審不苟如此」〔註17〕。清代黃百家說：「黃勉齋榦得朱子之正統，其門人一傳於金華何北山基，以遞傳於王魯齋柏、金仁山履祥、許白雲謙。又於江右傳饒雙峰魯，其後遂有吳草廬澄，上接朱子之經學。可謂盛矣」〔註18〕。可見黃榦在朱門中的地位。

一般來說，黃榦堅守師說最嚴。與朱熹一樣，黃榦在宇宙本體論方面的探討也很有興趣，甚至他的道統論、心性論等都受到宇宙本體論的影響。他對太極、陰陽、理、氣、五行、體用等都進行了解釋。

一、太極爲極至之理

與朱熹視太極爲理一樣，黃榦也視太極爲宇宙的本體。太極的功能可謂無窮無盡，是萬物產生和變化的根柢，爲形而上者，而萬物則是形而下者，萬事萬物始終離不開太極的作用。太極同時又是道德的根源，人心的本根，所以，太極與理一樣，同爲宇宙的本體。但黃榦的太極論有將太極氣化的傾

〔註15〕 《晦庵先生朱文公文集》卷29《與黃直卿》，《朱子全書》，第21冊，第1286頁。
〔註16〕 眞德秀《西山先生眞文忠公文集》卷50《勉齋祝文》，宋集珍本叢刊本，第76冊，第578頁。
〔註17〕 黃震《黃氏日抄》卷40，影印文淵閣《四庫全書》本，第235冊，第321頁。
〔註18〕 《宋元學案》卷83《雙峰學案》，第4冊，第2812頁。

向，或者說黃榦過多的強調了太極與陰陽的不離，而忽略了太極與陰陽的不雜。所以，他的太極論與朱熹的解釋又稍有不同，如他說：「天地之初，太極是也」〔註 19〕。似在表明天地先於太極而存在，或者至多表明太極與天地在時間的起點上不約而同。這與朱熹認爲太極在天地之先似有衝突。從太極與陰陽不離的方面看，黃榦有把太極與天地等同的傾向。但太極爲天地之理、爲道德之源，爲最高的本體，萬物統體一太極、一物各具一太極等思想，仍是黃榦的主要觀點。他說：

> 天命之性，即「大德之敦化」；率性之道，即「小德之川流」。惟其「大德之敦化」，所以語大莫能載；惟其「小德之川流」，所以語小莫能破。語大莫能載，是萬物統體一太極也；語小莫能破，是一物各具一太極也。萬物統體一太極，此天下無性外之物也。一物各具一太極，此性無不在也。〔註20〕

此即指出了太極本體與萬物之間的關係。從太極本體對萬物有統攝作用來看，即太極爲一，萬物有一個共同的太極，此太極即是天命之性、即大德之敦化。一物各具一自己的太極，此即率性之道，即小德之川流。

在黃榦看來，太極之妙不可名狀，難以形容。它無形狀，無方所，無聲無臭，語其大而無外，語其小而無內，然又橫塞天地，縱貫古今，無往不在，無所不來。太極如此神秘莫測，然並非不可把握。只要緣其氣而察其理，就能溯其流求其源。他說：

> 太極本體，難以形容。緣氣察理，溯流求源，則可知矣。一靜一動，靜動初終，此氣之流也，是孰爲之哉？理也。天其運乎，地其處乎，日月其爭於其所乎，孰主張是？孰綱維是？主張綱維，理之謂乎。有是理，故有是氣。理如此，則氣亦如此。此體用所以一源，顯微所以無間也，嗚呼！深哉！〔註21〕

這是作者在讚歎太極本體難以形容，不可用語言進行摹狀與刻畫，同時也是在闡明太極體用一源、顯微無間之理。

就「太極」與「理」的關係來看，黃榦秉承朱熹的思想，認爲「太極只

〔註19〕黃榦《勉齋先生黃文肅公文集》卷 17《劉正之遂初堂記》，宋集珍本叢刊，第 67 冊，第 712 頁。
〔註20〕《勉齋先生黃文肅公文集》卷 6《覆葉味道書》，第 67 冊，第 600 頁。
〔註21〕黃榦《勉齋先生黃文肅公文集》卷 26《五常五行太極說三條》，宋集珍本叢刊本，第 68 冊，第 10 頁。

是極至之理」，〔註22〕陰陽爲氣，這樣，黃榦也把理學思想與《易》學的太極思想溝通了起來。黃榦也曾深研《易》學，前文在闡述朱熹易學思想時，朱熹有一段著名的《與黃直卿》書，與黃榦專門討論邵雍《先天圖》與周敦頤《太極圖說》的規模、義理方面的思想問題。黃榦自己也曾講《易經》於白鹿洞書院，並著有《周易係詞傳解》一卷傳世。黃榦認爲理與太極一樣，爲萬化的根柢，他說：

> 陰陽分而五行具，人物生而萬事出。太極之妙爲之根柢，而周流其間，充塞宇宙，貫徹古今，不可須臾離也。〔註23〕

> 人稟陰陽五行之秀氣以生，而太極之理已具。〔註24〕

> 夫陰陽五行，發生萬物，而太極之妙周流不窮。凡圍於造化之內者，鈞稟是氣，則鈞具是理。〔註25〕

太極之「妙」即太極之「神」用，即是太極在萬物背後的統攝作用，太極既有超越性，又有絕對性及普遍性。

二、體用一源，顯微無間

黃榦也從體用的關係來論述太極與陰陽、理與氣的關係。體用的關係即是理一分殊的關係，程頤所謂「體用一源，顯微無間」就是對體用關係最好的表述，朱熹很贊成這種說法。黃榦更是充分發揮這種思想，例如，他把統體的太極解釋爲體，而把各具的太極解釋爲用，他說：

> 統體太極，各具太極，則兼體用，畢竟統體底又是體，各具底又是用。有統體底太極，則做出各具底太極。語大語小，則全指用而言，畢竟語大底是全體，語小底是用。天命謂性是未發，畢竟是體；率性謂道是人所常行，畢竟是用。大德而能敦化，畢竟是體；小德而川流，畢竟是用。〔註26〕

朱熹雖然有「萬物統體一太極」，「一物各具一太極」的思想，但他沒有從體用方面如此劃分，這自然是黃榦的發揮，但他自己好像也拿不准，專門提出

〔註22〕 《黃勉齋先生文集》《勉齋先生黃文肅公文集》卷11《復甘吉甫》，第67冊，第652頁。

〔註23〕 《勉齋先生黃文肅公文集》卷18《鄂州州學四賢堂記》，第67冊，第720頁。

〔註24〕 《勉齋先生黃文肅公文集》卷17《楊恭老敬義堂記》，第67冊，第709頁。

〔註25〕 《勉齋先生黃文肅公文集》卷17《安慶府新建廟學記》，第67冊，第713頁。

〔註26〕 《勉齋先生黃文肅公文集》卷6《覆葉味道》，第67冊，第601頁。

此問題與葉味道商量。但黃榦認爲四書中的《中庸》卻是講了一個關於道之體用的大道理，他說：

> 竊謂此書，皆言道之體用，下學而上達，理一而分殊也。首言性與道，則性爲體而道爲用矣。次言中與和，則中爲體而和爲用矣。又言中庸，則合體用而言，又無適而非中庸也。又言費與隱，則分體用而言，隱爲體，費爲用也。自「道不遠人」以下，則皆指用以明體。自言誠以下，則皆因體以明用。「大哉聖人之道」一章，總言道之體用也。「發育萬物，峻極於天」，道之體也。「禮儀三百，威儀三千」，道之用也。「仲尼」一章，言聖人盡道之體用也。「大德敦化」，道之體也。「小德川流」，道之用也。「至聖」，則足以全道之用矣。「至誠」，則足以全道之體矣。末言「上天之載，無聲無臭」，則用即體，體即用，造道之極至也。雖皆以體用爲言，然首章則言道之在天，由體以見於用。末章則言人之適道，由用而歸於體也。其所以用功而全夫道之體用者，則戒懼謹獨，與夫智仁勇三者，及夫誠之一言而已，是則一篇之大旨也。〔註27〕

黃榦具體分析了《中庸》是怎樣圍繞體用來闡明道之原，有體有用是《中庸》所講的根本道理，是《中庸》的主旨所在。黃榦強調「『上天之載，無聲無臭』，則用即體，體即用，造道之極至也。」這裏所說的「用即體，體即用」即體用一源，顯微無間，理一分殊，一本萬用的意思。體即是用的道理，用即是體的呈現。按邏輯的推理：體爲一，用也爲一；用爲多，體也爲多。如此，他把「形氣神理」看作一物，又把「心性」看作一物。他說：

> 心性之論，則似未通透。昨少年日常將四個字形容此身，只是形氣神理。理精於神，神精於氣，氣精於形。形則一定；氣能呼吸，能冷暖；神則有知覺，能運用；理則知覺運用上許多道理。然有形則斯有氣，有氣斯有神，有神斯有理，只是一物，分出許多名字，知此則心性情之類，皆可見矣。〔註28〕

這是黃榦把「形氣神理」看作一物，同樣是《答楊志仁書》，他批評別人把心性看作兩物，他說：

> 「明德」不言性而言心。楊德淵惠書亦錄云所答之語。此但當

〔註27〕《勉齋先生黃文肅公文集》卷23《中庸總論》，第67冊，第774頁。
〔註28〕《勉齋先生黃文肅公文集》卷11《復楊志仁書》，第67冊，第647頁。

答以「心之明，便是性之明」。初非有二物，則直截簡徑，使之自
此思索，卻見得分曉。今觀所答，是未免以心性爲兩物也。如「回
也，其心三月不違仁」，則心自是心，仁自是仁。如孟子言：「仁，
人心也。」則仁又便是心。《大學》所解「明德」，則心便是性，性
便是心也。所答之病，既誤以心性爲兩物，而又欲安排併合，故其
說頗覺費力。〔註29〕

黃榦從體用一源，顯微無間的觀點出發，視「形氣神理」、「心性」等爲一物，
實際是從理氣、太極陰陽不離的角度看待問題。

就太極與陰陽關係看，黃榦認爲既可說二者有相生關係，即太極生陰陽。
又可說二者爲一，太極即是陰陽，陰陽即是太極。他說：

聖賢只說到一陰一陽處住，只是個一陰一陽底道理，所以天地
寒暑，晝夜生死，千變萬化，都只一樣。分而言之，則一物各具一
陰陽；合而言之，則萬物總是一陰陽。〔註30〕

論陰陽太極，以爲或以太極言，或以陰陽言者。非太極無以生陰
陽，非陰陽無以見太極。此體用所以一原，顯微所以無間也。〔註31〕

但黃榦認爲五行是太極到萬事萬物的「關隔」，太極生陰陽，陰陽生五行，有
相生關係，同時，五行也與陰陽、太極爲一。這在他與甘吉甫論周敦頤的《太
極圖說》中可以看出，他說：

來諭別紙所論周子之語。言合，胡爲不自萬而一；言開，胡爲
不自一而萬。竊謂周子之言造化，至五行處是一關隔。自五行而上，
屬乎造化；自五行而下，屬乎人物；所以《太極圖》說到四時行焉，
卻說轉從五行說，說太極又從五行之生，說各一其性，說出至變化
無窮。蓋天地造化分陰陽，至五行而止。五行既具，則由是而生人
物也。有太極，便有陰陽；有陰陽，便有五行。三者初無斷際，至
此若不說合，卻恐人將作三件物事認了，所以合而謂之妙合。合者，
非昔開而今合，莫之合而合也。至於五行既凝，而後有男女，男女
既交，而後生萬物，此卻是有次第。故自五行而下，節節開說，然
其理其氣未嘗有異，則恐未嘗不合也。〔註32〕

〔註29〕《勉齋先生黃文肅公文集》卷11《復楊志仁書》，第67冊，第648頁。
〔註30〕《勉齋先生黃文肅公文集》卷11《復甘吉甫》，第67冊，第652頁。
〔註31〕《勉齋先生黃文肅公文集》卷11《復甘吉甫》，第67冊，第655頁。
〔註32〕《勉齋先生黃文肅公文集》卷11《復甘吉甫》，第67冊，第652～653頁。

五行以上屬於造化，太極、陰陽、五行三者原是初無斷際，本爲一體妙合，此妙合非昔開今合，而是莫之合而合。自五行以下，則屬於人物。然就其視五行爲造化的關隔點，強調太極、陰陽、五行爲一體來看，他過分重視了對待與流行，以致於得出了視本體爲二、本體爲四的結論。他說：

> 易有太極，易即陰陽也。太極何嘗在陰陽之先？是生兩儀，何嘗生一，而後生二？嘗竊謂太極不可名狀，因陰陽而後見。一動一靜，一晝一夜，以至於一生一死，一呼一吸，無往而非二也。因陰陽之二而反以求之太極所以爲陰陽者，亦不出乎二也。如是則二者道之體也，非其本體之二，何以使末流無往不二哉。然二也各有本末，各有終始。故二分爲四，而五行立矣。蓋一陽分而爲木火，一陰分而爲金水。木者，火之始；火者，木之終；金者，水之始；水者，金之終。物各有終始，未有有始而無終，有終而無始。二各有終始，則二分爲四矣。知二之無不四，則知其所以爲是四者，亦道之本體。非其四，何以使物之無不四哉？故二與四，天下之物無不然，則亦足以見道體之本然也。太極不可名狀，至此亦可以見其端倪矣。體用一源，顯微無間，要當以是觀之。〔註33〕

黃榦此處「是生兩儀，何嘗生一，而後生二？」的疑問，顯然認爲太極所生的兩儀爲二，不是一。「二者道之體」的觀點顯然與朱熹、程頤等的看法有分歧。程頤、朱子都贊成老子「道生一，一生二，二生三，三生萬物」的觀點，只不過不同意老子「有生於無」的看法。程頤說：「有一便有二，才有一二，便有一二之間，便是三，已往更無窮。老子亦曰：『三生萬物。』此是生生之謂易，理自然如此」〔註34〕。太極或一本身是無對的，朱熹說「惟道無對」，強調太極對萬物的超越性。黃榦從現象界的一動一靜，一晝一夜，以至於一生一死，一呼一吸等無往而非二的事實，推斷出「非其本體之二，何以使末流無往不二哉」的結論，又從「二之無不四，則知其所以爲是四者，亦道之本體。」實際上是如前所說按邏輯的推理：體爲一，用也爲一；用爲多，體也爲多。「二本說」、「四本說」其實還是一本說，〔註35〕從此處才可看出太極

〔註33〕 《勉齋先生黃文肅公文集》卷11《復楊志仁書》，第67冊，第649頁。
〔註34〕 《河南程氏遺書》卷18，《二程集》，上冊，第225頁。
〔註35〕 李贄說：「夫厥初生人，惟是陰陽二氣，男女二命，初無所謂一與理也，而何太極之有？若謂二生於一，一又安從生也？一與二爲二，理與氣爲二，陰陽與太極爲二，太極與無極爲二。反覆窮詰，無不是二，又烏睹所謂一者，而

的端倪，這也是對「體用一源，顯微無間」原理的最好說明。

三、黃榦的宇宙本體論對其道統論的影響

　　黃榦在確立朱熹為理學正統的地位方面功不可沒。朱熹也曾提出道統論，說其本人上接孟子之學，並提出理學（聖賢）傳授心法為：「人心惟危，道心惟微，惟精惟一，允執厥中」。〔註36〕黃榦在其《聖賢道統傳授總序說》中說：「先師文公之學，見之《四書》。而其要則尤以《大學》為入道之序，蓋持敬也。誠意正心修身而見於齊家治國平天下，外有以極其規模之大，而內有以盡其節目之詳，此又先師之得其統於二程者也。」他認為朱熹是繼二程而來。朱熹之學的要旨是：「居敬以立其本，窮理以致其知，克己以滅其私，存誠以致其實」〔註37〕。這四句話，不僅是朱熹學說的精華，即使千聖萬賢所傳之道，也沒有能超越於此的。言外之意，朱熹不僅集理學之大成，而且也集諸千古聖賢之大成。借用陸九淵「我注六經，六經注我」的話，千古聖賢之學只是為朱熹之學作注腳而已。試看黃榦在《聖賢道統傳授總序說》開篇即說：

　　　　有太極而陰陽分，有陰陽而五行具。太極、二、五妙合而人物生。賦於人者秀而靈，精氣凝而為形，魂魄交而為神，五常具而為性，感於物而為情，措諸用而為事物之生也。雖偏且塞而亦莫非太極、二、五之所為，此道原之出於天者然也。聖人者，又得人中之秀而最靈者焉，於是繼天立極，而得道統之傳，故能參天地，贊化育，而統理人倫，使人各遂其生，各全其性者。其所以發明道統，以示天下後世者，皆可考也。堯之命舜則曰：「允執厥中」。中者，無所偏倚，無過不及之名也。存諸心而無偏倚，措之事而無過不及，則合乎太極矣。此堯之得命於天者，舜之得統於堯也。〔註38〕

這與黃榦在《朱先生行狀》中總結朱熹對道體的體會有何差別呢？他說：「其

　　遑爾妄言之哉」。《焚書》卷3《夫婦論》，北京：中華書局，1974年，中冊第252～253頁。李贄顯然不是從體用「不一不二」的角度來論述太極與陰陽、理與氣的關係。
〔註36〕《晦庵先生朱文公文集》卷11《壬午應詔封事》，《朱子全書》，第20冊，第571頁。
〔註37〕《勉齋先生黃文肅公文集》卷26《聖賢道統傳授總敘說》，第68冊，第10頁。
〔註38〕《勉齋先生黃文肅公文集》卷26《聖賢道統傳授總敘說》，第68冊，第9頁。

爲道也，有太極而陰陽分，有陰陽而五行具，稟陰陽五行之氣以生，則太極之理各具於其中。天所賦爲命，人所受爲性，感於物爲情，統性情爲心。根於性，則爲仁、義、禮、智之德；發於情，則爲惻隱、羞惡、辭遜、是非之端；形於身，則爲手足耳目口鼻之用；見於事，則爲君臣、父子、夫婦、兄弟、朋友之常；求諸人，則人之理不異於己；參諸物，則物之理不異於人；貫徹古今，充塞宇宙。無一息之間斷，無一毫之空闕，莫不析之極其精而不亂，然後合之盡其大而無餘。先生之於道，可謂建諸天地而不悖，質諸聖賢而無疑矣」〔註39〕。這些文字，無論怎樣看都是在與朱熹之學互相印證。黃榦認爲，朱熹之所以能接續道統，就在於他深得道體（太極）之蘊，默契聖人之心，發而爲聖人之言行，所以，朱熹能接續道統，並成爲儒家道統的傳承者、發明者。

第三節　陳淳的宇宙本體論

　　陳淳（1159～1223），字安卿，福建漳州龍溪北溪人。學者稱其爲北溪先生。嘉定十年（1217），陳淳特奏名及第，第二年授迪功郎，爲安溪主簿，未赴。陳淳一生以訓童爲主，直至嘉定五年（1212），郡守趙汝讜延請至郡，使居賓師，此後才結束其訓蒙生涯，開始講學活動。他在漳、泉一帶培養了一大批朱熹學者，形成了著名的「北溪學派」，爲研究、闡發與傳播朱熹學做出了重要貢獻。

　　陳淳的朱子學思想，與陳淳兩次從學朱熹關係甚大。三十二歲時，朱熹出守漳州，陳淳「抱十年願見而不可得之誠」，以書及《自警詩》爲贄得見朱熹。此次所得即是朱熹所授「根源」二字，朱熹對「根源」二字的是：「凡看道理，須要窮個根源來處。……這道理甚活，其體渾然，而其中粲然。上下數千年，眞是昭昭在天地間。前聖後聖相傳，所以斷然而不疑。夫子之所教者，教乎此也；顏子之所樂者，樂乎此也。圓轉處盡圓轉，直截處盡直截。先知所以覺後知，先覺所以覺後覺」〔註40〕。對「根源」之理「其體渾然，而其中粲然」的描述，與陳淳把太極稱爲「渾淪」應該有一定的關係。慶元元年（1199）冬，陳淳再謁朱熹於考亭。此次，朱熹主要是勸陳淳不要「闢空

〔註39〕《勉齋先生黃文肅公文集》卷2《朱先生行狀》，第68冊，第128頁。
〔註40〕《朱子語類》卷117，第2814頁。

捉天理」〔註41〕。他說:「如吾友所說從源頭來,又卻要先見個天理在前面,方去做,此正是病處。子晦疑得也是,只說不出。吾友合下來說話,便有此病。是先見『有所立卓爾』,然後『博文約禮』也。若把這天理不放下相似,把一個空底物,放這邊也無頓處,放那邊也無頓處,放這邊也恐攧破,放那邊也恐攧破。這天理說得蕩漾,似一塊水銀,滾來滾去,捉那不著。又如水不沿流溯源,合下便要尋其源,鑿來鑿去,終是鑿不得」〔註42〕。這也許是自從第一次受學朱熹後,陳淳就種下了深厚的「根源」情結有關。陳淳謹守師說,作《北溪字義》,〔註43〕對朱熹學的理學範疇進行一次系統的整理和解釋,這是理學發展史上一件具有開創性的工作。〔註44〕就宇宙本體論來看,

---

〔註41〕 《心體與形體》下冊,第 480 頁。

〔註42〕 《朱子語類》卷 117,第 2826 頁。

〔註43〕 《北溪字義》由陳淳的學生王雋根據陳淳所講筆錄,再經陳淳改定而成書。《宋明理學史》一書認爲:「此書又名《四書字義》,又名《四書性理字義》,又名《經書字義》,又名《北溪陳淳字義》,簡稱《北溪字義》。從書的內容考察,當以名《四書性理字義》爲較確切、周匝。蓋《四書》言其範圍,『性理』標其性質,『字義』指其體例。」侯外廬、邱漢生、張豈之主編《宋明理學史》上冊,北京:人民出版社,1984 年,第 500 頁。

〔註44〕 《北溪字義》與《近思錄》同爲理學的入門之書,但《近思錄》首卷即列陰陽變化性命,以《太極圖說》開篇,《北溪字義》卷上以心性論和工夫論爲主,以「命」字開頭,這是值得注意的地方。呂祖謙在《近思錄後序》中說:「《近思錄》既成,或疑首卷陰陽變化性命之說,大抵非始學者之事。祖謙竊嘗與聞次輯之意,後出晚進,於義理之本原,雖未容驟語,苟茫然不識其梗概,則亦何所底止?列之篇端,特使之知其名義,有所向望而已。至於餘卷所載講學之方、日用躬行之實,具有科級。循是而進,自卑升高,自近及遠,庶幾不失纂集之旨。若乃厭卑近而騖高遠,躐等陵節,流於空虛,迄無所依據,則豈所謂『近思』者耶?覽者宜詳之。」《近思錄》序,《朱子全書》,第 13 冊第 165 頁。至於《北溪字義》以「命」字開頭,陳榮捷指出:「《北溪字義》以命爲首,此是其特色處。《朱子語類》、《朱子全書》與《性理精義》均未以《命》字另爲一門。陳淳之所以如此重視命者,蓋以其尋覓源頭處,窮到理而天理流行,以至於天命也。此非於朱子哲學有殊,蓋天命亦朱子之所重,只陳淳以之爲其思想之中心而已。」《朱子新探索》,上海:華東師範大學出版社,2007 年,第 298 頁。陳淳在「命」字前即有說明:「性命而下等字,當隨本字各逐件看,要親切,又卻合做一處看,要得玲瓏透徹,不相亂,方是見得明。」《北溪字義》,第 1 頁。這種重「天命」而忽略本體論的做法,顯然與朱子以「理」爲中心的學說大異其趣。但陳淳認爲《近思錄》爲《四書》之階梯,顯然贊同《近思錄》的體例。黃榦就反對將《太極圖說》列在《近思錄》卷首,也反對「近思錄」爲《四書》之階梯的說法,他說:「先《近思》而後四子,卻不見朱先生有此語。陳安卿所謂『《近思》,四子之階梯』,亦不知何所據而云。朱先生以《大學》爲先者,特以爲學之法。其條目、綱領莫

陳淳之學有以下幾個特點。

一、太極之體渾淪

太極是朱熹哲學的《易》學範疇，朱熹認為太極即是極至之理，已溝通其易學與理學的關係。陳淳也贊成這一點，所以他說：

> 太極只是以理言也。理，緣何又謂之極？極，至也。以其在中，有樞紐之義。如皇極、北極等，皆有在中之義。不可訓『極』為『中』。蓋極之為物，常在物之中，四面到此，都極至，都去不得……若『太極』云者，又是就理論，天所以萬古常運，地所以萬古常存，人物所以萬古生生不息，不是各各自恁地，都是此理在中為之主宰，便自然如此。就其為天地主宰處論，恁地渾淪極至，故以『太極』名之。蓋總天地萬物之理，到此湊合，皆極其至，更無去處，及散而為天地，為人物又皆一一停勻，無少虧欠，所以謂之『太極』。〔註45〕

陳淳的解釋，基本上是對朱熹語句的照搬。但他在繼承太極為極至之理的基礎上，又有所發揮，如以上語句中，「渾淪」一詞就多次出現在陳淳的著作中。陳淳認為：「太極之體渾淪」、「太極之體本渾淪」，用渾淪來解釋太極，或者在太極前加上「渾淪」二字，用以修飾太極，如他說「太極只是渾淪極至之理」〔註46〕；另一種情況是用「渾淪」代替太極或理，如「粵自羲皇作《易》，首闢渾淪」、「濂溪……所謂再闢渾淪」等〔註47〕。這兩種情況實際是一種，即陳淳用「渾淪」來代替「太極」、「理」、「性」等道體。高令印、張加才和李玉峰等先生已經對陳淳「渾淪」一詞有所闡釋，〔註48〕但關於「渾淪」一

如此書耳。若《近思》則無所不載，不應在《大學》之先。至於首卷，則嘗見先生說，其初本不欲立此一卷，後來覺得無頭，只得存之。今《近思》反成遠思也。」《黃勉齋先生文集》卷2《復李公晦書》，第24頁。

〔註45〕 陳淳《北溪字義》卷下，北京：中華書局，1983年，第43頁。
〔註46〕 陳淳《北溪字義》卷下，北京：中華書局，1983年，第43頁。
〔註47〕 陳淳《北溪字義‧嚴陵講義》，第76頁。
〔註48〕 高令印說：「陳淳用『渾淪』解釋理，帶有明顯的二元論色彩……所謂渾淪，就是像雲霧一樣，茫茫為之渾淪……很顯然，陳淳所謂渾淪之太極，是吸取了張載的唯物主義的『太虛即氣』之說的……陳淳把太極釋為似茫茫雲霧，猶張載謂氣聚散於太虛。」高令印、陳其芳《福建朱子學》，福州：福建人民出版社，1986年，第115～116頁。）張加才說：「所謂『渾淪』，就是對太極整體性的寫照，渾而為一，完滿周遍。」《詮釋與建構——陳淳與朱子學》，

詞的宇宙本體論涵義還有進一步探究的必要。

朱熹所用「渾淪」一詞，原指元氣或天。朱熹說：「天是一個渾淪底物，雖包乎地之外，而氣則迸出乎地之間。地雖一塊物在天之中，其中實虛容得天之氣迸出來。《繫辭》云：乾，靜也專，動也直，是以大生焉；坤，靜也翕，動也闢，是以廣生焉。大生是渾淪無所不包，廣生是廣闊能容」〔註 49〕。朱熹也說太極是渾淪的道理，如他說「太極只是一個渾淪底道理，裏面包含陰陽、剛柔、奇偶，無所不有」〔註 50〕。朱熹還在《答陳器之問玉山講義》中具體解釋了孟子對太極渾淪之理的闡發，他說：

> 性是太極渾然之體，本不可以名字言，但其中含具萬理，而綱理之大者有四，故命之曰仁、義、禮、智。孔門未嘗備言，至孟子而始備言之者，蓋孔子時性善之理素明，雖不詳著其條而說自具。至孟子時，異端蜂起，往往以性為不善，孟子懼是理之不明而思有以明之，

北京：人民出版社，2004 年，第 46 頁。他還對中華書局校點本《北溪字義》對「渾淪」一詞的使用情況進行了統計：「陳淳非常喜用『渾淪』一詞。在《北溪字義》一書中，卷上《一貫》門採用五次，卷下《太極》門採用十二次，《中和》門採用三次，附錄《師友淵源》採用兩次，《補遺·太極》條採用十次。」《詮釋與建構——陳淳與朱子學》，第 46 頁。李玉峰說：「（陳淳）認為理氣是『渾淪極至之物』，獨具特色。此說大概取自莊子所講的『渾沌』，《莊子·應帝王》講儵、忽『日鑿一竅，七日而渾沌死。』渾沌本無七竅，但也是有生命的機體，如「嘗試鑿之」便破壞了渾沌之機體的自有特性，使其失去生命。大概陳淳是想用渾淪的哲學比喻，來詮釋他對理氣關係的看法。理氣共同構成一個渾淪的機體，所以『那相接處全無些子縫罅，如何分得孰為先、孰為後？』若分別的先後，便在一邊，便是鑿七竅的行為。便是對理氣一如、體用不二的渾淪機體的破壞。」《論陳淳與朱熹理氣論的異同》，《科技信息》，2010 年第 21 期，第 134 頁。高令印指出了渾淪即元氣，確有一定的見地，如漢儒京房等所說太極太一均指天地未分之渾淪，馬融之北辰說，也本諸元氣之說；張加才概括指出了渾淪的引申義；李玉峰的渾淪來自混沌的推測也不無道理。陳淳使用「渾淪」一詞修飾或代替「太極」，其實還可以參考王弼對《老子》二十五章「有物混成」的注釋：「渾然不可得而知，而萬物由之以成，故曰混成也」。參見《王弼集校釋》，第 63 頁。王弼在《老子指略》裏又對「渾然而不可知」的原因進行了解釋：「無形無名者，萬物之宗也。不溫不涼，不宮不商。聽之不可得而聞，視之不可得而彰，體之不可得而知，味之不可得而嘗。故其為物也則混成，為象也則無形，為音也則希聲，為味也則無呈。故能為品物之宗主，包通天地，靡使不經也」。參見《王弼集校釋》，第 195 頁。

〔註 49〕《朱子語類》卷 74，第 1905 頁。
〔註 50〕《朱子語類》卷 75，第 1929 頁。

苟但曰渾然全體，則恐其如無星之秤、無寸之尺，終不足以曉天下，於是別而言之，界為四破，而四端之說於是而立。蓋四端之未發也，雖寂然不動，而其中自有條理，自有間架，不是儱侗都無一物。所以外邊才感，中間便應。如赤子入井之事感，則仁之理便應，而惻隱之心於是乎形。如過廟、過朝之事感，則禮之理便應，而恭敬之心於是乎形。蓋由其中間眾理渾具，各各分明，故外邊所遇，隨感而應，所以四端之發各有面貌之不同，是以孟子析而為四以示學者，使知渾然全體之中，而粲然有條若此。則性之善可知矣。然四端之未發也，所謂渾然全體，無聲臭之可言，無形象之可見，何以知其粲然有條如此？蓋是理之可驗，乃依然就他發處驗得。凡物必有本根性之理，雖無形而端的之發最可驗。故由其惻隱所以必知其有仁，由其羞惡所以必知其有義，由其恭敬所以必知其有禮，由其是非所以必知其有智。使其本無是理於內，則何以有是端於外，由其有是端於外，所以必知有是理於內，而不可誣也。〔註51〕

所謂渾然全體具備，即太極之中萬理為一，雖曰渾然，卻粲然而有條理。故此，陳淳則將「渾淪」直接代指「太極」。

渾淪本「圓」，渾而為一，不可分割。陳淳多次說道：「太極只是理，理本圓，故太極之體本渾淪。理無形狀、無界限間隔，故萬物無不各具得太極，而太極之本體各各無不渾淪」〔註52〕。陳沂在《敘述》中記載陳淳之語說：「太極只是理，理本圓，故太極之體渾淪。以理言，則自末而本，自本而末，一聚一散，而太極無所不圓具，以象言，則自博而約，自約而博，一闔一闢，而太極無所不極至。自萬古之前，與萬古之後，無端無始，此渾淪太極之全體也。自其沖漠無朕，而天地萬物皆由是出，及天地萬物既由是出，又依舊沖漠無朕，此渾淪無極之妙用也。聖人一心，渾淪太極之全體，而酬酢萬變，無非太極流行之用」〔註53〕。這句話不僅指出了渾淪本圓，而且渾淪有自始之末的一貫性；從象言，它可以無所不具，萬象粲然；也可以使粲然之象合而為一。此渾淪既在天地之先，又在萬物之後。唯聖人之心能得渾淪之全體。

〔註51〕《晦庵先生朱文公文集》卷58《答陳器之》，《朱子全書》第23冊，第2778～2779頁。

〔註52〕陳淳《北溪先生大全文集》卷42，宋集珍本叢刊本，第70冊，第244頁上。

〔註53〕陳淳《北溪先生大全文集·外集》，宋集珍本叢刊，第70冊，第293頁上。

陳淳認爲太極渾淪本體就像水銀一樣，「譬如一大塊水銀恁地圓，散而爲萬萬小塊，個個皆圓。合萬萬小塊復爲一大塊，依舊又恁地圓。陳幾叟月落萬川處處皆圓之譬，亦正如此」〔註 54〕。渾淪的這種從時間到空間都充其極，無所不有，無所不在的屬性，既是太極的特點，又是理的特點。

與太極、理處在同一層次上的還有「天」、「道」等。陳淳論「天」，認爲「道理」都從「天」處來。他說：「道猶路也。當初命此字是從路上起意。人所通行方謂之路，一人獨行不得謂之路。道之大綱，只是日用間人倫事物所當行之理。眾人所共由底方謂之道。大概須是就日用人事上說，方見得人所通行底意親切。若推原來歷，不是人事上劃然有個道理如此，其根原皆是從天來」〔註 55〕。與黃榦一樣，陳淳認爲道來自天，這與朱熹認爲道、太極、理均先於（高於）天不同。〔註 56〕

陳淳還對「道」與「理」進行了辨析，二者雖爲一物，但在不同的語境中表達出來的意思似有區別。他說：

> 道與理大概只是一件物，然析爲二字，亦須有分別。道是就人所通行上立字。與理對說，則道字較寬，理字較實，理有確然不易底意。故萬古通行者，道也；萬古不易者，理也。理無形狀，如何見得？只是事物上一個當然之則便是理。〔註 57〕

這只是道和理的一點小小的差別罷了，其實陳淳以上所說的這段話，從第二句開始也可以這樣說：「理是就人所通行上立字。與道對說，則理字較寬，道字較實，道有確然不易底意。故萬古通行者，理也；萬古不易者，道也。道無形狀，如何見得？只是事物上一個當然之則便是道。」道與物（器）的關

〔註 54〕《北溪字義》，第 46 頁。
〔註 55〕《北溪字義》，第 38 頁。
〔註 56〕黃榦說：「道原於天，具於人心，著於事物，載於方策，明而行之存乎其人。」《黃勉齋先生文集》卷 5《徽州朱文公祠堂記》，第 107 頁。但黃榦與陳淳均把天等同於理，這無疑提高了「天」的地位。陳淳說：「天即理也。古聖賢說天，多是就理上論。理無形狀，以其自然而言，故謂之天。若就天之形體論，也只是個積氣，恁地蒼蒼茫茫，其實有何形質。」《北溪字義》，第 38 頁。這樣看來，「天即理」，只是一種比喻的說法。陳淳的天也是太極、大本。如他說：「天只是一元之氣流行不息如此，即這便是大本，便是太極。萬物從這中流出去，或纖或洪，或高或下，或飛或潛，或動或植，無不各得其所欲，各具一太極去，個個各足，無有欠缺。亦不是天逐一去妝點，皆自然而然從大本中流出來。此便是天之一貫處。」《北溪字義》，第 32 頁。
〔註 57〕《北溪字義》，第 41～42 頁。

係，也就是理與氣的關係。他說：「道非是外事物有個空虛底，其實道不離乎物，若離物則無所謂道」〔註58〕。這是道物（器）不離，其實也是理氣不離。他又說：「論道之大原，則是出於天。自未有天地之先，固是先有理。然才有理，便有氣，才有氣，此理便在乎氣之中，而不離乎氣。氣無所不在，則理無所不通。其盛著見於造化發育，而其實流行乎日用人事，千條萬緒。人生天地之內，物類之中，全具是道，與之俱生，不可須臾離」〔註59〕。陳淳的道與理就是這樣可以通用，這裏所表達的意思與朱熹的理在氣先相同。

　　陳淳還認為「理」有四然，他說：「理有能然、有必然、有當然、有自然處，皆須兼之，方於理字訓義為備。」他接著分析此「四然」說：「能然、必然者，理在事之先；當然者，正就事而直言其理；自然，則貫事理言之也。四者皆不可不兼該。而正就事言者，尤見理直截親切，在人道為有力。」〔註60〕這是第一次從學朱熹後，陳淳以書信的形式向朱熹問學，內容保存在《北溪先生大全文集》裏，到陳淳晚年著《北溪字義》時，已充分瞭解到朱熹有關理的論述，朱熹的理具有統攝性、普遍性、必然性等，屬於「上天之載，無聲無臭」，無情義、無計度、無方所等。陳淳在《北溪字義》裏，已經認為「四然」說是理的題中應有之意，更加強調理的形上性、公共性及其與道、性、義等的關係。

二、陳淳衛護師門

　　清代張伯行說：「昔孔子之徒三千，而斯道賴以昭著，朱熹門下知名之士，如黃、陳、蔡、劉輩，亦不下數十人。故其著述最富，問答最多，而理學因之大明」〔註61〕。在朱門弟子中，陳淳以衛師門最力而著名。蔡仁厚說：「北溪守師門之學甚固……但北溪自己卻正是『窄窄狹狹』看道理者。他衛師門之學而過甚其力，操異同之見而過甚其辭，朱陸門戶之爭，多半是由北溪而決其瀾的」〔註62〕。陳淳批評佛老及江西之學（陸九淵之學），與他在宇宙本

〔註58〕《北溪字義》，第39頁。
〔註59〕《北溪字義》，第40頁。
〔註60〕《北溪先生大全文集》卷6《理有能然必然當然自然》，宋集珍本叢刊，第70冊，第40頁下。
〔註61〕張伯行《正誼堂文集》卷12《答冉永光檢討》，四庫全書存目叢書本，濟南：齊魯書社，1997年。
〔註62〕蔡仁厚《宋明理學・南宋篇——心體性體義旨述引》，臺北：臺灣學生書局，1989年，第293～294頁。

體論方面的理解與闡發不無關係。

首先，陳淳也很重視道統說，他在《道學體統》裏闡明其宇宙本體論，他說：「聖賢所謂道學者，初非有至幽難窮之理，甚高難窮之事也，亦不外乎人生日月之常耳。蓋道原於天命之奧，而實行乎日用之間」〔註 63〕。在《師友淵源》裏，陳淳也像黃榦一樣，重視太極，他認爲伏羲作《易》，是首闢渾淪，所以爲道統的開端。至周敦頤「不由師傳，獨得於天，提綱啓鑰，其妙具在《太極》一圖。而《通書》四十章，又以發圖之所未盡，上與羲皇之《易》相表裏，而下以振孔孟不傳之墜緒，所謂再辟渾淪」〔註 64〕。這樣，周程的濂洛之學就與洙泗之學並，周程取得了聖人的資格，朱熹接續濂洛之學，自然也是聖學的繼承者。陳淳這一圍繞闡述「渾淪」之理爲中心的道統說，無疑起到了拒陸九淵之學於正宗儒學之外的作用。

其次，指責陸學爲禪學。陳淳在《似道之辨》結尾處，規勸那些「有志於學者，其戒之謹之」，不要靠近禪學。他在指出禪學似道非道之外，更對陸九淵心學痛心疾首，大加轞伐。他直接認爲陸九淵不師孔孟，而師事禪師，他說：「彼象山者，不師孔不師孟而師道光（號佛照），竊其宗旨而文以聖人之言，屹然自植一家，與孔孟背馳，與周程立敵，導學者於詖淫邪遁之歸。誠異端之雄而吾道之賊也。」〔註 65〕「竊其宗旨而文以聖人之言」，這樣的行爲卻是故意爲之，簡直是明目張膽作盜賊了。他還說：

> 吾何冤於象山哉！爲其佐異端、鼓淫詞，爲人心害，吾對越上
> 天，講明公理，爲人剖析是非，深有愛於人，而存忠恕之心，懼其
> 或至誤陷焉，而枉害了一生也。」〔註66〕

陳淳擔心那些人被陸九淵之學所誤陷，枉害了一生。陸九淵之學爲什麼會導致這樣的後果呢？在陳淳開來，一是陸九淵之學全用禪家宗旨，二是屏去格物一段工夫。他說：

> 江西之學不讀書、不窮理，只終日默坐澄心，正用佛家坐禪之
> 說，非吾儒所宜言。〔註67〕

〔註 63〕 《北溪字義》，第 75 頁。
〔註 64〕 《北溪字義》，第 76 頁。
〔註 65〕 《北溪先生大全文集》卷 32《與鄭行之》，宋集珍本叢刊，第 70 冊，第 181 頁下。
〔註 66〕 《北溪先生大全文集》卷 31《與王生震》，宋集珍本叢刊，第 70 冊，第 179 頁下。
〔註 67〕 《北溪先生大全文集》卷 33《答西蜀史杜序文》，宋集珍本叢刊，第 70 冊，

此一種門戶，全用禪家宗旨，無一與孔孟合。其要訣所主，只是祖述那『作用是性』一說，再得孟子所辟『生之謂性』底意，重喚起來，乃是指氣為理，指人心為道心。〔註68〕

此禪家宗旨即是「作用是性」，另外，陸九淵心學還「錯認形氣之虛靈知覺以為天理之妙。」〔註69〕這是從本源處指出陸九淵心學之弊。由於從本源處就錯了，所以只重視尊德性而忽視道問學，只去撮取饅頭尖上一點，而不去理會下學上達的工夫。陳淳說：

大抵其教人終日默坐以求本心，以萬善皆吾心所固有，無事乎辨說之勞，屏去格物一段工夫。〔註70〕

近世儒者，乃有竊其形氣之靈者以為道心，屏去「道問學」一節工夫，屹然自立一家，專使人終日默坐以求之，稍有意見則證印以為大悟，謂真有得乎群聖千古不傳之秘，意氣洋洋，不復自覺其為非。〔註71〕

陳淳所攻擊陸九淵之學，大多因門戶之見，這已為很多研究者所指出。如全祖望說：「其衛師門甚力，多所發明，然亦有操異同之見而失之過者」〔註72〕。然也不可忽視陳淳對陸九淵之學的攻擊是站在排斥佛老的基礎上的，這在其《北溪字義》中《佛老》及「二似之辨」中的《似道之辨》等文章中有明顯的表現。陳淳在《似道之辨》中指出了如佛在宇宙本體論方面的根本差別，他說：

今佛者以作用是性，以蠢動含靈皆有佛性，運水搬柴無非妙用，專指人心之虛靈知覺者而作弄之，明此為明心，而不復知其為形氣之心，見此為見性，而不復知性之為理，悟此為悟道，而不復別出道心之妙……若彼之所謂月潭清潔云者，特不過萬理俱空而百念不生爾，是固相似而實不同也。心之體所具者惟萬理，彼以理為障礙

第189頁上。

〔註68〕《北溪先生大全文集》卷32《與鄭行之》，宋集珍本叢刊，第70冊，第181頁下。

〔註69〕《北溪先生大全文集》卷32《與鄭行之》，宋集珍本叢刊，第70冊，第181頁下。

〔註70〕《北溪先生大全文集》卷32《與鄭行之》，宋集珍本叢刊，第70冊，第181頁下。

〔註71〕《北溪字義》，第82頁。

〔註72〕《宋元學案》卷68《北溪學案》，第3冊，2219頁。

　　而悉欲空之，則所存者特形氣之知覺爾。此最是至精至微第一節差
　　錯處。至於無君臣父子等大倫，乃其後截人事粗跡之悖繆至顯處。
　　其爲理之發端，實自大原中已絕之。〔註73〕

佛學認作用是性，明心見性，實是一個與人事隔絕空理，因其與人事隔絕，
所以爲萬理俱空，只能蕩學者於空無之境。而儒家之理實是不離人事，萬理
俱實。而佛學爲追求其超絕人事的空理，只能認人事的實理爲空，這實是儒
佛至精至微的第一節差錯處。至於佛學的「無君臣父子等大倫」，只是其空理
的表現之一而已。究其最本質的原因，還是其空理與儒家實理的不同所造成
的。

第四節　朱熹與陸九淵、王陽明

　　陸九淵（1139～1193），字子靜，江西撫州金溪人，因中年後居象山，自
稱象山居士，後世遂尊稱象山先生。九淵兄弟六人，九淵最幼。四兄九韶，
字子美，世稱梭山先生。五兄九齡，字子壽，世稱復齋先生，與九淵號江西
三陸。〔註74〕陸九淵三十四歲中進士，歷任縣主簿、國子正和敕令所刪定官，
五十三歲出知荊門軍，一年後即逝於任所。

　　陸九淵曾稱自己的學問是「因讀《孟子》而自得之」〔註75〕，並無師承。
〔註76〕據《象山年譜》載，陸九淵八歲時，聞人誦伊川語，說：「伊川之言，
奚爲與孔孟之言不類？」〔註77〕陸九淵認爲伊川之學偏離了孔孟之道，所以
陸九淵之學與伊川不相契。全祖望在《宋元學案》中認爲：「象山之學，先立

〔註73〕《北溪字義》，第81～82頁。

〔註74〕陸氏兄弟三人，互爲師友，史稱他們之學爲「金溪之學」、「青田之學」或「三
　　　　陸子之學」，全祖望認爲：「三陸子之學，梭山啓之，復齋昌之，象山成之。」
　　　　《宋元學案》卷57《梭山復齋學案》序錄，第3冊第1862頁。

〔註75〕詹阜民嘗問：「先生之學亦有所受乎？」曰：「因讀《孟子》而自得之。」《陸
　　　　九淵集》，第471頁。

〔註76〕全祖望說：「洛學之入秦也以三呂，其入楚以上蔡司教荊南，其入蜀也以謝湜、
　　　　馬涓，其入浙也以永嘉周、劉、許、鮑數君，而其入吳也以王信伯。信伯極
　　　　爲龜山所許，而晦翁最貶之，其後陽明又最稱之。予讀《信伯集》，頗啓象山
　　　　之萌芽。其貶之者以此，其稱之者亦以此。象山之學，本無所承，東發以爲
　　　　遙出於上蔡，予以爲兼出於信伯。蓋程門已有此一種矣。」象山之學，黃震
　　　　以爲「遙出於上蔡」，全氏以爲「兼出於信伯」。二人之說，可以參考，但非
　　　　定論。《宋元學案》卷29《震澤學案》，第2冊，第1047頁。

〔註77〕《陸九淵集》，第481頁。

乎其大者，本乎孟子，足以貶末俗口耳支離之學。但象山天分高，出語驚人，或失於偏而不自知，是則其病也」〔註78〕。「先立乎其大者」一語，出自孟子，但陸九淵卻有自己的新見，他說：

> 大哉！聖人之道。洋洋乎發育萬物，峻極於天，優優大哉。天之所以為天者，是道也。故曰「唯天為大」。天降衷於人，人受中以生，是道固在人矣。孟子曰：「從其大體」，從此者也。又曰：「養其大體」，養此者也。又曰：「養而無害」，無害乎此者也。又曰：「先立乎其大者」，立乎此者也。居之謂之廣居，立之謂之正位，行之謂之大道。非居廣居，立正位，行大道，則何以為大丈夫？〔註79〕

> 必有大疑大懼，深思痛省，決去世俗之習，如棄穢惡，如避寇讎，則此心之靈，自有其仁，自有其智，自有其勇，私意俗習，如見晛之雪，雖欲存之而不可得，此乃謂之知至，乃謂之先立乎其大者。〔註80〕

> 蓋謂此心之良，人所均有，天所予我，非由外鑠，先立乎其大者，則其小者莫能奪。信能知此，則宇宙無非至理，聖賢與我同類。〔註81〕

陸九淵所強調的「大者」即「本心」，陸九淵強調發明「本心」說或「復其本心」說。陸九淵的「本心」即孟子的四端之心或赤子之心，此「心」即是宇宙萬物根源性的實體，萬物之理自然即在此心中充沛。「先立乎其大者」既是直指先驗地道德本心，同時又指明了一切修養工夫的根基。所謂先驗的道德本心，即是人人所具有的以區別於後天的經驗之心的道德本心，它是人的道德行為的主體，是人之所以能夠發出各種善行的先天依據。當然這種先驗的道德本心有時候也會被私欲和偏見所蒙蔽，但在陸九淵看來，人心有一種先驗的破除蒙蔽的能力。所以，為了保持「本心」，陸九淵教人的袪病良方就是「減擔」、「剝落」與「自作主宰」，他說：

> 某讀書只看古注，聖人之言自明白。且如弟子入則孝，出則弟，是分明說與你入便孝，出便弟，何須得傳注？學者疲精神於此，是以擔子越重。到

〔註78〕　《宋元學案》卷58《象山學案》序錄，第3冊，第1884頁。
〔註79〕　《陸九淵集》，第180頁。
〔註80〕　《陸九淵集》卷15《與傅克明》，第196頁。
〔註81〕　《陸九淵集》卷33《文安諡議》，第385頁。

某這裏，只是與他減擔，只此便是格物。〔註82〕

　　人心有病，須是剝落。剝落得一番，即一番清明，隨後起來，又剝落，又清明，須是剝落得淨盡方是。〔註83〕

　　萬物皆備於我，有何欠缺？當惻隱時自然惻隱，當羞惡時自然羞惡，當寬裕溫柔時自然寬裕溫柔，當發強剛毅時自然發強剛毅。〔註84〕

減擔與剝落之後，才能做到心明理靜，才能洞徹心中之理，保證心中之理滿心而發。牟宗三先生說：「象山從《論》、《孟》入手，純是孟子學，只是一心之朗現，一心之申展，一心之遍潤，是真能相應『夫子以仁發明斯道，其言混無罅縫；孟子十字打開，更無隱遁』而開學派者，故亦能恰當地說出此語」〔註85〕。陸九淵的「本心」說與「心即理」說緊密相聯，他說：

　　「君子之所以異於人者，以其存心也。」又曰：「非獨賢者有是心也，人皆有之，賢者能勿喪耳。」又曰：「人之所以異於禽獸者幾希，庶民去之，君子存之。」「去之」者，去此心也，故曰：「此之謂失其本心。」「存之」者，存此心也，故曰：「大人者不失其赤子之心。」四端者，即此心也。「天之所以與我者」，即此心也。人皆有是心，心皆具是理，心即理也。故曰：「理義之悅我心，猶芻豢之悅我口。」所貴乎學者，爲其欲窮此理，盡此心也。〔註86〕

　　蓋心，一心也；理，一理也；至當歸一，精義無二，此心此理，實不容有二。故夫子曰「吾道一以貫之。」孟子曰：「夫道一而已矣。」又曰：「道二，仁與不仁而已矣。」如是則爲仁，反是則爲不仁。仁即此心也，此理也。求則得之，得此理也；先知者，知此理也；先覺者，覺此理也；愛其親者，此理也；敬其兄者，此理也；見孺子將入井而有怵惕惻隱之心者，此理也；可羞之事則羞之，可惡之事則惡之者，此理也；是知其爲是，非知其爲非，此理也；宜辭而辭，宜遜而遜者，此理也；敬此理也，義亦此理也；內此理也，外亦此理也。故曰：「直方大，不習無不利。」孟子曰：所不慮而知

〔註82〕 《陸九淵集》卷35，第441頁。
〔註83〕 《陸九淵集》卷35，第458頁。
〔註84〕 《陸九淵集》卷35，第455～456頁
〔註85〕 《心體與性體》上冊，第40頁。
〔註86〕 陸九淵《象山集》卷2《與吳顯仲》，此段文字中華書局本《陸九淵集》不錄，見影印文淵閣四庫全書，第386冊，第402頁。

者，其良知也；所不學而能者，其良能也。此天之所與我者，我固
有之，非由外鑠我也。故曰：「萬物皆備於我矣，反身而誠，樂莫大
焉。」此吾之本心也，所謂安宅、正路者，此也；所謂廣居、正位、
大道者，此也。古人自得之，故有其實。言理則是實理，言事則是
實事，德則實德，行則實行。〔註87〕

陸九淵的「心」即是其論述的「本心」，他的「理」即是「實理」，陸九淵在
給包詳道的信中說：「宇宙間自有實理，所貴乎學者，為能明此理耳。此理苟
明，則自有實行，有實事。」〔註88〕陸九淵要人怎樣抓住實理還有一個生動
的比喻，他說：「俗諺云：『癡人面前，不得說夢。』又曰：『獅子咬人，狂狗
逐塊。』以土打獅子，便徑來咬人。若打狂狗，只去理會土」〔註89〕。當用
土塊投擲獅子時，獅子不理會土塊而徑去咬人；狂狗卻忘了去咬人只會去追
逐土塊。這是陸九淵在用比喻強調人在學習時要像獅子那樣能抓住問題的關
鍵（實理）。牟宗三先生解釋陸九淵的「心即理」時說：「象山本孟子言『本
心即理』。『本心即理』非謂本心即於理而合理，乃『本心即是理』之謂。……
『本心即理』這本心之自律與自由乃是一具體而真實的呈現。就自由說，這
不是一設準，而是一呈現」〔註90〕。「本心即是理」，確實是陸九淵「心即理」
內涵的關鍵。

　　陸九淵的「本心」也表現為「萬聖同心」，他說：「千萬世之前，有聖人
出焉，同此心同此理也。千萬世之後，有聖人出焉，同此心同此理也。東南
西北海有聖人出焉，同此心同此理也。近世尚同之說甚非。理之所在，安得
不同？古之聖賢，道同志合，咸有一德，乃可共事，然所不同者，以理之所
在，有不能盡見」〔註91〕。「萬聖同心」的「本心」與胡五峰的「心無生死」
之說有頗多相似之處。

　　陸九淵還認為此心此理可以與外在宇宙等同，此心此理充塞宇宙之間，
據《年譜》記載，陸九淵在十幾歲時就悟出了這個道理：

　　　　先生自三四歲時，思天地何所窮際，不得，至於不食，宣教公
　　呵之，遂姑置，而胸中之疑終在。後十餘歲，因讀古書至宇宙二字，

〔註87〕《陸九淵集》卷1《與曾宅之》，第4～5頁。
〔註88〕《陸九淵集》卷14《與包詳道》，第182頁。
〔註89〕《陸九淵集》卷35，第444～445頁。
〔註90〕《從陸象山到劉蕺山》，第7頁。
〔註91〕《陸九淵集》卷22《雜說》，第273頁。

解者曰：「四方上下曰宇，往古來今曰宙。」忽大省曰：「元來無窮。人與天地萬物，皆在無窮之中者也。」乃援筆書曰：「宇宙内事，乃己分内事；己分内事，乃宇宙内事。」又曰：「宇宙便是吾心，吾心即是宇宙。東海有聖人出焉，此心同也，此理同也；西海有聖人出焉，此心同也，此理同也；南海北海有聖人出焉，此心同也，此理同也。千百世之上至千百世之下有聖人出焉，此心此理亦莫不同也。故其啓學者，多及宇宙二字。〔註92〕

這是陸九淵強調心的普遍性，心呈現爲一種超時空的存在，心即是理，心與理重合。陸九淵認爲宇宙間充滿了理、道等，理、道與「心」一樣充滿宇宙，他說：「此『道』充塞『宇宙』，天地順此而動，故日月不過，而四時不忒；聖人順此而動，故刑罰清而民服」〔註93〕。又說：「此『理』充塞『宇宙』，天地鬼神且不能違，況於人乎？誠知此理，當無彼己之私」〔註94〕。還說：「此『理』在『宇宙『間，未嘗有所隱遁；天地之所以爲天地者，順此理而無私焉耳」〔註95〕。所以，陸九淵有時也用「理」與「道」等概念將的「心」與「宇宙」聯繫在一起。

陸九淵揭櫫「本心」、「心即理」、「宇宙便是吾心，吾心便是宇宙」等觀點，形成心學學派，與當時的朱熹形成所謂的朱陸之爭。關於朱陸的區別，馮友蘭先生曾作過比較：「朱子言性即理。象山言心即理。此一言雖只一字之不同，而實代表二人哲學之重要的差異。朱子以心乃理與氣而生之具體物，與抽象之理，完全不在同一世界之内。心中之理，即所謂性；心中雖有理而心非理。故以朱子之系統，實只能言性即理，而不能言心即理也。象山言心即理，並反對朱子所說心性之區別。蓋依象山之觀點，實際上本無與朱子所說心性區別相當之區別，故說心性只是『一般物事』也」〔註96〕。馮友蘭先生是從「性」與「心」的區別來判斷朱陸之異。其實馮友蘭先生沒有注意到朱熹心、性之間的聯繫。張岱年先生也認爲朱陸有異，他說：「朱子言窮理，象山亦言窮理；象山言明心，朱子亦未嘗不言明心。但象山所說，正與朱子相反。朱子是窮理以明心，象山則是明心以窮理。朱子是由知物以得自覺，

〔註92〕《陸九淵集》卷《年譜》，第 482～483 頁。
〔註93〕《陸九淵集》卷10《與黃康年》，第 132～133 頁。
〔註94〕《陸九淵集》卷11《與吳子嗣》，第 147 頁。
〔註95〕《陸九淵集》卷11《與朱濟道》，第 142 頁。
〔註96〕馮友蘭《中國哲學史》，北京：中華書局，1961 年，下冊，第 939 頁。

象山是由自覺以推知物。朱子亦謂心具眾理，但以爲受氣質所昏蔽，心不能自明其所具之理，必須格物窮理，而後心中之理乃明。象山則謂心即是理，只鬚髮明此心，則於事物之理無所不知；窮理之道，實在於明心。此其不同之所以，仍在於朱謂性即理而心非即理，陸謂心即性即理。以此，故朱之學是理學，陸之學是心學」〔註97〕。但就朱陸之爭的實質看，他們的差別還是在宇宙本體論方面。

淳熙二年（1175）發生了著名的「鵝湖之會」，陸九淵以詩的語言表達了他對朱熹思想的直接挑戰，九淵詩云：「墟墓興哀宗廟欽，斯人千古不磨心。涓流積至滄溟水，拳石崇成泰華岑。易簡工夫終久大，支離事業竟浮沉。欲知自下升高處，眞僞先須辨只今」〔註98〕。陸九淵直接稱朱熹的學問爲「支離事業」。這就顯示出了陸九淵之學與朱熹之學是有差別的，這種差別就在於陸九淵承認「心即理」，心爲宇宙本體，這與朱熹的理爲宇宙本體不同。

朱熹曾作書與學者云：「陸子靜專以尊德性誨人，故遊其門者多踐履之士，然於道問學處欠了。某教人豈不是道問學處多了些子？故遊某之門者踐履多不及之。」觀此，則是元晦欲去兩短，合兩長。然吾以爲不可，既不知尊德性，焉有所謂道問學？〔註99〕就陸九淵與朱熹太極無極之辨來說，〔註100〕刑舒緒曾總結陸九淵與朱熹爭辯的不同點主要有四個方面：「第一，太極的本義，即爲萬化之根本，沒有必要再在上面加一個『無極』。針對朱熹『不言無極，則太極同於一物，而不足爲萬化之根；不言太極，則無極淪於空寂，而不能爲萬化之根』的觀點進行批評，他說：『太極者實有是理……其爲萬化根本，固自素定。其足不足、能不能，其以人言不言之故耶？』由此認爲朱熹在太極上加以無極，則是『言來言去，轉加糊塗』，反而成了累贅。第二，陸

〔註97〕 張岱年《中國哲學大綱》，第329頁。
〔註98〕 此詩題爲《鵝湖和教授兄韻》，《陸九淵集》卷25，第301頁。而《語錄》第三句是「涓流滴到滄溟水」。其兄九齡的詩云：「孩提知愛長知欽，古聖相傳只此心。大抵有基方築室，未聞無址忽成岑，留情傳注翻榛塞，著意精微轉陸沉。珍重友朋勤切磋，須知至樂在於今。」《陸九淵集》卷34，第427頁。
〔註99〕 《陸九淵集》卷34，第400頁。
〔註100〕 朱陸無極太極之辨，先在陸九韶與朱子之間展開，後來陸九淵加入，陸九淵與朱子論爭的書信共有三封。陸九淵對此三封書信特別看重，他說：「《荆公祠堂記》與元晦三書並往，可精觀熟讀，此數文皆明道之文，非止一時辯論之文也。元晦書偶無本在此，要亦不必看，若看亦無理會處。吾文條析分明，所舉晦翁書辭皆寫其全文，不增損一字，看晦翁書，但見糊塗沒理會，觀吾書坦然明白。」《陸九淵集》卷15《與陶贊仲》，第194頁。

九淵認爲『極』字只能訓作『中』，而不可以『形』訓之，對朱熹的『無極即是無形，太極即是有理』加以反駁。說朱熹提出『無極即是無形』等於在說無『中』，這是不合道理的。第三，陸九淵以爲太極圖來源於老氏，言外之意，《太極圖說》有老氏之說的嫌疑，而並非儒家義理。第四，陸九淵指出二程（程顥、程頤）也未嘗提過『無極』二字，而號稱考訂精詳的朱子卻忽視這一點，恐怕是不應該的」〔註101〕。針對陸九淵的反駁，朱熹逐一進行答辯。其實，他們爭論的焦點是前二條，還有一點，刑舒緒沒有概括進來，就是陸九淵認爲陰陽是道，是形而上者；而朱熹則認爲陰陽是形而下者。尤其是對「太極」的解釋是他們的根本分歧。朱熹對「太極」的解釋是：

> 且夫《大傳》之太極者，何也？即兩儀、四象、八卦之理，具於三者之先，而蘊於三者之內者也。聖人之意，正以其究竟至極，無名可名，故特謂之太極。猶曰「舉天下之至極，無以加此」云爾，初不以其中而命之也。至如北極之極、屋極之極、皇極之極、民極之極，諸儒雖有解爲中者，蓋以此物之極，常在此物之中，非指極字而訓之以中也。極者，至極而已。以有形者言之，則其四方八面合輳將來，到此築底，更無去處；從此推出，四方八面都無向背，一切停勻，故謂之極耳。後人以其居中而能應四外，故指其處而以中言之，非以其義爲可訓中也。〔註102〕

朱熹指出陸九淵僅把太極訓爲中，不是太極之意的全部。朱熹反駁陸九淵關於陰陽是道時說：

> 《大傳》既曰：「形而上者謂之道」矣，而又曰「一陰一陽之謂道」，此豈眞以陰陽爲形而上者哉？正所以見一陰一陽雖屬形器，然其所以一陰而一陽者，是乃道體之所爲也。故語道體之至極，則謂之太極；語太極之流行，則謂之道。雖有二名，初無兩體。周子所以謂之無極，正以其無方所、無形狀。以爲在無物之前，而未嘗不立於有物之後；以爲在陰陽之外，而未嘗不行乎陰陽之中。以爲通貫全體，無乎不在，則又初無聲臭影響之可言也。〔註103〕

〔註101〕刑舒緒《陸九淵研究》，北京：人民出版社，2008 年，第 110 頁。
〔註102〕《晦庵先生朱文公文集》卷36《答陸子靜》，《朱子全書》，第 21 冊，第 1567 頁。
〔註103〕《晦庵先生朱文公文集》卷36《答陸子靜》，《朱子全書》，第 21 冊，第 1568 頁。

陸九淵直接以陰陽爲道，可能有明道「道亦器，器亦道」的影響。〔註104〕他以器爲道，始終認爲道充滿整個宇宙，強調「道在宇宙間」，〔註105〕道是眞實無妄的，人應該能時刻感到道德存在。當與道背離時，是人自違於宇宙，「宇宙不曾限隔人，人自限隔宇宙」〔註106〕。當朱熹說道器不雜的時候，是指道爲形而上者，器爲形而下者；當道器不離的時候，他也說道亦器、器亦道，其實兩人的思想並沒有本質的區別。

陸九淵的心學至明代，體系更加完備，並爲王陽明發揚光大，成爲儒學的主流。王陽明（字守仁，1472～1528）之學同陸九淵一樣，也是孟子之學。王陽明接著陸九淵的「心即理」說，並發展了陸九淵的心學，後世以陸王心學並稱。陽明提出心外無理、心外無事、心外無物等重要的心學論題。他說：

> 心也者，吾所得於天之理，無間於天人，無分於古今。〔註107〕

> 心即理也。天下又有心外之事，心外之理乎？愛曰：「如事父之孝，事君之忠，交友之信，治民之仁，其間有許多理在，恐亦不可不察。」先生歎曰：「此說之蔽久矣，豈一語所能悟。今姑就所問者

〔註104〕 朱子也有「道亦器、器亦道」的說：「『忠信所以進德』，此段初只是解『終日乾乾』，是『終日對越在天』之義，下文因而說『天』字道理，其間有許多分別。如說『如在其上』、『如在其下』，亦只是實有此理，自然昭著，形而上爲道，形而下爲器。如今事物莫非天理之所在，然一物之中，其可見之形即所謂器，其不可見之理即所謂道。然兩者未嘗相離，故曰道亦器、器亦道。於此見得透徹，則亦豈有今與後、己與人之間哉！」朱子在此處既指出「形而上爲道，形而下爲器」，又說「道亦器、器亦道」，似乎有歧義。《晦庵先生朱文公文集》卷51《答黃子耕》，《朱子全書》第22冊，第2380頁。對此，臺灣學者王大德指出：「朱子學之所以特別容易出現此種文句上之歧義，主要是因對於某一義理，朱子有時是就理氣『不離』面來發揮，有時則是就理氣『不雜』面來發揮所致。就理氣『不離』而言，形而上之理須以形而下之氣爲其存著處；就理氣『不雜』而言，墜在形而下之氣中的形而上之理，其實並未爲形而下之氣所雜也。因之，朱子學有『不離說』與『不雜說』之別，兩說其實只是立論角度之不同，並非眞有衝突、矛盾也。」王大德接著分析「本然之性」與「氣質之性」、「性即理」與「性不即是理」、「心之體」與「氣心」、心性是一「與」心性不是一「、心與理一」與「心與理二」等關繫時，指出前者符合「不雜說」，後者符合「不離說」。但他沒有對道、器的不離、不雜進行分析。《朱陸異同新論——以『心與理』、『心與物』爲向度之新綜析》，臺北：文史哲出版社，2009年版，第17～18頁。

〔註105〕 《陸九淵集》卷34，第395頁。

〔註106〕 《陸九淵集》卷34，第401頁。

〔註107〕 王守仁《王陽明全集》卷21《答徐成之》，吳光、錢明、董平、姚延福編校，上海：上海古籍出版社，1992年，第809頁。

言之，且如事父，不成去父上求個孝的理；事君，不成去君上求個忠的理；交友治民，不成去友上、民上求個信與仁的理；都只在此心。心即理也。〔註108〕

與陸九淵一樣，王陽明並不承認外在的理與心合一，而是認爲心與理本來就不能分，本來就是心與理一。他說：「此心在物則爲理。如此心在事父則爲孝，在事君則爲忠之類。先生因謂之曰：『諸君要識得我立言宗旨，我如今說個心即理是如何，只爲世人分心與理爲二，故便有許多病痛』」。〔註109〕可見理並不表現在客觀事項上，而是作爲主體的「心」的表現，都在此心，因此可說「心外無理」、「心外無事，心外無物」、心與理一。

王陽明還提出了「良知」說，〔註110〕「良知」二字來自孟子《盡心上》：「人之所不學而能者，其良能也；所不慮而知者，其良知也」〔註111〕。王陽明認爲人的本體之心就是良知，他說：

心之虛靈明覺，即所謂本然之良知也。〔註112〕

良知是造化的精靈，這些精靈，生天生地，成鬼成帝，皆從此出，眞是與物無對，人若復得他，完完全全，無少虧欠，自不覺手舞足蹈，不知天地間更有何樂可代。〔註113〕

蓋良知之在人心，亘萬古，塞宇宙，而無不同。不慮而知，恒易以知險；不學而能，恒簡以知阻。先天而天不違，天且不違，而況於人乎？況於鬼神乎？〔註114〕

夫舜之不告而娶，豈舜之前已有不告而娶者爲之準則，故舜得

〔註108〕《王陽明全集》卷1《傳習錄》上，上冊，第2頁。
〔註109〕《王陽明全集》卷3《傳習錄》下，上冊，第121頁。
〔註110〕據錢德洪記載，王陽明曾對弟子說：「吾『良知』二字，自龍場以後，便已不出此意，只是點此二字不出，於學者言，費卻多少說辭說。今幸見出此意，一語之下，洞見全體，直是痛快，不覺手舞足蹈。學者聞之，亦省卻多少尋討工夫。學問頭腦，至此已是說得十分下落。」《王陽明全集》卷41《刻文錄序說》，下冊，第1575頁。 這是記載王陽明在貴州龍場驛悟道之事，即「聖人之道，吾性自足，嚮之求理於事物者誤也。」《王陽明全集》卷33《年譜》中，下冊，第1228頁。
〔註111〕《孟子·告子上》。
〔註112〕《王陽明全集》卷2《傳習錄》中，上冊，第47頁。
〔註113〕《王陽明全集》卷3《傳習錄》下，上冊，第104頁。
〔註114〕《王陽明全集》卷2《傳習錄》中，上冊，第74頁。

以考之何典、問諸何人而爲此邪？抑亦求諸其心一念之良知，權輕重之宜，不得已而爲此邪？武之不葬而興師，豈武之前已有不葬而興師者爲之準則，故武得以考之何典、問諸何人而爲此邪？抑亦求諸其心一念之良知，權輕重之宜，不得已而爲此邪？〔註115〕

> 良知者，心之本體。性無不善，故知無不良，良知即是未發之中，即是廓然大公、寂然不動之本體，人之所同具者也。〔註116〕

王陽明指出了良知本體具有生而俱來的先驗性，不假外求，爲人所固有。良知沒有賢愚之別，古今所同。因此，即使出現象「舜之不告而娶」、「武之不葬而興師」這樣的特殊情況，也並不能從這些外事外物中去尋求理，而只能求之於人本心的良知。良知的這種先天性，可以保證良知的無所不知。王陽明說：「人心之無不知，猶水之無不就下也」〔註117〕。所以，良知與後天的經驗綜合無關。因此，要保持良知的虛名靈覺，就需要做「致良知」的工夫。通過「致良知」也可以從工夫入手洞見本體。陽明說：

> 若鄙人所謂致知格物者，致吾心之良知於事事物物也。吾心之良知，即所謂天理也。致吾心之天理於事事物物，則事事物物皆得其理矣。故曰致吾心之良知者，致知也；事事物物皆得其理者，格物也。是合心與理而爲一者也。〔註118〕

通過致知格物，達到心與理一，這是的心即與理與良知又重合而爲一。心之所知即是天理，即是良知。陽明對「心之知」與「心之意」也進行了區別，他說：「心之主宰便是心，心之所發便是意，意之本體便是知，意之所在便是物」〔註119〕。意爲心之所發，心爲意的本體。「意之所在便是物」便是在討論心與物地關係，關於此，王陽明有一段著名的論說：

> 先生遊南鎮，一友指岩中花樹問曰：「天下無心外之物，如此花樹在深山中自開自落，於我心亦何相關？」先生曰：「你未看此花時，此花與汝心同歸於寂。你來看此花時，則此花顏色一時明白起來，便知此花不在你的心外。」〔註120〕

〔註115〕《王陽明全集》卷2《傳習錄》中，第50頁。
〔註116〕《王陽明全集》卷7《見齋說》，第262頁。
〔註117〕《王陽明全集》卷1《傳習錄》上，上冊，第6頁。
〔註118〕《王陽明全集》卷2《傳習錄》中，上冊，第47頁。
〔註119〕《王陽明全集》卷1《傳習錄》上，上冊，第6頁。
〔註120〕《王陽明全集》卷3《傳習錄》下，上冊，第107頁。

王陽明認爲當外物沒有進入人的意之中時，則此物與心同歸於寂。當爲意所關注時，則此物不在心外。此即是可見心外無物。

良知本體是至善的，它無善無惡，是超越善惡之至善。王陽明晚年有著名的心學四句教，即：「無善無惡是心之本體，有善有惡是意之動，知善知惡是良知，爲善去惡是格物」〔註121〕。所謂「無善無惡是心之本體」即是對心本體的一種界定。良知又是未發之中，不可以動靜言。陽明說：「未發之中，即良知也，無前後內外而渾然一體者也。有事無事，可以言動靜，而良知無分於有事無事也；寂然感通，可以言動靜，而良知無分於寂然感通也」〔註122〕。良知還可以從體用的角度進行描述，當就良知本身來說，即體而言用在體，即用而言體在用，體用一源，不可分割。王陽明說：「心不可以動靜爲體用。動靜，時也。即體而言用在體，即用而言體在用，是謂體用一源。若說靜可以見其體，動可以見其用，卻不妨」〔註123〕。由此體用一源，王陽明向我們展示一種新的「萬物一體」的境界。

朱熹的萬物一體說，〔註124〕是從萬物同理同性的角度論證萬物一體，

〔註121〕《王陽明全集》卷3《傳習錄》下，上冊，第117頁。嘉靖六年（1527）九月八日，王陽明受命兼都察院左都御史平定廣西思田之亂，起程前夕與門人王畿、錢德洪於越城天泉橋共論四句教的宗旨，此次論學即著名的「天泉正道」。王陽明說：「二君已後與學者言，務要依我四句宗旨：『無善無惡是心之體，有善有惡是意之動，知善知惡是良知，爲善去惡是格物。以此自修，直躋聖位；以此接人，更無差失。』畿曰：『本體透後，於此四句宗旨何如？』先生曰：『此是徹上徹下語，自初學以至聖人，只此工夫。初學用此，循循有入；雖至聖人，窮究無盡；堯舜精一工夫，亦只如此。』先生又重囑付曰：『二君以後再不可更此四句宗旨。此四句中人上下無不接著：我年來立教，亦更幾番，今始立此四句。人心自有知識以來，已爲習俗所染，今不教他在良知上實用爲善去惡工夫，只去懸空想個本體，一切事爲，俱不著實。此病痛不是小小，不可不早說破。」是日，洪、畿俱有省。《王陽明全集》卷35《年譜》，下冊，第1307頁。

〔註122〕《王陽明全集》卷2《傳習錄》中，上冊，第64頁。

〔註123〕《王陽明全集》卷1《傳習錄》上，上冊，第21頁。

〔註124〕莊子說：「天地與我並生，萬物與我爲一。」（《莊子·齊物論》）又說：「自其異者視之，肝膽楚越也；自其同者視之，萬物皆一也。」（《莊子·德充符》）魏晉阮籍的《達莊論》，則將莊子的「萬物皆一」徑改爲「萬物一體」，並說：「天地生於自然，萬物生於天地。自然者無外，故天地名焉；天地者有內，故萬物生焉。當其無外，誰謂異乎？當其有內，誰謂殊乎？地流其燥，天抗其濕。月東出，日西入，隨以相從，解而後合，升謂之陽，降謂之陰。在地謂之理，在天謂之文。蒸謂之雨，散謂之風，炎謂之火，凝謂之冰；形謂之石，象謂之星；朔謂之朝，晦謂之冥；通謂之川，回謂之淵；平謂之土，積

而王陽明的萬物一體則是從良知（心）與萬物的關係闡述的，他說：「良知是造化的精靈，這些精靈，生天生地，成鬼成帝，皆從此出，真是與物無對。」〔註125〕良知的生天生地，成鬼成帝，並不是一種宇宙論上的生成關係，而是良知與萬物之間的寂顯關係，當萬物沒有攝入良知（心）之中時，則此物與良知（心）同歸於寂。當萬物為良知（心）所關注時，則此物與良知（心）一齊顯現，因此說「皆從此出」。所以王陽明說：「風雨露雷、日月星辰、禽獸草木、山川土石，與人原只一體。故五穀、禽獸之類，皆可以養人；藥石之類，皆可以療疾：只為同此一氣，故能相通耳」〔註126〕。又說：「目無體，以萬物之色為體；耳無體，以萬物之聲為體；鼻無體，以萬物之臭為體，口無體，以萬物之味為體；心無體，以天地萬物感應之是非為體」〔註127〕。王陽明認為人人都有這種體認萬物一體的先天能力，「人者，天地萬物之心也；心者，天地萬物之主也。心即天，言心則天地萬物皆舉之矣」〔註128〕。聖人則可以自覺地體認這種萬物一體之境，王陽明說：「大人者，以天地萬物為一體者也，其視天下猶一家，中國猶一人焉。若夫間形骸而分爾我者，小人矣。大人能以天地萬物為一體也，非意之也，其心之仁本若是，其與天地萬物而為一也。〔註129〕萬物一體就是要把天下之人，天下之物看做自家之人，那麼，聖人的明明德、親民也可以萬物一體的體與用，明明德與親民可謂體用一源。陽明說：

> 明明德者，立其天地萬物一體之體也。親民者，達其天地萬物一體之用也。故明明德必在於親民，而親民乃所以明其明德也。是故親吾之父，以及人之父，以及天下人之父，而後吾之仁實與吾之父、人之父與天下人之父而為一體矣；實與之為一體，而後孝之明

謂之山。男女同位，山澤通氣，雷風不相射，水火不相薄。天地合其德，日月順其光，自然一體，則萬物經其常，入謂之幽，出謂之章，一氣盛衰，變化而不傷。是以重陰雷電，非異出也；天地日月，非殊物也。故曰：自其異者視之，則肝膽楚越也，自其同者視之，則萬物一體也。」（《阮籍集校注》卷上《達莊論》，陳伯君校注，北京：中華書局，1987 年，第 138 頁。）阮籍代表的是道家的自然主義立場下的萬物一體觀。

〔註125〕《王陽明全集》卷 3《傳習錄》下，上冊，第 104 頁。
〔註126〕《王陽明全集》卷 3《傳習錄》，上冊，第 107 頁。
〔註127〕《王陽明全集》卷 3《傳習錄》，上冊，第 108 頁。
〔註128〕《王陽明全集》卷 6《答季明德》，上冊，第 214 頁。
〔註129〕《王陽明全集》卷 26《大學問》，下冊，第 968 頁。

德始明矣！親吾之兄，以及人之兄，以及天下人之兄，而後吾之仁實與吾之兄、人之兄與天下人之兄爲一體矣；實與之爲一體，而後弟之明德始明矣！君臣也，夫婦也，朋友也，以至於山川鬼神鳥獸草木也，莫不實有以親之，以達吾一體之仁，然後吾之明德始無不明，而眞能以天地萬物爲一體矣。夫是之謂明明德於天下，是之謂家齊國治而天下平，是之謂盡性。〔註130〕

良知本來虛靈不昧，擁有具眾理而應萬事的明德，明德即是本體，即是良知。本體與工夫渾然一體即是良知統攝下的萬物一體之仁，這是徹上徹下語，不分賢愚、不分內外，人人均可體認。

　　陸九淵所說的「心」與王陽明所說的良知，都具有明確的道德感知或道德意識。〔註131〕但朱熹所說的理也並非沒有道德感或道德意識。朱熹的「理」與陸王的「心」之別其實可以轉化爲性心之別。朱熹認爲「性即理」，性與心不同；而陸王認爲性、心、理爲一。理學的「性即理」強調了萬物背後的性與理，即萬物一體下的理一分殊。朱熹與陸王雖然都強調萬物一體，但卻都借萬物一體爲依託，表達其儒家有等差的「天下物本不齊」的思想。組成一體的萬物之間只能有等差才能組成一個整體，如果各部分之間都是並列的關係自然組不成一各整體。如元亨利貞、仁義禮智、春夏秋多等，表面上看他們都是並列的關係，但元亨利貞、仁義禮智、春夏秋多等一定由元、仁、春來統體，一者可以統四者，這樣才能成爲一個整體。這也是理學所嚮往的理一分殊，也是程頤的「體用一源、顯微無間」所展示的境界。萬物一體的展開，可以是邵雍展示的《伏羲六十四卦方元圖》、元會運世的歷史年表、可以是文王的《後天八卦方位圖》、也可以是三綱五常。理學注重性與理，與客觀地天道結合的較爲緊密，這也使萬物一體說充滿了神秘性，如楊國榮先生分析說：

　　　　心性之辯不僅涉及人之存在，而且指向本體論意義上的存在——

〔註130〕《王陽明全集》卷26《大學問》，下冊，第968～969頁。

〔註131〕楊國榮先生說：「在王陽明的心學系統中，良知往往因側重不同而呈現出不同的涵義。作爲心與理地統一，良知與心體處於同一序列，事實上，這一意義上的良知常常與心之本體彼此相通。在本體這一層面上，良知主要表現出先天性的品格。由無善無惡的本體轉換爲知善知惡的本體，良知的內涵亦相應地有所變化：相對於無善無惡所表示的先天可能，知善知惡更多地呈現爲一種現實的道德意識。」《心學之思——王陽明哲學的闡釋》，第241頁。

——「是」或「存有」（being），後者在中國哲學中常常與天道觀相聯繫。相對而言，早期儒家對天道問題討論較少。宋明時期，隨著理氣、道器之辯的展開，天道問題亦受到了較多的關注。與提升性體忽視存在相應，正統理學往往離開人自身之存在（existence）去考察存在（being）。這種考察大致表現為兩個向度，即宇宙論的構造與準邏輯的推繹，前者（宇宙論的構造）側重於以太極、二氣、五行、萬物等範疇來說明宇宙的生成、演化；後者則是從理（形式）與氣（質料）的邏輯關係上規定存在。這二重向度儘管著重點不同，但又蘊含著一種共同的趨向，即在人的認識活動（知）與實踐活動（行）之外討論存在。儘管作為儒學的延續，理學並沒有完全離開人道與天道彼此溝通的思維趨向，但以上進路卻多少表現出就天道而論天道的特點，後者使正統理學很難擺脫思辨的走向：所謂「宇宙論地說」與「準邏輯地說」，本質上都是一種「超驗地說」。〔註132〕而陸王的心、性、理為一，對扭轉此種狀況可以說不無補益。宋代理學已把董仲舒的天人合一、天人相副的思想徹底扭轉，由向心外求天，轉而為向心外求理，天人合一由德的合一也轉變為性的合一，理的合一。心學則直接消除了天、理的統攝地位，德性不再有天道論的依託，直接轉向內心，內心即理即天，所謂宇宙便是吾心，吾心便是宇宙。王陽明更是把宇宙、天理等收攝到良知之中，所謂良知是造化的精靈，生天生地，成鬼成帝等。所以整體來看，宋明儒學不是重在宇宙論的重建，恰是對宇宙論的消融。

〔註132〕楊國榮《心學之思——王陽明哲學的闡釋》，上海：三聯書店，1997年，第6頁。

第四章　朱熹宇宙本體論的地位、價值和局限性

　　根據前述各章的探討，本章主要對朱熹的宇宙本體論的地位、價值及其局限性進行闡述，也是對前述各章的總結和補充。

第一節　朱熹宇宙本體論的地位及價值

　　朱熹的宇宙本體論的地位和價值既可以在朱子學體系內部進行考察，也可以在朱子學確立以後的宋明儒學中進行考察，還可以從現代哲學思想對朱熹學說的反思中進行考察。由於後兩點在前面行文中已略有論及，此處可以略而不論，故本節主要在朱子學體系內部論述朱熹的宇宙本體論的地位和價值。

　　朱熹的宇宙本體論以理（太極）為核心，其「理」是一元的，也就是理一元論。這方面的證據主要有，一是朱熹承認理（太極）優先於氣，理（太極）可以存在於氣之前。二是雖然朱熹有理不離氣的說法，但理與氣的最根本關係是「理生氣」。理不離氣，實際上是理氣共存的狀態。就「理生氣」來說，這種表達中最關鍵的是「生」字，這個「生」字，可以有兩種解釋。一是我們不能認為「氣」是由「理」直接生出來的，氣是我們眼前所能見到的種種現象，理是現象背後的根本原因、動力等；而且可以認為氣就是由理生出來的，所謂有是理則有是氣，有是氣則有是理即可作如是觀。這個「生」字可以看作是理對氣起著決定性和限制性的作用。認為理不能直接生氣的觀

點，其實割裂了理氣之間的關係，使理與氣對立了起來。認爲理能生氣的觀點，則是中國思想中的體用不二、圓融相即思想的體現。

由「理生氣」的思路，可以歸結理的內容與性質：理是道、是太極、是性、形而上者、是未發者、是所以然者、是宇宙本體等。由理不離氣，理要掛搭在氣上，若沒有氣則沒有理來看，也可以與由「理生氣」的思路得出相同的結論，只不過致思的路向不同而已。雖然在一定的意義上可以說理的存在必然要以氣的存在爲必要條件，氣的存在肯定要以理的存在爲先決條件，但不能因此就以爲「氣」取得了與「理」相同的地位。氣是器、是陰陽、是形而下者、是已發者、是然者、是現象、是作用等。但在由氣所構成的現象世界中，一定是「氣」伴隨著掛搭於其上的「理」，並不存在一個單獨由「氣」主導的世界。

但是否就有一個單獨的理世界存在呢？答案是一定的。這一點可以有兩點來證明，一是朱熹的「理生氣」和「理在氣先」的觀點，如前所論，可以證明，在一定的條件下，理是可以單獨出現的；二是朱熹繼承程頤的「動之端見天地之心」與邵雍的「冬至子之半，天心無改移；一陽初動處，萬物未生時」的思想，認爲復卦積陰之下一陽復生，天地生物之心幾於滅息，而至此乃復可見應爲理的單獨存在，此「理」在人則爲靜極而動，惡極而善，相當於孟子的夜氣說。承認朱熹的理可以單獨存在，有著重要的理論意義。

理與氣的關係可以用一「誠」字去表達。周敦頤說「誠」是聖人的本質，又說：「聖，誠而已矣」。張載、二程都有關於「誠」的論述。後人在解讀理學家關於「誠」的思想時，大多把「誠」解釋爲天道的代稱、聖人的代名詞或者以爲是理學家要求達到的一種天人合一的最高境界。其實，朱熹指出：「誠者，實有此理；誠只是實。又云：誠是理」〔註1〕。又說：「誠即所謂太極也」〔註2〕。把理或太極指爲是「誠」，已是北宋理學家及朱熹的普遍認識。但朱熹並沒有用「誠」論述理氣之間的關係，其實就有是理就一定有是氣，有是氣一定有是理而言，理氣之間的關係可以用一誠字來概括。這也是朱熹所思考的牛不會生出馬，桃樹上不會發李花的原因所在。

理可以是「理一」之理，也可以是分殊之理；但落實在氣上的理一定是分殊之理。從這個角度來看，理與氣的關係也可以說是理一分殊的關係，「理

〔註1〕　《朱子語類》卷6，第102頁。
〔註2〕　《《通書》注，《朱子全書》，

一」可以是理的全體，可以是太極，可以不掛搭在氣上說，可以是未發之理；但分殊之理一定是掛搭在具體的氣上的理，一定是已發之理。「理」由「理一」走向分殊之理是由「理」決定的，而不是由「氣」決定的，太極動而生陽，靜而生陰，即是由理一走向分殊的過程。理本身「無情意、無計度、無造作，只是個靜潔空闊的世界」；「在無物之前而未嘗不立於有物之後，在陰陽之外而未嘗不行於陰陽之中；」都是指理所具有不落方所，不落有無，超時空的獨立永存性的特點。至於理「無形跡，他卻不會造作。氣則能醞釀凝聚生物也」。並不是說理不能產生物，只有氣可以醞釀造作，聚合分散而生物。在朱熹的思想中，雖然有理氣相離之單獨存在的理，但「氣」是不能離開「理」而單獨存在的，生物一定是在有「分殊之理」的規定下，才能醞釀凝聚而生物。

由理一分殊也可以推出朱熹的萬物一體的思想。朱熹既然認為「氣」的背後一定有「理」存在，氣的醞釀實際是指氣的出現與產生，氣的凝聚實際是指氣的活動，氣的之所以產生與活動一定有之所以如此產生與活動的原因，這種原因就是氣背後的理。具體的氣對應的雖然是分殊之理，因為分殊之理即是理一之理，即是太極之理的全體。既然眼前的世界萬物都是「理」的展現，理具有遍普萬物的普遍性，因此，世界可謂萬物一體。

在理氣的基礎上，朱熹的辯佛論及辯老論，自然就承認世界為實有。世界萬物一體，萬物有理就有氣，有氣就有理，理不離氣，氣不離理。氣為實有，則理也為實有；理為實有，則氣也為實有。理為氣之本，理實有才有氣的實有；氣的實有推出理實有，是透過現象看本質的思路。這與道家的萬物生於無說及佛家的緣起幻空說，有著本質的區別。

朱熹思想中與理具有同等地位的太極、道等概念，其太極與陰陽、道與器的關係，和理與氣之間的關係幾乎是相同的，或者說是具有非常大的相似性。

朱熹用「理」來作為其宇宙本體的最高概念，既解釋了宇宙的來源問題，也成就了人類的道德形上學。這是朱熹宇宙本體論理論的傑出貢獻，在宋明理學中具有很高的地位。首先，就宇宙本體論自身來說，一是宇宙本體與宇宙現象之間是體用不二、圓融相即的關係，這可以從理不離氣，氣不離理的角度證明，也可以用程頤的「體用一源，顯微無間」來表示。二是宇宙本體是宇宙萬物存在的超越的根據，是萬物的根柢，也是天地萬物的最高標準和

目的。三是朱熹的宇宙本體還是有無、顯隱、實虛、動靜等的統一。其次，就朱熹的學說本身來看，其宇宙本體論思想對其它的心性論、工夫論、格物致知論等有直接的影響。從朱熹的宇宙本體論與心性論的關係來看，其宇宙本體論與心性論有同質同構的關係，其宇宙本體論的體理用、易道神即心性論的心性情。由於有這樣的宇宙本體論，其工夫論、格物致知論也呈現出與宇宙本體論相一致的特色。朱熹的這種一致性，是朱熹的一種自覺的行爲，如他在《大學章句》中，補格物致知傳及把傳文中對誠意的解釋移到正心之前的做法，即是最好的證明。

朱熹從工夫進路上，並不是僅僅重視「道問學」，而且也同樣重視「尊德性」。後世關於朱陸之爭的實質就是關於「理」與「心」之爭，如王陽明的《朱子晚年定論》及李紱的《朱子晚年全論》〔註3〕，都集中朱熹著作中的關於「心」的論述，似乎朱熹已經走向了心學，其實，朱熹的「理」（宇宙本體）與「心」的區別是無法抹平的區域。關於此點，下節再論。

正如以上所論，朱熹用理（太極）來作爲其宇宙本體的最高概念，既解釋了宇宙的來源問題，也成就了人類的道德形上學。在此種意義上可以說，宇宙本體論是朱子學的靈魂。

宇宙本體論是朱子學的最高概念，它是萬物的根源和本質，是最高的存在。天下只有一個理，理具有客觀性、絕對性和唯一性，人不能對理有任何的加減乘除。天下的萬物都是對理的展現（實現），萬物可以有大小、隱顯、虛實等，但理沒有大小、隱顯、虛實之別。鳥可以在空中飛翔，魚可以在水中遨遊；但魚不能飛於天空，鳥不會遊於水中。但這並不是說魚不具有飛翔空中的「理」，鳥不具有遨游水中的「理」，而是由於「氣」的障礙而已，故鳥可以實現飛翔之「理」，而卻無法實現游水之「理」；魚可以實現游水之「理」，而卻無法實現飛翔之「理」。鳥和魚所具有的「理」本身卻不會增加或減少。

宇宙本體也成就了儒家的道德形上學。朱熹認爲人類社會的道德觀念也來自最高的宇宙本體，它根植於人的本心本性中，爲人的本心本性中所固有。人心的仁、義、禮、智四端之性具體展開爲惻隱、羞惡、辭讓、是非四情，而心統性情。由性到情爲心的自然流露，就像先天之理的展開一樣自然，一樣的「誠」。

朱熹的道統論也與宇宙本體論有密切的關係。朱熹認爲堯、舜、禹、湯、

〔註3〕 李紱著、段景蓮點校《朱子晚年全論》，北京：中華書局，2000年。

文、武、周公、孔子、孟子、二程爲傳道之人，是最善於體會「人心惟危，道心惟微，惟精惟一，允執厥中」十六字心傳之人。聖人內體天道，發而中節無不和，這都與宇宙本體論的內在要求密切相關，所以，宇宙本體論是朱熹道統論的支撐點。

朱熹的理是對理學宇宙本體論的重要總結。理是萬物之理和人本心良知的總和，是理之全體；理是太極，具有總攝及分殊義；理是道，可以兼體用而言；理是神，它不疾而速；理是易，是世界運動變化的根柢和全過程；是心，是人語默動靜、變化不測的依據和全過程；理是仁、義、禮、智，是人類社會道德價值的超越的本源；理是空理，是一種邏輯形式的存在；理是無，是性，是渾淪未分的未發之中；理有先天之理、後天之理；理是所以然者，也是所當然者；理是主宰，是誠，是朱子學的核心概念和最高範疇。

由於朱熹的理所具有的內涵與傳統儒學的要求相一致，是對傳統儒學的延續，因此，在傳承和發展儒學的意義上來說，它保證了朱子學是成聖之學，是爲己之學。

朱熹的宇宙本體論可以說是繼承和改造了北宋五子關於太極、道、理（天理）、性、誠、心等的思想，理學無論是與外部的衝突或是內部的辯難，無不圍繞「理」字展開。後世判定朱熹繼承者是不是醇正的朱子學者，主要是根據其對「理」的解讀而來。《易學》在朱熹理學的洗禮下，也發展出「理學的易學」一枝。〔註4〕日本學者山井湧認爲「太極」概念僅在朱熹注釋有關易學的著作中才經常出現，在其理學概念中則不經常出現或不出現，「太極」概念其實已經溢出其理學概念關注的範圍〔註5〕。《易》學講論先天之學也成爲普遍的共識。「理學」的定名雖然出現於南宋末期，但卻逐漸代替了「道學」〔註6〕二字，狹義的理學是指程朱理學，與陸九淵、王陽明的心學相對。但也有人把心學納入理學的範疇，廣義的理學是儒學內部重要的派別，湧現出許多理學名家。朱熹的「理」字具有「綜羅百代」的特點，朱熹也成爲宋代理學的集大成者。自此以後，理學成爲官方正宗思想達六、七百年之久。這正是朱熹宇宙本體論的地位和價值所在。

〔註4〕高懷民《宋元明易學史》，桂林：廣西師範大學出版社，2007年，第122頁。

〔註5〕山井湧《朱子哲學中的「太極」》，見吳震、吾妻重二主編《思想與文獻——日本學者宋明儒學研究》，上海：華東師範大學出版社，2010年，第66頁。

〔註6〕美國學者田浩主張使用「道學」，參見氏著《朱熹的思維世界》（增訂版），南京：江蘇人民出版社，2009年，第1～12頁。

第二節　朱熹宇宙本體論的局限性

朱熹的宇宙本體論雖有如此豐富的內涵與特色，但這並不是說它就是完美無缺的理論，他也存在一定的局限性。

朱熹的宇宙本體論的理一元論需要用理氣二元論來說明，給人造成朱熹的宇宙本體論是理氣二元論的錯覺，這是其宇宙本體論思想的局限性之一。談到這個問題，首先重申一下對宇宙本體論一詞的認識。在傳統哲學思想的解釋中，一般認爲，宇宙論是探尋現實宇宙來源的理論，如馮達文先生即將宇宙論稱爲本源論〔註7〕；本體論是探討現實現象世界的本質問題；這是兩種雖然有聯繫但又有明顯不同的學說。但朱熹的理、太極等概念在探討事物本質的同時也沒有拋棄對於本源的追尋，在追尋宇宙來源的同時也包含對於事物本質的探討。因此，理、太極等概念兼有宇宙論及本體論的特色，可以統稱爲宇宙本體論。朱熹的理、太極等最高概念顯然不含有氣，是個「空闊靜潔」的世界，因此朱熹的理、太極等宇宙本體論概念是一元的，而不是二元的。但因爲理的伸展、展開等離不開氣，需要掛搭在氣上，所以不得不用理氣二元的理論來說明理（太極）的特點。朱熹關於理氣、太極陰陽方面的關係論述很多，特別是朱熹有時候認爲氣強理弱，更會給人造成理氣二元的誤解。如朱熹說：「氣雖是理之所生，然既生出，則理管他不得。如這理寓於氣了，日用間運用都由這個氣。只是氣強理弱」〔註8〕。此處的「則理管他不得」好像是說理管不得氣，氣強理弱。但要正確理解這句話，必須看到，「氣」是由「理」生出來的，「理」和「氣」結合後即是有性有形之物，朱熹經常說「必秉是理然後有性，必秉是氣然後有形」。正是在物「有性形」的基礎上，朱熹才說「理」管他不得，就像種子所具有的理，桃樹上不會發梨花，牛不會生出馬一樣，梨樹之「理」不會去管桃樹之「理」，馬之「理」也不會去管「牛」之理。再如朱熹講的「存天理滅人欲」，也是講有些時候，某些人是「氣強理弱」罷了。再如「如這理寓於氣了，日用間運用都由這個氣」這句話中，後面的「氣」，仍然是有「理寓」的「氣」，而不是脫離「理」的單獨存在的「氣」。朱熹的另一句話「金之氣，如何似一塊鐵恁地硬！形質也是重，被此生壞了後，理終是拗不轉來」〔註9〕。此處的「形質也是重」，顯然也是兼理氣而言。

〔註7〕　馮達文《中國哲學的本源——本體論》，第17頁。
〔註8〕　《朱子語類》卷4，第71頁。
〔註9〕　《朱子語類》卷4，第74頁。

　　以上關於氣強理弱的兩例，即是其讓人誤解的理氣二元結構的最好證明。

　　按朱熹宇宙本體論的觀點，眼前的這個世界首先是由理統攝的世界，氣是理的附屬物。無論是理氣相離也好，理氣不離也罷，這個世界僅僅充滿了理、氣二物，並且一旦提到「理」的時候，已經不是「理」了，一定會羼雜著「氣」來說；一旦提到「氣」的時候，一定會羼雜著「理」來說。有理一定有氣，有氣一定有理。這種宇宙本體論理論下的世界一定是統一的，它強調宇宙的形上與形下的區別、強調空間的差異。但這種理論與現實的世界似乎又不太對應。這個世界僅僅只有理和掛搭著理的氣嗎？朱熹顯然認爲用理和氣即可完美的解釋世界萬物，即使是理與心的關係也無不如此。朱熹在解釋明道所說「上天之載，無聲無臭，其體則謂之易，其理則謂之道，其用則謂之神」一句話時說：「『其體則謂之易』，在人則心也。『其理則謂之道』，在人則性也。『其用則謂之神』，在人則情也。所謂易者，變化錯綜，如陰陽晝夜、雷風水火、反覆流轉、縱橫經緯而不已也。人心則語默動靜、變化不測者是也」〔註10〕。顯然，朱熹認爲大《易》的變化錯綜，如陰陽晝夜、雷風水火、反覆流轉、縱橫經緯而不已都是由《易》理決定的；正如人心的語默動靜、變化不測者是由人性決定的一樣。虛明靈覺的心的活動都是由性（理）所決定的。問題是性（理）是內在的根置於人心之內，還是漂浮於人心之外，換句話說，人的道德行爲的合乎道德法則，是內在之性（理）的自然流露，還是去與內在的性（理）相印證？對於這種內在性（理）的獲得或判定，與外在的格物窮理是否一致？朱熹的回答顯然是人的道德行爲的合乎道德法則，是內在之性（理）的自然流露，而不是去與內在的性（理）相印證。對於這種內在性（理）的獲得或判定，與外在的格物窮理不同。朱熹以此解決性（理）所失去的心的主體能動性，雖然取得了一些成功，但畢竟有限，給人似有一間未達之感。〔註11〕

　　朱熹的「理」與黑格爾的「絕對理念」有相似之處，都是世界的本源和第一性的實體，萬物由其產生、變化和消亡，是自然界和精神界的最高法則，

〔註10〕《朱子語類》卷95，第2422頁。

〔註11〕李申認爲儘管朱熹並認爲在理氣之外還有心的來源，但從朱熹所說的心是氣的精爽，心是能覺者，心是氣之靈來看，實際上承認在理氣之外，還有一個「精爽」或者「靈」，作爲人心的來源。但李申沒有具體展開朱熹承認「精爽」或者「靈」，作爲人心的另一來源之後，朱熹的理氣理論是否會有什麼變化。《中國哲學的氣論與儒教》，《哲學研究》，2003年第8期，第71頁。

都是最高的道德標準。朱熹的理可以生出氣，並對氣有絕對統攝性。黑格爾的絕對理念認爲「精神世界是實體世界，物質世界是隸屬於它的」〔註12〕。他的絕對理念沒有具體內容，是高度的抽象。絕對理念由其自身出發又回歸其自身，絕對理念可以自身認識自身，自身完成其自身。這也是「理」與「絕對理念」的相似處。

　　朱熹理氣關係的「實理」與《易學》的「空理」的關係也存在著一定的張力。與「太極即理」不同，朱熹認爲「《易》只是個空底物事」，只是懸空說一種道理。三百八十四爻的卦爻辭所表達的義理是空理，在判定其義理時，不能僅拘泥於卦爻辭本身去解說其義理，而應該推開來說，做到處類旁通。這與朱熹有是氣即有是理，有是事即有是理的直接相對應理氣關係思路有所不同。朱熹認爲《先天圖》所體現的先天之理比文王、孔子《易》學的後天之理更爲自然。這就是說朱熹認爲通過象數、卦爻辭所體現的理，只是一個「空」理，不可拘泥於此「空理」，要使此「空理」發揮作用，一是看它與太極之理的全體是否相符；二是就具體占筮的事根據卦爻辭的內容觸類旁通，不可拘泥。這樣，《易》就像一面鏡子，要兩面看、兩面對照，才能呈現出事物的本質及完備的義理。如朱熹說：「易之爲書，本爲卜筮而作。然其義理精微，廣大悉備，不可以以一法論。蓋有此理即有此象，有此象即有此數，各隨問者，意所感通。如利涉大江，或是渡江，或是涉險，不可預爲定說。但其本旨只是渡江，而推類旁通，各隨其事」〔註13〕。「利涉大川」既可能指渡江這樣的實事，也可能指類似渡江一類有風險的事情，要根據具體事情推類旁通，不可拘泥。理氣對說，由氣而理，理是實理。三百八十四爻之理則是先擺在那裏，是空理，但卻是聖人仰觀俯察，對現實世界的模擬之理，此理雖是「空理」卻囊括宇宙，包含古今，《先天圖》所體現的空理與理氣相對的實理若合符節，因此是理之自然，而後天之理則有點造作，不是那麼自然。朱熹的易學的「空理」說似乎是介於理與氣之間另外一種模式，與其理氣說似乎有衝突，這也是朱熹宇宙本體論思想的局限性之一。

　　朱熹關於理的論述很完備，但對於氣的規定卻有欠缺。朱熹認爲人和物都稟氣而成，萬物和人類的區別、人物的命運的不同也是由氣稟決定的。人

〔註12〕黑格爾著、王造時譯《歷史哲學》，上海：上海書店出版社，1999年，第19頁。
〔註13〕《晦庵先生朱文公文集》卷56《答鄭子上》，《朱子全書》第23冊，第2681頁。

和物所稟都是陰陽五行之氣，稟得精英者爲人，稟得渣滓者爲物，這是人與物的區別。人與人之間的差別則是：「稟得精英之氣，便爲聖，爲賢，便是得理之全，得理之正。稟得清明之者，便爲英爽；稟得敦厚者，便溫和；稟得清高者，便貴；稟得豐厚者，便富；稟得久長者，便壽；稟得衰頹薄濁者，便爲愚、不肖，爲貧、爲賤、爲夭。天有那氣生一個人出來，便有許多物隨他來」〔註14〕。但人和物所稟得的這些氣都是陰陽五行之氣，陰陽無善惡，五行之氣則與五常之性相聯繫，他說：「人性雖同，稟氣不能無偏重。有得木氣重者，則惻隱之心常多，而羞惡、辭讓、是非之心，爲其所塞而不發；有得金氣重者，則羞惡之心常多，而惻隱、辭遜、是非之心，爲其所塞而不發。水火亦然，唯陰陽合德，五性全備，然後中正而爲聖人也」〔註15〕。這樣看來，人所稟得的五行之氣木、金、火、水、土即是五常之性仁、義、禮、智、信，那麼，朱熹的「氣」本身即是含性（理）之氣，並沒有獨立存在的氣，所以朱熹在追尋氣的本源時說：「太極只是一個氣，迤邐分出兩個氣，裏面動底是陽，靜底是陰」〔註16〕。朱熹還說太極就是宇宙，他說：「這個太極，是個大底物事。四方上下曰『宇』，往來古今曰『宙』。無一個物似宇一樣大，四方去無極，上下去無極，是多少大。無一個物似宙一樣長遠，亙古亙今，往來不窮」〔註17〕。這與張載的太虛概念並沒有太大的差別。朱熹認爲生物的材料是陰陽五行，他說：「五行陰陽，七者滾合，便是生物底材料」〔註18〕。朱熹認爲太極是氣的思想，與其認爲太極是理的思想，無論如何都是一個不可調和的矛盾，這也是其宇宙本體論思想的局限性之一。

　　朱熹的宇宙本體論與心性論同構，這種思想主要體現在他對程顥「上天之載」一段話的解釋，他說：「『其體則謂之易』，在人則心也。『其理則謂之道』，在人則性也。『其用則謂之神』，在人則情也」〔註19〕。類似的說法在《朱

〔註14〕　《朱子語類》卷4，第77頁。
〔註15〕　《朱子語類》卷4，第74頁。朱熹類似的說法還有：「蓋木神曰仁，則愛之理也，而其發爲惻隱；火神曰理，則敬之禮也，而其發爲恭敬；金神曰義，則宜之理也，而其發爲羞惡；水神曰智，則別之理也，而其發爲是非；土神曰信，則實有之理也，而其發爲忠信」。《四書或問》，《論語或問》卷1，《朱子全書》第6冊，第612頁。
〔註16〕　《朱子語類》卷3，第41頁。
〔註17〕　《朱子語類》卷94，第2370頁。
〔註18〕　《朱子語類》卷94，第2367～2368頁。
〔註19〕　《朱子語類》卷95，第2422頁。

子語類》中還有很多。其宇宙本體論的體理用、易道神即心性論的心性情。其宇宙本體論與心性論有同質同構的關係。但這種體理用、易道神、心性情三組概念，一是可以看作是三組相互平行的對應關係；二是可能受楊雄《玄》學三分思想的影響，〔註20〕體理用可以表述爲體統理用，易道神可以表述爲易統道神，心性情可以表述爲心統性情。在朱子學的體系裏，體、易、心可以相通，「體」可以理解成是與張載「太虛」之體類似的概念，朱熹繼承邵雍的說法，認爲「心」爲太極，所以，體、易、心可以看作是同一層次的概念。其次是易道性，這三個概念可以看作是與「易、道、心」同一層次的概念。「用、神、情」則屬於與「氣」同一層次的概念。這與朱熹宇宙本體論思想的理氣二分的結構似乎矛盾，這也是其宇宙本體論思想的局限性之一。

綜上所述，儘管朱熹的宇宙本體論有以上諸多的局限性，但這也絲毫沒有損害朱熹宇宙本體論的地位、價值和影響。朱熹的宇宙本體論不僅在理論上把心性論、格物致知論等揉爲一體，使他的哲學思想成爲一個完整的體系，而且他還把他的宇宙本體論思想作爲解讀儒家經典著作的理論依據，他用理（天理）重新判釋《五經》，他親自作《周易本義》、《詩集傳》、《儀禮經傳通解》等，其高弟蔡沈作《書集傳》等，他爲《四書》作集注，以義理之學取代漢學的訓詁之學，以闡發義理爲治經的最終目的。不僅如此，朱熹還用「理」貫穿於其文學、史學、美學、教育、經濟、軍事、天文及曆法思想等各方面，可謂一以貫之，其宇宙本體論思想在其中起著提綱契領的作用。尤其是朱熹用其「理」評價歷史事件及歷史人物，其對韓愈道統論的評價，與陳亮的義利王霸之辨、與陸九淵的鵝湖之爭等都給人留下深刻的印象。然而，朱熹並沒有陶醉於自己所創造的理論王國之中，他的理論也並非盡善盡美，還需要有更加成熟的理論來作爲補充，此處也可以借助僧肇所言「美則美矣，然棲神冥累之方，猶未盡善也」〔註21〕。就朱熹最終的人生關懷而言，他更重視人生的道德實踐，其對聖賢境界的追求及其對社會群體的擔當精神才應是其學說的精髓所在。

〔註20〕關於「一分爲三」的思想，還可以參見龐樸《淺說一分爲三》，北京：新華出版社，2004年。

〔註21〕慧皎撰、湯用彤校注《高僧傳》卷6《僧肇傳》，北京：中華書局，1992年，第249頁。

參考文獻

（一）歷史文獻類（按撰著人姓氏拼音爲序）

1. （漢）班固《漢書》，北京：中華書局，1962 年。
2. （漢）班固《白虎通》，北京：中華書局，1985 年。
3. （宋）陳淳《北溪字義》，北京：中華書局，1983 年。
4. （宋）陳淳《北溪先生大全文集》，宋集珍本叢刊本，第 70 冊。
5. （宋）程大昌《禹貢論》，北京：北京圖書館出版社，2004 年。
6. （宋）程顥、程頤《二程集》，王孝魚點校，北京：中華書局，2004 年。
7. （宋）董楷《周易傳義附錄》，上海：上海古籍出版社，1990 年。
8. （漢）董仲舒撰、鍾兆鵬主編《春秋繁露校釋》，石家莊：河北人民出版社，2005 年。
9. （漢）董仲舒《董子文集》，叢書集成初編，北京：中華書局，1985 年。
10. （宋）范仲淹撰，李勇先、王蓉貴點校《范仲淹全集》，成都：四川大學出版社，2002 年。
11. （南朝宋）范曄《後漢書》，北京：中華書局，1982 年。
12. （唐）房玄齡等《晉書》，北京：中華書局，1974 年。
13. （清）郭慶藩《莊子集釋》，王孝魚點校，北京：中華書局，1961 年。
14. （晉）韓康伯、（魏）王弼注，（唐）孔穎達疏《周易正義》，北京：九州出版社，2004 年。
15. （楚）鶡冠子撰、黃懷信匯校《〈鶡冠子〉彙校集注》，北京：中華書局，2004 年。
16. （宋）胡宏《胡宏集》，吳仁華點校，北京：中華書局，1987 年。
17. （清）胡渭《易圖明辨》，王易等整理，成都：巴蜀書社，1991 年。

18. （漢）桓譚撰、朱謙之校輯《新輯本桓譚新論》，北京：中華書局，2009年。

19. （南朝梁）慧皎撰、湯用彤校注《高僧傳》，北京：中華書局，1992年。

20. （宋）黃榦《勉齋先生黃文肅公文集》，宋集珍本叢刊本，第68冊。

21. （宋）黃庭堅撰、劉尚榮點校《黃庭堅詩集注》，北京：中華書局，2003年。

22. （宋）黃震《黃氏日抄》，上海：上海古籍出版社，文津閣四庫全書第235冊，1987年。

23. （清）黃宗羲撰，沈芝盈點校《明儒學案》，北京：中華書局，1985年。

24. （清）黃宗羲、全祖望《宋元學案》，陳金生、梁運華點校，北京：中華書局，1986年。

25. （清）黃宗羲撰、鄭萬耕點校《易學象數論》，北京：中華書局，2010年。

26. （唐）慧能《壇經》，郭朋導讀，成都：巴蜀書社，1996年。

27. （漢）京房《京氏易傳》，收入盧央著《京氏易傳解讀》，北京：九州島出版社，2004年。

28. （姚秦）鳩摩羅什譯、宣化上人講述《妙法蓮華經淺釋》，臺北：法界佛教總會中文出版部，2008年。

29. （漢）孔安國傳、（唐）孔穎達正義《尚書正義》，上海：上海古籍出版社，1990年。

30. （宋）黎靖德編《朱子語類》，北京：中華書局，1986年。

31. （唐）李翱《李文公集》，《四部叢刊》本。

32. （唐）李鼎祚《周易集解》上海：上海古籍出版社，1989年。

33. （宋）李覯《直講李先生文集》，《四部叢刊》本。

34. （宋）李燾《續資治通鑒長編》，北京：中華書局，2004年。

35. （宋）李心傳《建炎以來繫年要錄》，上海：上海古籍出版社影印本，1992年。

36. （宋）李心傳撰、徐規點校《建炎以來朝野雜記》，北京：中華書局，2000年。

37. （明）李贄《焚書》，北京：中華書局，1974年。

38. （戰國）列禦寇《列子》，北京：文學古籍刊行社出版，1956年。

39. （漢）劉安撰、張雙棣校釋《淮南子校釋》，北京：北京大學出版社，1997年。

40. （宋）劉牧《易數鉤隱圖》，上海：上海古籍出版社，1989年。

41. （後晉）劉煦《舊唐書》，北京：中華書局，1975 年。

42. （明）劉宗周《劉宗周全集》，吳光主編，杭州：浙江古籍出版社，2007 年。

43. （唐）柳宗元《柳河東集》，北京：中華書局，1979 年。

44. （宋）陸九淵《陸九淵集》，鍾哲點校，北京：中華書局，1980 年。

45. （戰國）呂不韋撰、陳奇猷校釋《呂氏春秋校釋》，上海：上海古籍出版社，2002 年。

46. （元）馬端臨《文獻通考》，北京：中華書局影印本，1986 年。

47. （清）毛奇齡《河圖洛書原舛編》，四庫全書存目叢書，濟南：齊魯書社，1997 年，經部第 32 冊。

48. （宋）歐陽修、宋祁《新唐書》，北京：中華書局，1975 年。

49. （宋）歐陽修撰，徐無黨注：《新五代史》，北京：中華書局，1974 年。

50. （晉）阮籍撰、陳伯君校注《阮籍集校注》卷上《達莊論》，北京：中華書局，1987 年。

51. （晉）僧肇撰、張春波校釋《肇論校釋》，北京：中華書局，2010 年。

52. （宋）邵雍《皇極經世書》，衛紹生校注，鄭州：中州古籍出版社，2007 年。

53. （宋）邵雍《邵雍集》，郭彧整理，北京：中華書局，2010 年。

54. （宋）邵博撰，劉德權、李劍雄點校《邵氏聞見後錄》，北京：中華書局，1983 年。

55. （宋）邵伯溫撰，李劍雄、劉德權點校《邵氏聞見錄》，北京：中華書局，1983 年。

56. （宋）司馬光《潛虛》，四部叢刊三編，上海：上海書店，1985 年。

57. （宋）司馬光編纂，（元）胡三省音注《資治通鑒》，北京：中華書局，1978 年。

58. （漢）司馬遷《史記》，北京：中華書局，1982 年。

59. （宋）蘇洵等撰，曾棗莊、舒大剛主編《三蘇全書》，北京：語文出版社，2001 年。

60. （元）脫脫《宋史》，北京：中華書局，1977 年。

61. （魏）王弼《王弼集校釋》，樓宇烈校釋，北京：中華書局，1980 年。

62. （漢）王符《潛夫論》，（清）汪繼培箋，上海：上海古籍出版社，1978 年。

63. （清）王夫之撰，舒士彥點校《宋論》，北京：中華書局，1964 年。

64. （清）王夫之《張子正蒙注》，北京：中華書局，1975 年。

65. （明）王畿《王畿集》，吳震編校，南京：鳳凰出版社，2007 年。

66. （明）王守仁《王陽明全集》，吳光、錢明、董平、姚延福編校，上海：上海古籍出版社，1992 年。

67. （清）王先謙《荀子集解》，諸子集成本，北京：中華書局，1981 年。

68. （清）王植《皇極經世書解》，上海：上海古籍出版社，文淵閣四庫全書本第 266 冊，1987 年。

69. （宋）魏了翁《重校鶴山先生大全文集》，宋集珍本叢刊，線裝書局，2004 年。

70. （宋）徐夢莘《三朝北盟會編》，上海：上海古籍出版社影印本，1987 年。

71. （清）徐松輯《宋會要輯稿》，北京：中華書局影印本，1957 年。

72. （唐）玄奘譯《成唯識論》，臺北：財團法人佛陀教育基金會，2006 年。

73. （宋）薛居正等《舊五代史》，北京：中華書局，1976 年。

74. （漢）楊雄著、（宋）司馬光集注《太玄集注》，劉韶軍點校，1998 年。

75. （明）楊慎《丹鉛餘錄》，叢書集成初編，北京：中華書局，1985 年版。

76. （清）張伯行《正誼堂文集》，四庫全書存目叢書，濟南：齊魯書社，1997 年。

77. （宋）張載《張載集》，北京：中華書局，1978 年。

78. （宋）趙與時著、齊治平點校《賓退錄》，上海：上海古籍出版社，1983 年。

79. （宋）眞德秀《西山先生眞文忠公文集》，宋集珍本叢刊本，線裝書局，2004 年。

80. （梁）眞諦譯《大乘起信論》，高振農校釋，北京：中華書局，1992 年。

81. （漢）鄭玄注《乾鑿度》、《乾坤鑿度》，均收入林忠軍著《易緯導讀》，濟南，齊魯書社，2002 年。

82. （漢）鄭玄注、（唐）孔穎達正義《禮記正義》，上海：上海古籍出版社，1990 年。

83. （唐）智儼《華嚴一乘十玄門》，（唐）法藏《華嚴一乘教義分齊章》，法藏《華嚴金獅子章解》，（唐）宗密《注華嚴法界觀門》，均收入知儼等撰《華嚴義海》，臺北：財團法人佛陀教育基金會，2005 年。

84. （隋）智顗《觀音玄義》，中華大藏經（漢文部分），北京：中華書局，1995 年。

85. （隋）智顗《摩可止觀》，臺南：祥光彩色製版社，1988 年。

86. （宋）周敦頤《周敦頤集》，陳克明點校，北京：中華書局，1990 年。

87. （魏）朱均注《春秋緯文耀鈎》，收入馬國翰《玉函山房輯佚書》，揚州：

廣陵書社，2004 年。

88. （宋）朱熹《朱子全書》，朱傑人、嚴佐之、劉永翔主編，上海：上海古籍出版社，合肥：安徽教育出版社，2002 年。

89. （宋）朱熹《朱子全書外編》，朱傑人、嚴佐之、劉永翔主編，上海：華東師範大學出版社，2010 年。

90. （戰國）莊周著、（晉）郭象注《莊子》，上海：上海古籍出版社，1989 年。

（二）今人著作類（按撰著人姓氏拼音爲序）

1. 蔡元培《中國倫理學史》，北京：中國社會科學出版社，2008 年。

2. 蔡方鹿《朱熹與中國文化》，貴陽：貴州人民出版社，2000 年。

3. 蔡方鹿《朱熹經學與中國經學》，北京：人民出版社，2004 年。

4. 蔡方鹿《宋明理學心性論》（修訂版），成都：巴蜀書社，2009 年。

5. 蔡仁厚《宋明儒學：北宋篇——心體與性體義旨述引》，臺北，學生書局，1989 年。

6. 蔡仁厚《宋明儒學：南宋篇——心體與性體義旨述引》，長春，吉林出版集團有限責任公司，2009 年。

7. 陳來《宋明理學》，上海：華東師範大學出版社，2004 年。

8. 陳來《朱子哲學研究》，上海：華東師範大學出版社，2000 年。

9. 陳鼓應《易傳與道家思想》，上海：三聯書店 1996 年。

10. 陳寧《中國古代命運觀的現代闡釋》，瀋陽：遼寧教育出版社 1999 年。

11. 陳立驤《宋明儒學新論》，高雄：高雄覆文圖書出版社，2005 年。

12. 陳榮捷《新儒學論集》，臺北：臺灣中央研究院中國文哲研究所籌備處，1995 年。

13. 陳榮捷《朱學論集》，上海：華東師範大學出版社，2007 年。

14. 陳榮捷《朱子新探索》，上海：華東師範大學出版社，2007 年。

15. 陳弱水《柳宗元與唐代思想變遷》，南京：江蘇教育出版社，2010 年。

16. 陳少明《漢宋學術與現代思想》，廣州：廣東人民出版社，1998 年。

17. 陳植鍔《北宋文化史述論》，北京：中國社會科學出版社，1992 年。

18. 陳鍾凡《兩宋思想述評》，東方出版社， 1996 年。

19. 程民生《宋代地域文化》，開封：河南大學出版社，1997 年。

20. 范立舟《周敦頤》，廣州：廣東人民出版社，2010 年。

21. 方光華《中國古代本體思想史稿》，北京：社會科學文獻出版社，2005 年。

22. 馮達文《中國哲學的本源——本體論》，廣州：廣東人民出版社，2001年。

23. 馮時《中國天文考古學》，北京：社會科學文獻出版社2001年。

24. 馮友蘭《馮友蘭自述》，北京：中國人民大學出版社，2004年。

25. 馮友蘭《中國現代哲學史》，香港：中華書局（香港）有限公司，2006年。

26. 馮友蘭《中國哲學簡史》，北京：北京大學出版社，1996年。

27. 馮友蘭《中國哲學史》，上海：華東師範大學出版社，2000年。

28. 馮友蘭《中國哲學史新編》，北京：人民出版社，1988年。

29. 馮友蘭《貞元六書》，上海：華東師範大學出版社，1996年。

30. 傅佩榮《儒道天論發微》，臺北：臺灣學生書局1985年。

31. 高懷民《宋元明易學史》，桂林：廣西師範大學出版社，2007年。

32. 高令印、陳其芳《福建朱子學》，福州：福建人民出版社，1986年。

33. 高全喜《理心之間：朱熹和陸九淵的理學》，北京：三聯書店，2008年。

34. 郭沫若《先秦天道觀之進展》，《郭沫若全集·歷史篇》第一卷，人民出版社1982年。

35. 侯外廬等編《柳宗元哲學選集》，北京：中華書局，1964年。

36. 侯外廬、邱漢生、張豈之主編《宋明理學史》，北京：人民出版社，1987年。

37. 胡適《中國哲學史大綱》，上海：上海古籍出版社，1997年。

38. 華友根《董仲舒思想研究》，上海社會科學出版社，1992年。

39. 黃開國《楊雄思想初探》，成都：巴蜀書社，1989年

40. 黃復山《東漢讖緯學新探》，臺北：臺灣學生書局有限公司，2000年。

41. 黃樸民《天人合一——董仲舒與漢代思想》，長沙：嶽麓書社，1999年。

42. 黃盛雄《王符思想研究》，臺北：文史哲出版社，1982年。

43. 江曉原《天學眞原》，瀋陽：遼寧教育出版社1997年。

44. 金春峰《漢代思想史（增補第三版）》，北京：中國社會科學出版社，2006年。金春峰《朱熹哲學思想》，臺北：東大圖書股份有限公司，1998年。

45. 金祖孟《中國古宇宙論》，上海：華東師範大學出版社1991年。

46. 勞思光《新編中國哲學史》，桂林：廣西師範大學出版社，2005年。

47. 李零《郭店楚簡校讀記》（增訂本），北京：中國人民大學出版社，2007年。

48. 李申《話說太極圖——〈易圖明辨〉補》，北京：知識出版社，1992年。

49. 李澤厚《中國古代思想史論》，北京：人民出版社，1985 年。

50. 李澤厚《中國思想史論三部曲》，天津：天津社會科學出版社，2007 年。

51. 李中華《讖緯與神秘文化》，北京：中央編譯出版社，2008 年。

52. 劉國民《董仲舒的經學詮釋與天的哲學》，北京：中國社會科學出版社，2007 年。

53. 劉述先《朱子哲學思想的發展與完成》，臺北：臺灣學生書局，1982 年。

54. 劉宗賢《陸王心學研究》，濟南：山東人民出版社，1997 年。

55. 林忠軍《〈易緯〉導讀》，齊魯書社 2002 年。

56. 盧國龍《宋儒微言》，北京：華夏出版社，2001 年。

57. 呂變庭《程朱理學與理範型》，北京：中國社會科學出版社，2008 年。

58. 呂理政《天、人、社會──試論中國傳統的宇宙認知模型》，臺灣研究院民族學研究所，1990 年。

59. 蒙培元《理學的演變》，北京：方志出版社，2007 年。

60. 牟宗三《心體與性體》，上海：上海古籍出版社，1999 年。

61. 牟宗三《從陸象山到劉蕺山》，上海：上海古籍出版社，2001 年。

62. 牟宗三《哲學之路──我的學思進程》，《牟宗三先生全集》，臺北：聯經出版事業公司，2003 年。

63. 牟宗三《中國哲學的特質》，上海：上海古籍出版社，2007 年。

64. 牟宗三《中國哲學十九講》，臺北：臺灣學生書局，1989 年。

65. 牟宗三《周易哲學演講錄》，上海：華東師範大學出版社，2004 年。

66. 龐樸《淺說一分為三》，北京：新華出版社，2004 年。

67. 龐萬里《二程哲學體系》，北京：北京航空航天大學出版社，1992 年。

68. 錢穆《朱子新學案》，北京：九州島出版社，2011 年。

69. 錢穆《朱子學提綱》，上海：三聯書店，2005 年版。

70. 史少博《朱熹易學和理學關係探賾》，哈爾濱：黑龍江人民出版社，2006 年。

71. 石訓、姚瀛艇等《中國宋代哲學》，鄭州：河南人民出版社，1992 年。

72. 束景南《朱熹年譜長編》，上海：華東師範大學出版社，2001 年。

73. 司馬朝軍編《四庫全書總目精華錄》，武漢：武漢大學出版社，2008 年。

74. 宋錫同《邵雍易學與新儒學思想研究》，上海：華東師範大學出版社，2011 年。

75. 孫振青《宋明道學》，臺北：千華圖書出版事業有限公司，1986 年。

76. 唐君毅《哲學論集》，收入《唐君毅全集》卷 18，臺北：臺灣學生書局，

1980 年。

77. 唐君毅《中國哲學原論‧導論篇》，北京：中國社會科學出版社，2005年。

78. 唐明邦《邵雍評傳》，南京：南京大學出版社，1998 年。

79. 湯用彤《魏晉玄學論稿（增訂版）》，北京：三聯書店，2009 年。

80. 湯用彤《漢魏兩晉南北朝佛教史》，北京：北京大學出版社，1997 年。

81. 王大有《朱陸異同新論——以『心與理』、『心與物』爲向度之新綜析》，臺北：文史哲出版社，2009 年版。

82. 王鐵《宋代易學》，上海：上海古籍出版社，2005 年。

83. 吳展良《朱子研究書目新編（1900～2002）》，臺北：臺灣大學出版中心，2005 年。

84. 向世陵、馮禹《儒家的天論》，濟南：齊魯書社，1991 年。

85. 刑舒緒《陸九淵研究》，北京：人民出版社，2008 年。

86. 邢文編譯《郭店老子與太一生水》，北京：學苑出版社，2005 年。

87. 楊伯峻《孟子譯注》，北京：中華書局，1960 年。

88. 楊國榮《心學之思——王陽明哲學的闡釋》，上海：三聯書店，1997 年。

89. 楊樹德《論語集釋》，程元英、蔣見元點校，北京：中華書局，1990 年。

90. 俞宣孟《本體論研究》，上海：上海人民出版社，2005 年。

91. 余英時《朱熹的歷史世界——宋代士大夫政治文化研究》，北京：三聯書店，2004 年。

92. 張岱年《中國哲學大綱》，南京：江蘇教育出版社，2005 年。

93. 張岱年《中國古典哲學範疇要論》，北京：中國社會科學出版社，1989 年。

94. 張岱年主編《中華的智慧》，上海：上海人民出版社，1989 年。

95. 張加才《詮釋與建構——陳淳與朱子學》，北京：人民出版社，2004 年。

96. 張立文《宋明理學研究》，北京：人民出版社，2002 年。

97. 張立文《朱熹思想研究》，北京：中國社會科學出版社，1994 年。

98. 趙峰《朱熹的終極關懷》，上海：華東師範大學出版社，2004 年。

99. 周桂鈿《中國傳統哲學》，北京：北京師範大學出版社，1990 年。

100. 周桂鈿《董學探微》，北京：北京師範大學出版社，1989 年。

101. 朱伯昆《易學哲學史》，北京：崑崙出版社，2005 年。

102. 【德】黑格爾撰、王造時譯《歷史哲學》，上海：上海書店出版社，1999年。

103. 【美】郝大維（David L.Hall）、安樂哲（Roger T. Ames）著、何金俐譯《通過孔子而思》，北京：北京大學出版社，2005 年。

104. 【美】田浩《朱熹的思維世界》（增訂版），南京：江蘇人民出版社，2009 年。

105. 【日】藤井倫明《朱熹思想結構探索——以「理」為考察中心》，臺北：臺灣大學出版中心，2011 年。

106. 【英】李約瑟《中國科學技術史》，科學出版社、上海古籍出版社，1990 年。

（三）學位論文類（按撰著人姓氏拼音為序）

1. 陳天林《周敦頤思想探微》，復旦大學博士學位論文，2004 年。

2. 雷喜斌《朱熹易學思想研究》，福建師範大學博士學位論文，2009 年。

3. 李鋒《朱熹政治哲學研究》，南開大學博士學位論文，2009 年。

4. 林素芬《北宋儒學道論研究——以范仲淹、歐陽修、邵雍、王安石為探討對象》，臺灣大學博士論文，2005 年。

5. 權相祐《朱熹理一分殊思想研究》，中國社會科學院博士學位論文，2003 年。

6. 盛應文《試論程顥的「天理」》，華中科技大學碩士學位論文，2006 年。

7. 譚柏華《黃榦思想研究》，湘潭大學碩士學位論文，2003 年。

8. 王廣《「理一分殊」理念下的朱熹哲學》，山東大學博士學位論文，2005 年。

9. 王宏海《以人學為視覺的朱熹理學研究》，河北大學博士學位論文，2007 年。

10. 吳倩《儒家超越之路的現代探尋》，南開大學博士學位論文，2010 年。

11. 張美宏《生生之道與聖人氣象：北宋五子萬物一體論研究》，華東師範大學博士學位論文，2011 年。

12. 張勇《朱熹理學思想的形成與演變》，西北大學博士學位論文，2008 年。

13. 趙中國《邵雍易學哲學研究——兼論易學對於北宋儒學復興的貢獻》，南開大學博士學位論文，2009 年。

14. 朱玉周《漢代讖緯天論研究》，山東大學博士學位論文，2007 年。

（四）今人論文類（按撰著人姓氏拼音為序）

1. 蔡運章、戴霖《論楚簡〈太一生水〉的宇宙生成模式》，《四川文物》，2004 年第 2 期。

2. 陳立勝《宋明儒學中的「鏡喻」》，《孔子研究》，2009 年第 1 期。

3. 陳清春《從道德本體到存在本體——王陽明晚年本體論思想研究》，《哲

學堂》，2005 年第 2 輯。

4. 丁爲祥《「理先氣後」與「虛氣相即」——朱子理氣觀的詮釋與比較》，武夷山朱熹研究中心編《朱子學與 21 世紀國際學術研討會論文集》，西安：三秦出版社，2000 年。

5. 丁爲祥、高瓊《牟宗三「本體～宇宙論」解讀——儒家視域中自然與道德關係的再檢討》，《陝西師範大學學報》（哲學社會科學版），2009 年第 3 期。

6. 丁爲祥、寧新昌《朱子本體意識的形成及其特徵》，《陝西師範大學學報》（哲學社會科學版），2004 年第 4 期。

7. 杜保瑞《對牟宗三先生詮釋朱熹以〈大學〉爲規模的方法論反省》，《湖南大學學報》（社會科學版），2011 年第 1 期。

8. 付長珍《試論程顥境界進路中的直覺性特徵》，《上海大學學報》（社會科學版），2008 年第 4 期。

9. 葛兆光《眾妙之門——北極與太一、道、太極》，《中國文化》，1990 年第 3 期。

10. 郭淑新《論朱熹在理氣論上的創造和貢獻》，《中國哲學史》，2001 年第 2 期。

11. 郭振香《不息之本體：儒家哲學的形上之思》，《哲學研究》，2010 年第 5 期。

12. 郭彧《〈易學啓蒙·原卦畫〉與〈觀物外篇〉》，中國哲學史，1996 年第 1 期。

13. 郭志成《先天八卦卦序與京房易八宮內卦序排列關係證》，《社會科學戰線》，1993 年第 5 期。

14. 韓振江《試論王陽明「萬物一體」觀中的心物關係——從存在本體論出發》，《大連理工大學學報》（社會科學版），2011 年第 1 期。

15. 胡京國《淺論邵雍宇宙論系統的哲學意義》，《深圳大學學報》（人文社會科學版），1996 年第 4 期。

16. 胡賢鑫《人性論與宇宙本體論的合一——程朱人學理論的重要特點》，《中州學刊》，2003 年第 5 期。

17. 金春峰《中國哲學之與「兩個世界」》，《湖南大學學報》（社會科學版），2006 年第 3 期。

18. 金春峰《對朱熹哲學思想的重新認識——兼評馮友蘭、牟宗三解釋模式之扭曲》，《學術月刊》，2011 年第 6 期。

19. 康中乾《郭象「獨化」範疇釋義》，《中國哲學》，2007 年第 11 期。

20. 李申《中國哲學的氣論與儒教》，《哲學研究》，2003 年第 8 期。

21. 李玉峰《論陳淳與朱熹理氣論的異同》，《科技信息》，2010 年第 21 期。

22. 李禹階《周敦頤〈太極圖・易説〉的理學本體論意義》，《重慶師院學報》（哲學社會科學版），2002 年第 4 期。

23. 林樂昌《張載兩層結構的宇宙論哲學探微》，《中國哲學史》，2008 年第 4 期。

24. 林樂昌《「爲天地立心」——張載「四爲句」新釋》，《哲學研究》2009 年第 5 期。

25. 林樂昌《張載理觀探微——兼論朱熹理氣觀與張載虛氣觀的關係問題》，《哲學研究》，2005 年第 8 期。

26. 馬鑫焱《以「易」爲宗——張載太極本體論探析》，《長春理工大學學報》（社會科學版），2009 年第 3 期。

27. 桑靖宇《朱熹哲學中的天與上帝——兼評利瑪竇的以耶解儒》，《武漢大學學報》（人文科學版），2011 年第 2 期。

28. 史少博《論朱熹易學與理學的溝通》，《濟南大學學報》，2007 年第 2 期。

29. 史少博《「太極，理也」溝通朱熹易學和理學》，《嘉應學院學報》（哲學社會科學），2007 年第 1 期。

30. 史少博《朱熹論「善」、「惡」與「稟氣」》，《青島大學師範學院學報》，2005 年第 1 期。

31. 束景南《周敦頤太極圖説新考》，《中國社會科學》，1988 年第 2 期。

32. 束景南《太易圖與太極圖——周敦頤太極圖淵源論》，《東南文化》，1994 年第 1 期，總第 101 期。

33. 宋錫同、胡東東《「推天道以明人事」：邵雍先天易學旨趣》，《周易研究》，2011 年第 2 期。

34. 屠承先《論程顥的本體工夫思想》，《孝感學院學報》（哲學社會科學版），2001 年第 1 期。

35. 王新春《仁與天理通而爲一視域下的程顥易學》，《周易研究》，2006 年第 6 期。

36. 王曉毅《西晉貴無思想考辨》，《中國哲學史》，2006 年第 2 期。

37. 溫海明《朱熹河圖洛書説的演變》，《周易研究》，2004 年第 4 期。

38. 向世陵《論朱熹的「心之本體」與未發已發説》，《湖南大學學報》（社會科學版），2012 年第 1 期。

39. 楊慶中《周人何以稱至上神爲天》《中南民族學院學報》（哲學社會科學版），1997 年第 1 期。

40. 余敦康《朱熹〈周易本義〉卷首九圖與〈易學啓蒙〉解讀》，《中國哲學史》，2001 年第 4 期。

41. 詹石窗、楊燕《朱熹與〈周易〉先天學關係考論》,《中國社會科學》,2007年第 5 期。

42. 張加才《北溪理學本體論思想探微》,《北方工業大學學報》,2001 年第 2 期。

43. 張永義《論馮友蘭和金岳霖對形而上學的重建——〈新理學〉和〈論道〉的比較研究》,《中州學刊》,1993 年第 5 期。

44. 趙中國《邵雍先天學的兩個層面:象數學與本體論——兼論朱熹對邵雍先天學的誤讀》,《易學研究》2009 年第 1 期。

45. 周群林《「天人合一」本體論的開創者——論周敦頤的「無極而太極」》,《隴東學院學報》,2010 年第 3 期。

46. 鍾小石、饒國賓《論陸九淵哲學的本體論思想》,《江西社會科學》,2005年第 12 期。

47. 【日】山井湧《朱子哲學中的「太極」》,見吳震、吾妻重二主編《思想與文獻——日本學者宋明儒學研究》,上海:華東師範大學出版社,2010年版,第 66 頁。

48. 【俄羅斯】郭靜雲《先秦易學的「神明」概念與荀子的「神明」觀》,《周易研究》,2008 年第 4 期。

49. 【俄羅斯】郭靜雲《「神明」考》,王中江、李存山主編《中國儒學》第二輯,上海:商務印書館,2009 年。